铁路新职人员岗位培训系列教材

客车检车员

中国铁路上海局集团有限公司　编

中国铁道出版社有限公司

2024年·北京

内 容 简 介

本书为“铁路新职人员岗位培训系列教材”之一，根据《铁路特有工种技能培训规范》和岗位作业标准编写。全书共八章，主要包括客车车体、转向架、制动装置、上部服务设施、供电及空调装置、安全监控设备、运用维修等内容，重点突出客车检查、维护和修理等作业流程与要点，部分章末配有相应的典型案例以期达到以案促学的目的。

本书可作为客车检车员岗前资格性培训和岗位适应性培训教材，对各类职业院校相关师生也有重要的参考价值。

图书在版编目(CIP)数据

客车检车员 / 中国铁路上海局集团有限公司编. 北京 ：中国铁道出版社有限公司，2024. 12. --(铁路新职人员岗位培训系列教材). -- ISBN 978-7-113-31774-4

Ⅰ. U279.3

中国国家版本馆 CIP 数据核字第 2024L7Z134 号

书　　名：客车检车员

KECHE JIANCHEYUAN

作　　者：中国铁路上海局集团有限公司

责任编辑：黎　琳　　　**编辑部电话：**(010)51873674

封面设计：郑春鹏

责任校对：安海燕

责任印制：高春晓

出版发行：中国铁道出版社有限公司(100054，北京市西城区右安门西街 8 号)

网　　址：https://www.tdpress.com

印　　刷：北京盛通印刷股份有限公司

版　　次：2024 年 12 月第 1 版　2024 年 12 月第 1 次印刷

开　　本：787 mm×1 092 mm　1/16　**印张：**13　**字数：**306 千

书　　号：ISBN 978-7-113-31774-4

定　　价：54.00 元

编　委　会

前言

人才是中国式现代化的基础性、战略性支撑，是铁路六个现代化体系建设的重要基础保障，新职人员是铁路技能人才队伍的新生力量。随着我国铁路事业快速发展，路网规模持续扩大、技术装备不断更新、职工队伍大规模新老交替，对铁路专业技能人才，尤其是新职人员的知识结构、技能结构提出了更高的要求。为提高职工岗位技能源头培训质量，提升职工队伍素质，保障运输安全生产，推动铁路高质量发展和现代化建设取得新成效，根据国铁集团《铁路特有工种技能培训规范》和岗位作业标准，中国铁路上海局集团有限公司组织编写“铁路新职人员岗位培训系列教材”。

本套教材严格落实铁路主要行车工种岗位资格性培训准入制度，紧密结合现场各工种岗位作业实际及职工培训中的重点，充分依据现行基本规章和作业标准，内容反映各专业新技术、新设备、新工艺、新规章制度变化，重点突出非正常情况下应急处置、作业标准和流程、安全规定、关键作业项点等。

本套教材的最大特点为“理实一体”，以岗位需求为导向，以提升职业素养和岗位技能为核心，将理论知识和实作技能融会贯通，融为一体。理论知识部分，遵循铁路专业学科的知识体系，由浅入深，既包含入门必备的基础知识，也针对专业知识逐步展开，使铁路新职人员较快掌握。实作技能部分，以提升技能操作水平为目标，紧密围绕岗位技能需求，突出必知必会内容，涵盖基本技能和专业技能。为便于教学和使用，每章后面配有复习思考题。

本套教材由中国铁路上海局集团有限公司教材编审委员会组织，集团公司领导高度重视，职工培训部牵头，运输、客运、货运、机务、车辆、工务、电务、供电等各专业部门，分别组建以首席、特级技师、工匠、技能大师等为主体的编写团队进行编写，适用于新职人员岗前资格性培训，也可用作日常岗位适应性培训教材，亦可作为普通高等学校铁路专业参考教材。本套教材在编写过程中得到了相关运输站段的大力支持，在此一并表示感谢！

本书为“铁路新职人员岗位培训系列教材”之一，共八章，主要包括客车车体、转向架、制动装置、上部服务设施、供电及空调装置、安全监控设备、运用维修等内容，重点突出客车检查、维护和修理等作业流程与要点，部分章末配有相应的典型案例以期达到以案促学的目的。

本书难免有不足之处，恳请广大读者提出宝贵意见，便于日后修订完善。

编委会

2024年11月

目录

第一章　概　　述 …… 1

第一节　铁路客车的发展 …… 1
第二节　铁路客车基本知识 …… 5
第三节　铁路客车运用维修与管理 …… 12
第四节　基本技能 …… 21
复习思考题 …… 27

第二章　客车车体 …… 28

第一节　客车车体钢结构 …… 28
第二节　客车风挡及车端阻尼装置 …… 32
第三节　车钩缓冲装置 …… 35
第四节　故障排查处理 …… 41
复习思考题 …… 44

第三章　客车转向架 …… 45

第一节　普速客车转向架 …… 45
第二节　快速客车转向架 …… 51
第三节　提速客车转向架 …… 61
第四节　故障排查处理 …… 74
复习思考题 …… 77

第四章　客车制动装置 …… 78

第一节　客车基础制动装置 …… 78
第二节　客车空气制动机 …… 83
第三节　客车电空制动机 …… 94
第四节　人力制动机 …… 98
第五节　故障排查处理 …… 100
复习思考题 …… 105

第五章 客车上部服务设施 …… 106

第一节 客车给水装置 …… 106
第二节 电热开水器 …… 109
第三节 客车真空集便系统 …… 120
第四节 车门及车窗 …… 125
复习思考题 …… 131

第六章 客车供电及空调装置 …… 132

第一节 客车供电方式及附属装置 …… 132
第二节 客车空调装置 …… 141
第三节 故障排查处理 …… 158
复习思考题 …… 161

第七章 客车安全监控设备 …… 162

第一节 地面动态检查系统 …… 162
第二节 车载监测设备 …… 167
第三节 客列尾装置 …… 172
复习思考题 …… 175

第八章 客车运用维修 …… 176

第一节 单车技术检查 …… 176
第二节 车辆关键部件性能试验 …… 184
第三节 客车辅(A1)修 …… 186
第四节 客车专项检修 …… 189
复习思考题 …… 197

参考文献 …… 198

第一章　概　　述

客车检车员工种细分为库检检车员、车电员、列检检车员和车辆乘务员岗位。为了使学员对客车车辆基本知识有初步的认识和了解，本章简要介绍我国铁路客车的发展、客车基本知识（车辆的组成、客车标记、客车的方位、客车主要技术参数、机车车辆限界）、铁路客车运用维修与管理等内容。

第一节　铁路客车的发展

新中国成立前，我国铁路客车大部分来自美、英、德、法、日等国制造的客车，其中很多是外国的旧车甚至淘汰车，少量为国产客车。

新中国成立后，我国铁路客车得到了长足发展，在70余年的发展中经历了五个阶段，先后研制了21型客车、22型客车、24型客车、25型客车、动力集中动车组，铁路客车的设计、制造技术达到世界先进水平。除上述车型车种外，还有检测车、医疗车、救援车、试验车等特种客车。目前，我国铁路客车主要使用的是25型客车和动力集中动车组。

一、25型客车

25型客车于1965开始研制，1979年完成试制及定型，采用整体承载无中梁薄壁筒形车体结构。1993年，25型系列客车定型为我国铁路主型客车。至1994年，25型客车全面投产，逐步替代22型客车。

（一）25B型

25B型客车是在25A型客车基础上开发的非空调升级换代客车。25B型客车主要技术参数，如主要车辆尺寸、车体、转向架、最高运行速度、制动装置等均与25A/25G型相同，仅在硬座车、软座车、硬卧车取消了空调装置，改装车顶切式通风器和燃煤供暖装置，采用5 kW轴驱发电装置供电，软卧车和餐车空调电源采用车下吊装柴油发电机组本车供电，采用铝合金半开式车窗，采用折页门，最高运行速度为120 km/h。25B型客车外形如图1-1所示。

图1-1　25B型客车外形

(二)25G 型

25G 型客车于 1991 年设计、制造,是 25A 型客车的改进型产品。25G 型客车设计技术条件与 25A 型相同,采用耐候钢整体承载无中梁薄壁筒形车体结构,在车顶设置单元式空调装置,并使用空调发电车集中供电(AC 380 V)或电力机车供电(DC 600 V)。25G 型客车继承了 25A 型空调客车的优点,是从适合当时国情、降低成本出发,将大量的进口原材料、配件采用国内同类产品替代,基本实现了国产化。25G 型客车外形如图 1-2 所示。

图 1-2 25G 型客车外形

25G 型客车也分批做过多次改进,主要分为三个阶段。

第一阶段(1992 年—2001 年)25G 型客车采用 206G/206P/209T/209P 型转向架,发电车集中供电,供电模式为 AC 380 V,采用上窗下开式活动车窗以及组合式固定车窗,采用折页门。

第二阶段(2002 年—2003 年)25G 型客车是按照铁道部在 2002 年公布的《25G 型客车统型方案》和《25B、25G 型客车技术规范》的要求设计制造,采用带有盘形制动装置和电子防滑器的 206P/209P 型转向架、104 型制动机、手动塞拉门、内翻单元式铝合金双层车窗、橡胶风挡。

第三阶段从 2004 年开始,25G 型客车按照《25G 型样板车技术规范》制造,采用 206P/209P 型转向架,104 型制动机、双管制供风,机车直供电(供电模式为 DC 600 V),真空集便器,可编程控制器(PLC)控制无主网络监控系统实现全自动监控。

(三)25K 型

25K 型客车是为了铁路提速需求而设计制造的快速空调客车,“K”为“快速型”的汉语拼音首个字母。25K 型客车采用整体承载无中梁薄壁筒形车体结构,206KP/209PK/CW-1/CW-2/SW-160/SW-160H/209HS/SW-200/SW-200S/PW-200 型转向架,104 型分配阀,最高运行速度为 140 km/h。25K 型客车外形如图 1-3 所示。

19K 型客车是 25K 型客车系列中的一种高级软卧车(车种代码 RW),按最高运行速度 160 km/h 空调客车技术条件设计制造。通常有 8 个包间,除车厢两端为 4 人包间,其余为双人包间。双人包间内有两个卧铺,带独立卫生间、沙发座椅、衣柜、影音设备等设施,车内设施相对豪华,定员 20 人。19K 型客车外形如图 1-4 所示。

图 1-3 25K 型客车外形

图 1-4 19K 型客车外形

(四)双层客车

为了提升客车定员，1961 年设计、制造了双层客车；1985 年—1999 年先后设计、制造了中短途系列双层客车、准高速系列双层客车、中长途系列双层客车。双层客车车体采用鱼腹形结构，车高有 4 667 mm、4 750 mm 两种；最高运行速度有 120 km/h、140 km/h 两种。双层客车外形如图 1-5 所示。

图 1-5 双层客车外形

(五)25T 型

25T 型客车是中国铁路 25 型客车系列的型号之一，“T”为“提速型”的汉语拼音首个字母。25T 型客车满足以 160 km/h 速度持续运行 20 h 的需要，满足当时一次库检作业 5 000 km 无须检修的要求。主要部件满足 2×10^6 km 内无需修换的要求，最高运行速度为 160 km/h。25T 型客车采用 CW-200K/SW-220K/PW-220K/AM96 型转向架、104/F8 型制动机、密接式车钩、密闭式塞拉门和折棚风挡等部件，车下装配裙板，整列车构成 PLC 控制的监控系统，设有集中控制的信息系统，使用机车直供电技术，供电模式主要为 DC 600 V。25T 型客车外形如图 1-6 所示。

19T 型客车是 25T 型客车系列中的一种高级软卧车，设计速度与 25T 型客车相同。通常有 8 个双人包间，包间内有上下两张卧铺，带沙发座椅、衣柜、影音设备、车内通信系统、独立卫生间、真空集便器等设施，定员 16 人。19T 型客车外形如图 1-7 所示。

图 1-6　25T 型客车外形

图 1-7　19T 型客车外形

25T 型客车(高原型)是指可以运行在青藏高原上的25T 型客车,在 25T 型客车基础上进行改进设计,适应高原缺氧、低温低压、多年冻土、生态脆弱、日温差大、紫外线强、风沙大、雨雪和雷击频繁的恶劣气候。25T 型客车(高原型)在 25T 型客车基础上增加了供氧系统,提升了电气系统绝缘和防雷击功能,实现了污物、污水零排放,提高了车辆密封性能,开发了大功率直流输出发电车。25T 型客车(高原型)外形如图 1-8 所示。

图 1-8　25T 型客车(高原型)外形

二、动力集中动车组

为加快推进铁路装备现代化建设,满足铁路运输和经营发展的需求,我国铁路设计了时速 160 km 动力集中动车组(以下简称动集动车组)。动集动车组包括动力车、拖车、控制车。拖车、控制车基于 25T 型客车平台设计。

动集动车组采用编组相对固定的双端头车设计,能够双向驾驶,实现快速折返,提高运输组织效率;首次在客车上引入安全环路设计方案并且网络设备冗余设计,提升了车辆的安全性、可靠性;采用新技术、新材料、新工艺提升动集动车组舒适性。动集动车组包括短编组和长编组两种编组形式。短编组为 9 辆编组,编组形式为 1 辆动力车+7 辆拖车+1 辆控制车;典型长编组为 20 辆编组,编组形式为 2 辆动力车+18 辆拖车。动集动车组外形如图 1-9 所示。

图 1-9　动集动车组外形

第二节　铁路客车基本知识

本节主要介绍铁路客车车辆的基本知识，包括客车的分类、标记、方位，以及客车的主要技术参数、机车车辆限界等。

一、客车分类

(一)根据用途分类

1. 运输旅客的车辆

主要用于旅客乘坐、休息，提供旅客生活及卫生设施，如硬座车、软座车、硬卧车、软卧车、高级软卧车及动集动车组(拖车部分)等。

2. 为旅客提供服务的车辆

主要用于为旅客提供餐饮服务、行李托运服务、客车电力供应的车辆，如餐车、行李车、邮政车、发电车等。

3. 编组在旅客列车中其他用途的车辆

主要用于线路检测、卫生医疗、文教宣传等特殊用途车辆，如综合检测车、卫生车、医疗车、文教车、维修车、试验车、特种车等。

(二)根据运用交路分类

1. 长途客车

运行时间超过 12 h，列车编组中一般设置旅客休息的卧具及餐饮服务设施。

2. 中途客车

运行时间在 4～8 h 之间，列车一般不设置卧具，只提供餐饮服务。

3. 市郊客车

运行时间小于 4 h，列车一般不设置卧具，不提供餐饮服务。随着技术的进步，市郊客车已经逐渐被城际车和市域车代替。

二、客车标记

客车车辆标记由共同标记和特殊标记构成，部分标记介绍如下。

(一)产权、配属标记

1. 国徽

凡参加国际联运的客车，在车体两侧外墙板中部安装国徽标记。

2. 路徽

凡中国国家铁路集团有限公司(以下简称国铁集团)所属客车，都应在车体两端外墙板左侧，涂打路徽标记。标记样式如图 1-10 所示。

3. 配属标记

配属给指定局、段和有关单位管理的客车，在车体两端外墙板左侧涂打配属单位简称。配属标记如图 1-11 所示。

图 1-10 路徽标记

图 1-11 配属标记

(二)制造标记

新造客车安装金属的制造厂铭牌。其内容包括厂名和制造年份,标记式样由制造单位确定,如图 1-12 所示。

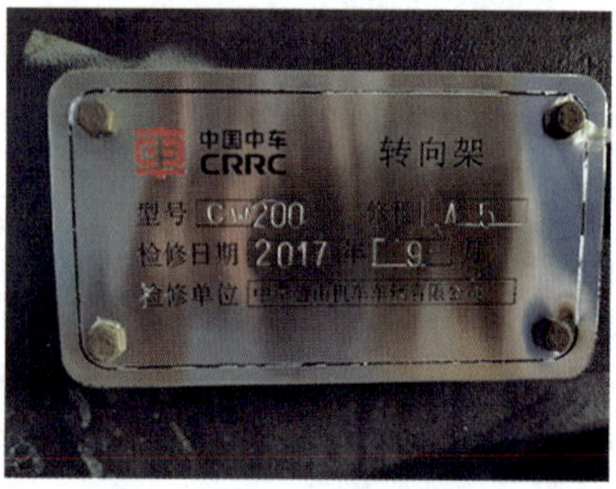

图 1-12 制造标记

(三)车型车号标记

客车的车型车号标记由基本型号、辅助型号和制造顺序号码组成,简称车号。在车体两侧外墙板近车门处涂打车种汉字称号和汉语拼音称号,并涂打车号标记,如图 1-13 所示。

图 1-13 车型车号标记

1. 基本型号

将客车的车种称号简化,用一个至三个大写汉语拼音字母来表示,如图 1-13 中的 YZ 所示。

2. 辅助型号

为表示同一车种称号客车的不同结构系列以及内部有特殊结构设施或车体材料改变时,用一位或者两位小阿拉伯数字及小号汉语拼音字母表示,记在基本型号的右下角,如图 1-13 中的 25G 所示。

3. 制造顺序号码

表示按预先规定的规则而编排的某一车种的顺序号码,用大阿拉伯数字表示,记在基本型号和辅助型号的右侧,如图 1-13 中的 351600 所示。

4. 常用客车的车种称号(表 1-1)

表 1-1　常用客车的车种称号

车种名称			型号	车种名称		型号
运送旅客类	硬座车		YZ	特种用途类	邮政车	UZ
	软座车		RZ		公务车	GW
	硬卧车		YW		卫生车	WS
	软卧车		RW		医疗车	YL
	双层客车	双层硬座	SYZ		试验车	SY
		双层软座	SRZ		维修车	WX
	合造车	软硬座车	RYZ		文教车	WJ
		行李邮政车	XU		发电车	KD
为旅客服务类	餐车		CA		救援车	JY
	行李车		XL		特种车	TZ

(四)性能标记

1. 自重、载重、全长、换长等

自重、载重、全长、换长、容积标记和路徽一起涂打在车体两端外墙板左侧。

2. 定员

座车、卧车、餐车等,在自重标记及客室内相应位置涂打“定员”标记。

3. 容积

行李车和邮政车,在载重标记下方增加涂打“容积”标记。

4. 速度标记

在一、四位侧墙涂打速度标记。

5. 顶车标记

在两侧墙板相应位置涂打顶车标记。

6. 定位标记

涂打在车体外端墙下角,分别表示车辆的一位端、二位端。

7. 电气化区段标记

电气化区段运行的客车应有“电气化区段　严禁攀登”的标识。

8. 客列尾装置标记

安装客列尾装置的客车,在车体端墙二、三位角涂打客列尾装置标记。

9. 车端连接器座标记及颜色

DC 600 V 连接器座(含首尾车空座)颜色为红色 R03,邻车供电连接器座为橘红色 R05,其余为淡灰色 B03;名称标记如“DC 600 V”“DC 110 V”“AC 380 V”“空座”“通信控制”“邻车供电”“电空制动”及接地标识等。

10. 塞门手把标记

制动折角塞门手把、制动供风管路截断塞门手把涂刷白色标记。

11. 车钩中心线标记

沿车钩钩舌外侧及钩头两侧以钩身横截面高度 1/2 处为基准线,向下涂打宽度为 5 mm

的车钩中心线标记，颜色为白色。

12. 小间隙车钩标记

在车体端墙下角涂打“小”。

13. 密接式车钩标记

在车体端墙下角涂打“密”。

（五）检修标记

客车检修标记包括厂、段修标记和A1修标记。各修程完毕后，在车辆二、三位端涂打定检标记。定检标记位置：车体端梁向上800 mm处为表格框下线位置（有登顶梯结构的在两梯中间位置涂打），车体侧墙向内300 mm处为表格线右线位置（受结构限制者可适当调整）。标记规格：外框表格线宽3 mm，框内表格线宽2 mm，字体为40号宋体，如图1-14所示。

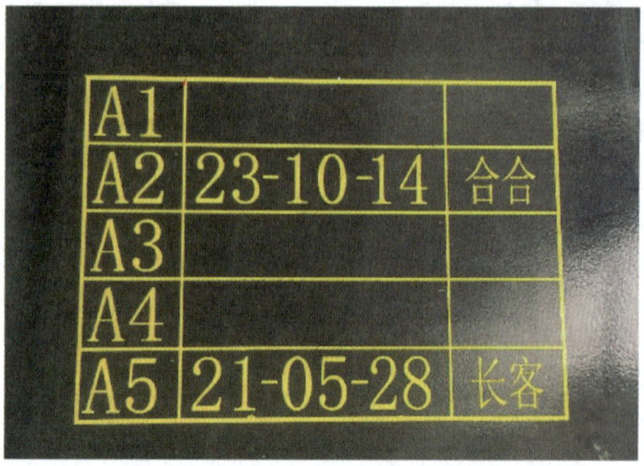

图1-14 客车检修标记

三、客车方位

（一）客车的纵、横方向

客车位于平直线路时，沿客车前后的连接牵引方向为客车纵向；与客车纵向相垂直的水平方向为客车横向。

（二）客车的端位

车辆的方位以制动缸活塞杆推出方向为一位端，相反的方向为二位端，对有多个制动缸的则以人力制动机安装的位置为一位端。

（三）客车零部件位置

客车的车轴、车轮、轴箱、车钩、转向架、底架各梁和其他零部件位置的称呼方法，是站在一位端，面向二位端，由一位端数起，顺次数到二位端；如果零部件位置是左右对称的，则由一位端开始从左向右按顺序数到二位端，如图1-15所示。

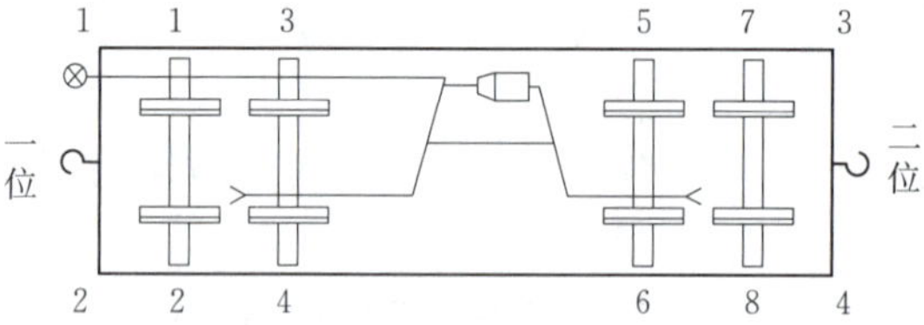

图1-15 车辆的方位

（四）列车中客车前后左右

编挂在列车中的客车，其前后左右的称呼方法是按照列车运行方向来规定的，其前进的那一端称为前部，相反的一端称为后部；面向前部站立而定出其左右。

四、客车主要技术参数

客车的技术参数是指客车性能参数和结构特点的指标，一般包括性能参数和主要尺寸。

(一)性能参数

客车的性能参数是指影响其运行品质的指标，包括自重、载重、容积、定员、构造速度及自重系数、轴重、每延米轨道载重、通过最小曲线半径等。

1. 自重

空车时，客车自身具备的全部质量。

2. 载重

车辆允许的正常最大装载质量。

3. 容积

行李车和邮政车等可供装载货物的最大容量。

4. 定员

每辆车设计时，乘载旅客的座位数或铺位数。

5. 构造速度

客车设计时，按安全及结构强度等条件所允许的最高行驶速度。

6. 自重系数

客车的自重系数为客车的自重与其载客或行包等载重的比值。在保证强度、刚度和使用寿命的条件下，自重系数越小越经济。

7. 轴重

车辆总重与车辆轴数之比称为轴重，其值一般不允许超过铁道线路及桥梁所允许的数值。

8. 每延米轨道载重

指车辆总重与车辆全长的比值。该参数与桥梁设计密切相关，一般规定不得大于 8 t/m。

9. 通过最小曲线半径

客车所能安全的通过最小曲线半径。

(二)主要尺寸

1. 车辆长度

客车不受纵向外力影响、两车钩均处在闭锁位时，两端车钩钩舌内侧面连接线间的水平距离。

2. 车体长度

车体两外端墙板(非压筋处)外表面的水平距离。

3. 车体高度

空车时，车体上部外表面至钢轨水平面的垂直距离。

4. 车体宽度

客车两侧墙的最外凸出部位之间的水平距离。

5. 最大宽度

客车侧面的最外凸出部位与车体纵向中心线间的水平距离的两倍。

6. 最大高度

空车时，车辆上部最高部位至钢轨水平面的垂直距离。

7. 底架长度

底架两端梁外表面间的水平距离。

8. 车钩中心线高

空车时，车钩钩舌中心线至钢轨水平面的垂直距离。

9. 车辆定距(心盘中心距)

底架两心盘中心间的水平距离，一般多在 18 000 mm 之内。

10. 车辆定距比

车体长度与车辆定距的比值，一般取值为 1.4∶1。

11. 车辆全轴距

车辆上，一、二位端最外面的车轴中心线间的水平距离。

12. 固定轴距

二轴车的全轴距，或同一转向架两最外面的车轴中心线间的水平距离。客车的固定轴距不宜过大或过小，一般取 2 400～2 700 mm。车辆定距、固定轴距、车辆长度和全轴距如图 1-16 所示。

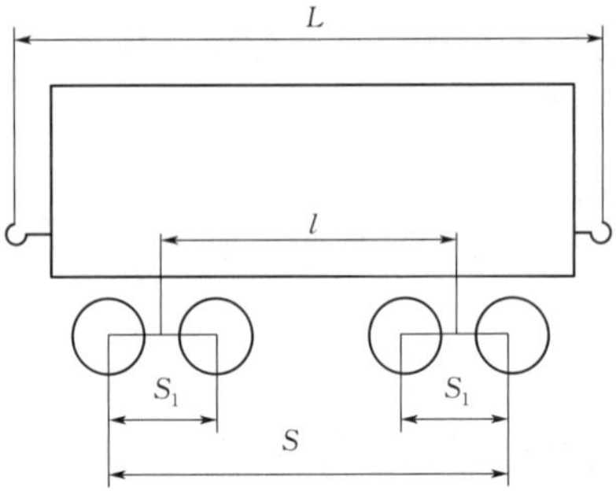

l—车辆定距；S_1—固定轴距；L—车辆长度；S—全轴距。

图 1-16　客车长度及轴距示意

五、机车车辆限界

机车车辆限界和建筑接近限界是铁路安全行车的基本保证之一，是铁路各业务部门必须共同遵循的基础技术规程，谨防机车车辆与线路建筑物碰撞而发生重大事故。《铁路技术管理规程》中规定，一切建筑物、设备，在任何情况下均不得侵入铁路的建筑接近限界。与机车车辆有直接互相作用的设备，在使用中不得超过规定的侵入范围。机车车辆无论空、重状态，均不得超出机车车辆限界。

机车车辆上部限界如图 1-17 所示。

机车车辆下部限界如图 1-18 所示。

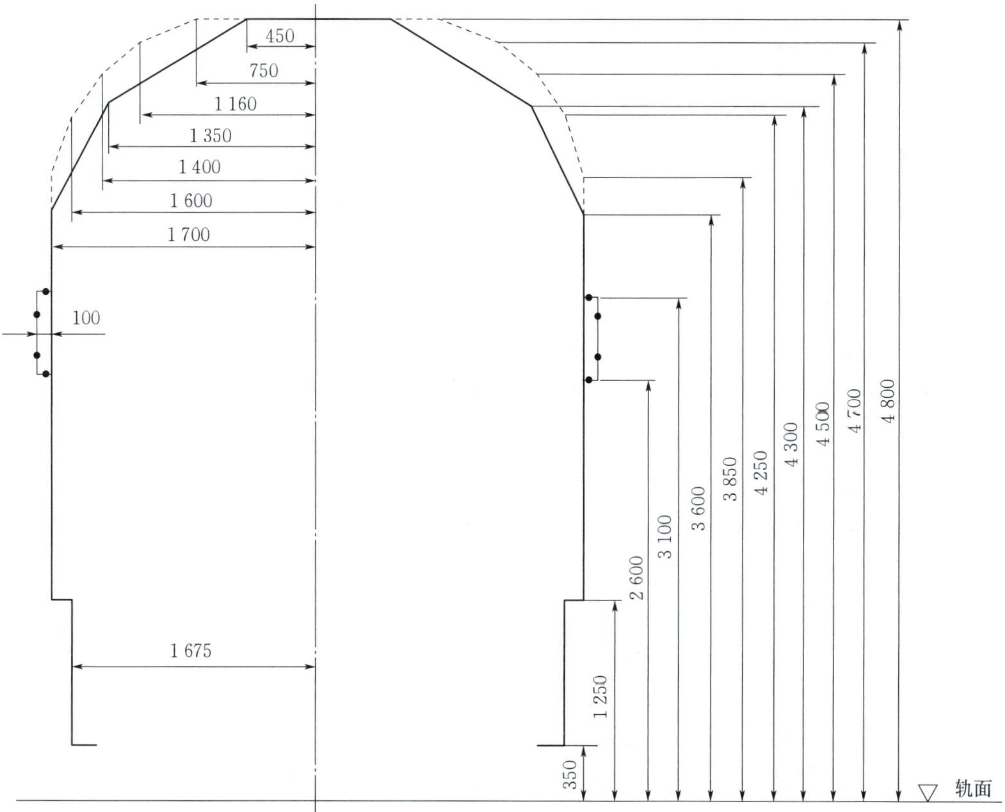

——机车车辆上部限界基本轮廓；--------电力机车限界轮廓；-•—•-列车信号、后视镜装置限界轮廓。

图 1-17 机车车辆上部限界(单位:mm)

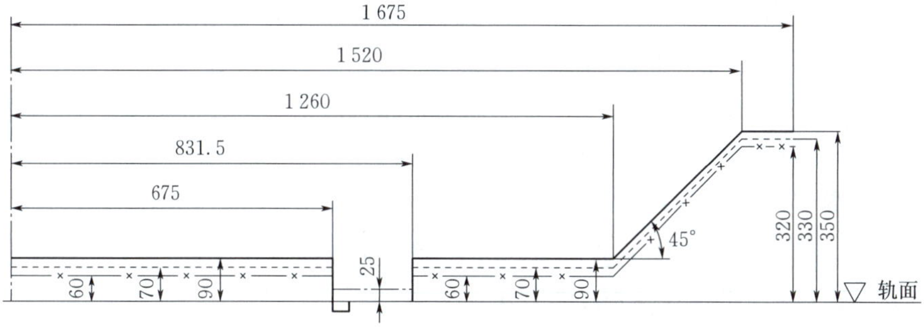

——车体的弹簧承载部分；------转向架上的弹簧承载部分；

-×-×-非弹簧承载部分；—·——机车闸瓦、撒砂管、喷油嘴最低轮廓。

图 1-18 机车车辆下部限界(单位:mm)

机车车辆限界是一个和线路中心线垂直的机车车辆的极限横断面轮廓图。无论空车或重车停在水平直线上且无侧向倾斜及偏倚时，除电力机车升起的受电弓外，该车所有一切突出部分或悬挂部分，都应容纳在机车车辆限界轮廓之内，不得超越。建筑接近限界是一个限制线路建筑物或设备距线路中心和轨面的最小容许尺寸的轮廓图。机车车辆限界尺寸规定为最大高度为 4 800 mm，最大宽度为(3 400+2×100)mm。

六、客车的组成

客车主要由车体、走行装置、车端连接装置、制动装置和车内设备五大部分组成。

(一)车　　体

车体是客车由走行装置所支承的、容纳旅客的部分，主要由底架、侧墙、端墙和车顶等部分组成。

(二)走行装置

走行装置是支承车体，承担客车自重和载重，并在钢轨上行驶的部分。目前客车的走行装置绝大多数由两台二轴转向架组成。转向架是由轮对轴箱装置、构架、中央悬挂装置和基础制动装置等组成的一个独立的结构。

(三)车端连接装置

车端连接装置主要由车钩缓冲装置、风挡、风电连接器、空气管路连接等部件组成。

1. 车钩缓冲装置

车钩缓冲装置是连接机车和车辆或车辆和车辆，传递纵向牵引力以缓和列车运行冲击力的装置。该装置安装在车体底架上的牵引梁内，由车钩、缓冲器及其附属配件组成。

2. 风挡

风挡在车厢端部起连接作用，是客车的重要组成部件，不仅保证旅客在车厢与车厢之间的安全通行，还具有良好的曲线通过性能和舒适性。目前国内客车用风挡型式根据功能不同分为内风挡和外风挡两种。内风挡种类较多，主要有铁风挡、橡胶风挡、折棚风挡等。

3. 风电连接器

风电连接器，是车端电气连接器和车端气路连接器的统称。电气连接器实现车辆与车辆(或机车)的供电电路及通信控制信号安全连接，保证列车安全正常运行的重要组成部分。车端电气连接将列车中各个车厢(车辆)连接组成了真正意义上的编组列车。车端气路连接器安装于车辆两端，用于连接相邻各车辆的制动管路，能在列车通过曲线或各车辆间距变化时，不妨碍压缩空气的畅通。

(四)制动装置

制动装置是使高速运行中的列车按需要实现减速或在规定距离内停车的装置，通常由空气制动机、人力制动机和基础制动装置组成。

(五)车内设备

车内设备是为旅客旅行提供必要的舒适条件的设备，主要包括给水装置、空调装置、电气装置及座席、卧铺、行李架、卫生设施等，有的客车上还设有媒体和通信装置等。

第三节　铁路客车运用维修与管理

国铁集团对铁路客车实行的专业管理概括地分为技术管理、检修管理、运用管理，三者之间既相对独立，又相互交叉。本节重点介绍客车检修周期、客车运用工作、客车运用管理等方面的内容。

一、客车检修周期

为使客车在运营中保持性能良好、安全可靠，须进行定期检修。客车定期检修分为 A1、A2、A3、A4、A5 五级修程，其中 A1 修程也称为辅修，A2、A3 修程统称为段修，A4、A5 修程统称为厂修。客车检修周期计算采用以走行公里为主、时间周期为辅的计划预防修制度，走行公里和时间周期以先到者为准，A1 修时间周期计算到日，其余计算到月。客车检修级别及周期表见表 1-2。

表 1-2 客车检修级别及周期

修程	A1 修	A2 修	A3 修	A4 修	A5 修
修程周期	运行(30±3)万 km 或距前次 A1 修以上修程 1 年	运行 60^{+6}_{0} 万 km 或距前次 A2 修以上修程 2.5 年	距前次 A2 修运行 60^{+6}_{0} 万 km 或 2.5 年	运行 240^{+24}_{0} 万 km 或距新造（或前次 A5 修）10 年	距前次 A4 修运行 240^{+24}_{0} 万 km 或 10 年

1. A1 修

A1 修又称辅修，一般在运用车列中不解编进行。对轮对尺寸进行检测，核对车辆运行品质轨旁动态监测系统（TPDS）轮对冲击当量，按限度规定对车轮踏面进行修型；对 104 分配阀等配件实施换件修；对非密封式制动缸、远心集尘器等配件进行分解检修；对制动机、电子防滑器等进行单车试验等。

2. A2 修

在车辆段检修车间进行，对零部件实施分单元、分部件的换件修和状态修，恢复车辆基本性能，包括车钩缓冲装置、转向架、制动阀、基础制动装置等部件分解检修，车内设施、空气弹簧、高度阀、差压阀、单元制动缸、油压减振器等状态检修，油漆局部补漆，电气部件的现车检查、试验等。

3. A3 修

在车辆段检修车间进行，在 A2 修基础上，对重点部位实施扩大范围的分解或换件检修，包括：高度阀、差压阀、单元制动缸、油压减振器分解检修；除 25T(19T)型和 25G(DC 600 V)型客车外，其他车型外皮油漆全部重新喷涂；电气部件现车检查或落地检修。

4. A4 修

在车辆检修工厂进行，主要包括车体、车钩缓冲装置、转向架、制动供风装置、车内设备设施和车电装置分解检修，油漆重新喷涂，全面恢复车辆基本性能。

5. A5 修

在车辆检修工厂进行，在 A4 修基础上，外部涂层全部清除，木结构全部分解，给水卫生各配件全部分解；电气装置以扩大必换件的方式彻底修理。

二、客车运用工作

（一）列车编组

列车是指挂有机车及规定标志的车列。编组列车就是按列车种类、用途、运输性质，根据《铁路技术管理规程》、列车编组计划和列车运行图所规定的编挂条件、车组、重量或长度，将车辆或车组选编连挂成车列。

除了用于旅客运输的客车底编组，以及特快货物班列、无动力回送客车底编组等均为客车组成的编组外，客车还可以编入货物列车、军用列车、路用列车等。

(1)旅客列车按照列车运行图中公布的列车编组表实行固定编组，满足列车编组表中车种、定员、供风型式、供电制式，以及播音车、无障碍设施车等编挂要求。临时旅客列车的编组按国铁集团、铁路局集团公司调度命令办理，应于列车始发前 48 h 编组完毕，并逐辆实施技术整备。客车编组不得超过 20 辆。

(2)旅客列车首尾两端须编挂装有客列尾(KLW)装置的客车，首尾客车应配置外端门。集中供电空调旅客列车须编挂装有客车运行安全监控系统(TCDS)主机的客车，25T 型客车还须编挂工程师车，达不到上述条件要求时，由铁路局集团公司制定安全措施，跨局运行时须报国铁集团批准。

(3)客车标记速度分为 100 km/h、120 km/h、140 km/h、160 km/h 四个等级，客车编组时须满足运行图规定的列车最高运行速度要求，标记速度不同的客车混编时，应按最低标记速度掌握。

(4)旅客列车编组中车辆供风状态必须一致，密封风挡不得与橡胶风挡或铁风挡连挂，必须连挂时由配属铁路局集团公司批准，并采取有效的防护措施。进京、进沪、进穗集中供电客车须使用集便客车底并编挂电气化厨房餐车，其他集中供电旅客列车也应编挂电气化厨房餐车。

(5)DC 600 V 机车供电旅客列车，应编有具备供电请求功能的客车，首尾车辆应配备与机车连接的电力连接线。具有互备供电(邻车供电)功能的 DC 600 V 客车，应连续编挂。

(6)集中供电空调列车供电制式必须一致。全列空调列车额定负载总和不得超过发电车额定输出功率，通过电力连接线的电流量不得大于电力连接线额定容量，电力干线容量不同的客车混编时，应按电力干线容量从发电车起由大到小排列编挂。

(7)非空调旅客列车编组中，硬座车每 3 辆中编挂 1 辆茶炉车，硬卧车每 4 辆中编挂 1 辆茶炉车；子车连续编挂不得超过 2 辆，首尾以 1 辆为限。

(8)下列车辆禁止编入旅客列车：货车；超过定期检修期限的客车车辆(经车辆部门鉴定的回送客车除外)；曾经发生冲突、脱轨、火灾、爆炸或曾编入发生特别重大、重大、较大事故列车内，以及在自然灾害中损坏，未经检查确认可以运行的客车。

(9)客车编组后，车钩钩提杆、车钩下锁销需加装防跳装置，折角塞门手把需加装开口销(简称“三捆绑”)。同一辆客车的电气综合控制柜 PLC 显示屏、轴温报警装置、烟火报警装置全列联网使用时，顺位号设定须相同，原则上编号与客运车厢号一致；当发生加挂时，在最大顺位号后逐个增加，发生减编时，可出现空号，不需进行重新调整。采用密接式车钩的列车，首尾车钩必须是 15 号车钩或托梁式车钩，并须随车备有中间体过渡车钩、托梁式车钩；托梁式车钩未安装车钩托梁不得上线运行。

(二)列车运行

(1)旅客列车、特快货物班列不准编挂制动关门车。在运行途中(包括在站折返)，当制动机发生临时故障，在停车时间内不能修复时，准许关闭 1 辆，但列车最后一辆不得为关门车，120 km/h 速度等级及编组小于 8 辆的 140 km/h、160 km/h 速度等级列车按规定关门时需限速运行，车辆乘务员须向司机递交限速证明书。当 120 km/h 速度等级及编组小于 8 辆的 140 km/h、160 km/h 速度等级旅客列车运行途中(包括在站折返)遇自动制动机故障而关门 1 辆时，在≤20‰的下坡道区段，按 100 km/h 限速；无论列车中是否有制动关门车，在>20‰的下坡道区段，由铁路局集团公司根据实际试验采用统一限速值进行限速，限速值按列车运行控制装置（LKJ）基础运行组织数据纳入“列车运行图技术资料”中落实。

（2）旅客列车运行中，须开启列车尾部的 KLW 主机，首端的 KLW 主机不得开机。开通使用客列尾装置的旅客列车，尾部加挂客车不得超过 2 辆；因检修、回送需要，尾部加挂客车确需超过 2 辆时，只能加挂在管内旅客列车上，由铁路局集团公司制定办法。

（3）旅客列车运行途中，因车辆故障需要摘车时，在有条件的情况下，应积极准备替换客车，保持原编组结构。

（4）旅客列车运行途中发生客车空气弹簧故障时须限速运行，运行速度不得超过 120 km/h。

（5）列车在区间被迫停车不能继续运行时，如遇自动制动机故障，车辆乘务员在接到机车乘务员的防溜通知后，应立即组织列车乘务人员拧紧全列人力制动机，开车前由列车长组织列车乘务人员松开全列人力制动机，车辆乘务员下车检查确认后通知司机开车。

（6）双管供风旅客列车应由双管供风机车牵引，运行途中因机车供风系统故障或用单管供风机车救援接续牵引，需改为单管供风时：

①双管改单管（简称双改单）作业应在站内进行，在区间发生故障需改单管供风时，应限速 120 km/h 运行至前方站内进行。

②铁路局集团公司列车调度员接到双改单或单管供风机车牵引双管供风列车救援申请后，应立即通知机车、车辆调度员，列车调度员在发布的调度命令中应注明双管改单管供风，调度命令由车站值班员分别转交车辆乘务员和列车长。有客列检的车站，车站应同时通知客列检。

③客列检人员（无客列检时，由车辆乘务员）根据调度命令将编组客车风管路改为单管供风状态。

④跨局运行时，改为单管供风后，由机车乘务员经车站值班员转报列车调度员，列车调度员通知机车、车辆调度员。同时铁路局集团公司列车、机车、车辆调度员应立即上报国铁集团列车、机车、车辆调度员。由国铁集团机车、车辆调度员下发调度命令通知有关单位，列车后续交路按单管供风办理，直至终到站。

⑤双改单列车运行至终到站后，接续开行其他车次时，可维持单管供风至接续列车终到站。终到入库后，由库列检（不入库检修的列车由客列检，无客列检作业的由车辆乘务员）恢复双管供风状态。

（7）装用真空集便装置的旅客列车因故改为单管供风或装用集便装置的客车编挂在单管供风列车中，进行列车制动机试验期间，客运乘务人员应将全列卫生间锁闭。运行途中因使用卫生间造成临时停车时，车辆乘务员应通知列车长暂时锁闭部分卫生间，并通知机车乘务员立即充风，列车缓解后尽快开车。

（8）空调列车因供电故障采用单路供电后，空调机组及电采暖装置须半载运行，当车内温度无法满足需要时，应在就近车站更换机车或故障车辆。

（9）采用内燃机车供电的旅客列车须在终到后、摘解机车前，对全列客车进行逐辆卸载作业。

（10）旅客列车运行途中，严禁关闭各类安全监控装置。客运乘务人员应按规定使用电器设备，发现轴温报警装置、烟火报警装置等安全监控装置报警时，要立即通知车辆乘务员。

(11)旅客列车运行途中，由客运乘务人员根据实际需要，按规定使用照明装置。

(12)发电车供电旅客列车始发应提前 1 h 供电并开启空调预冷、预热；机车供电旅客列车应在始发前 1 h 连挂机车，始发前 50 min 供电并开启空调预冷、预热。空调客车的空调温控器应设定为：冬季 18～20 ℃，夏季 24～28 ℃。当环境温度低于 18 ℃时，严禁开启空调设备制冷。当环境温度低于 5 ℃时，须开启电伴热装置。旅客列车运行途中，通风机不得停用；因供电装置故障或长时间停留时，车辆乘务员可酌情减少用电负荷。使用空调机组空气预热器时，停用时须先关闭空气预热器，5 min 后方能关闭通风。

(13)客车编入货物列车时，须派车辆押运人员；客车编入军用列车时，须派车辆乘务员；城市轨道客车编入货物列车时，须派车辆技术人员押运。

(14)车辆乘务员、客运乘务组等列车乘务人员发现下列危及行车和人身安全情形时，应使用紧急制动阀(紧急制动装置)停车：

①车辆燃轴或重要部件损坏；

②列车发生火灾；

③有人从列车上坠落或线路内有人死伤；

④其他危及行车和人身安全必须紧急停车时。

使用车辆紧急制动阀时，不必先行破封，立即将阀手把向全开位置拉动，直到全开为止，不得停顿和关闭。遇弹簧手把时，在列车完全停车以前，不得松手。在长大下坡道上，必须先看制动主管压力表，如压力表指针已由定压下降了 100 kPa 时，不得再行使用紧急制动阀(遇折角塞门关闭时除外)。列车乘务人员应将使用紧急制动阀(紧急制动装置)的情况报告司机。

(三)车辆摘挂及客车加挂

1. 客整所内车辆摘挂

(1)在库内对车列进行摘挂作业时，车辆的摘挂、软管的摘结及吊挂由调车人员负责，电气连接线及密封风挡的摘结由库列检人员负责，外属列车由车辆乘务员负责。备用车未连接的总风软管，由库列检人员负责吊挂。

(2)普速旅客列车客车底在库内摘挂车辆时，由库列检值班员负责将调度命令转交车辆乘务员。

2. 普速旅客列车机车与第一辆客车的连挂、摘解

(1)车钩的连挂，由机车乘务组负责；单班单司机值乘的由客列检人员负责，无客列检作业时由车辆乘务员负责。实行单班单司机值乘的机车交路，跨局旅客列车由国铁集团在调图文件中予以公布，管内旅客列车由铁路局集团公司在调图文件中予以公布。

(2)车钩摘解、软管摘结，由客列检人员负责；无客列检作业的列车，车钩、软管摘解由机车乘务员(单班单司机值乘的由车辆乘务员)负责，软管连结由车辆乘务员负责。“三捆绑”、列车尾部软管防尘堵的安装及软管的吊起由客列检人员负责，无客列检作业的由车辆乘务员负责。机车与机次一位客车总风软管的摘解由客列检负责，无客列检作业时由机车乘务员负责，单班单司机值乘时由车辆乘务员负责；总风软管摘解完毕后，机次一位客车总风软管由客列检(无客列检作业时由车辆乘务员)负责吊挂，机车总风软管由机车乘务员负责吊

挂；单班单司机值乘时，机次一位客车总风软管及机车总风软管由客列检负责吊挂，无客列检作业时由车辆乘务员负责。

(3)电气连接线摘结由客列检人员负责，无客列检作业时由车辆乘务员负责。由电力机车供电的客车，作业人员在确认电力机车降弓后，才可进行电气连接线摘结。

(4)由机车供电的旅客列车连挂机车时，由客列检人员、机车乘务员、车辆乘务员办理供电钥匙或供电柴油机启动钥匙交接手续，并进行签认；无客列检作业时，由车辆乘务员与机车乘务员办理交接。

(5)由机车供电的旅客列车摘解机车时，由客列检人员、机车乘务员办理供电钥匙或供电柴油机启动钥匙交接手续，并进行签认；无客列检作业时，由车辆乘务员与机车乘务员办理交接。

(6)普速旅客列车因故临时换(加)挂机车时，机车乘务员须在收到临时换(加)挂机车的通知后，立即转告车辆乘务员。

3. 途中车辆摘挂

(1)普速旅客列车在途中摘挂车辆时，车辆的摘挂、制动软管摘结及折角塞门的开闭，由调车作业人员负责；车辆间总风软管的连结、摘解由客列检负责，无客列检作业时由车辆乘务员负责，软管连结完毕后，须将防尘堵链进行吊挂，摘解完毕后，须将总风软管进行吊挂。

(2)密封风挡及电气连接线的摘结由车辆乘务员负责；“三捆绑”等其他作业由客列检人员负责，无客列检作业的由本列车辆乘务员负责，必要时打开车门，以便于调车作业。装有密接式车钩的客车车辆摘挂时，过渡车钩的安装和拆卸由客列检人员负责，无客列检作业时由车辆乘务员负责。

(3)普速旅客列车在车站摘挂车辆时，由客列检负责将调度命令转交车辆乘务员，无客列检作业时，由车站值班员转交车辆乘务员。

(四)客车存放及防火、防冻

1. 客车存放

(1)备用客车、待入厂段修客车及摘车实施运用检修的客车应在客整所内存放，由车辆段负责管理；客整所存车能力不足时，可将不常用客车及待修客车安排在外存放，铁路局集团公司应制定管理制度，落实防火、防盗、防溜职责。

(2)存放的客车须断开蓄电池电源，备用客车挂用前，应安排整备，须符合运用客车出库质量标准。

2. 客车防火

(1)铁路局集团公司应定期组织检查客车防火工作，消除火灾隐患。车辆段要加强燃煤锅炉、电热开水器、餐车炉灶(两炉一灶)、电器设备及发电车等防火关键部位的检修。

(2)客车车厢内须按规定配置灭火器。干粉灭火器维修期限为1年，水型灭火器为3年。灭火器应由专业维修企业按照国家有关规定进行维修，张贴维修标志，并在灭火器筒体上涂打到期时间。

(3)客车的车体接地线、设备接地保护线须可靠连接。客车严禁临时配线，确需改造的，须经车辆主管部门批准。

(4)熔断器、断路器容量须符合规定，严禁使用其他替代品或短接。旅客列车运行途中，凡发生断路器自动分闸、熔断器熔断时，应首先确认该支路无短路后，方可复位或更换。

（5）对客车车体与车外相通孔洞及车内墙板间隙使用阻燃介质实施可靠封堵。对车辆上部因管系通过各间壁、墙板、顶板开孔，以及所有间壁、顶板、墙板缺损导致防寒材及木结构露出的部位，均要使用镀锌铁板或阻燃贴面板实施可靠封堵。列车入库检修时，要对客车通过台各压条是否齐全以及密封状态进行检查。发电车 MTU183 柴油机增压器及排气支管等高温部件必须进行隔热防护，高压油管须使用双层高压油管。

（6）发电车必须建立防火制度，并加强日常检查。

（7）严禁在配电间堆放物品。配电箱、配电盘、控制箱（柜）、电采暖装置等设备上部及附近不得堆放或搭挂物品。所有配电间（室）及箱、柜的门须关闭，外门应锁闭良好。

（8）客运部门要加强禁烟宣传，对吸烟区要加强防火巡检。列车乘务人员发现旅客在非吸烟区吸烟时，要及时劝阻。

（9）客运部门负责对餐车炉灶台面、墙壁、抽油烟机、排烟罩、烟道的表面可见部位油垢进行清理。车辆部门负责清除餐车排风扇、车顶表面及烟筒帽等不可见、需拆卸部位的油垢。

（10）燃煤锅炉使用前，必须按规定由车辆段在库内进行点火试验，循环良好后，与客运段办理交接。原则上点火交接工作应于车底上线 12 h 前进行。未办理交接的客车，客运部门严禁焚火使用。

（11）旅客列车在库内停留时，未灭火的燃煤锅炉、燃煤茶炉、餐车炉灶须由使用部门派人看管，看管人员要定时巡视，做好防火、防干烧、防冻车工作。客车由运用状态转为检修或备用状态时，使用部门应将燃煤锅炉、燃煤茶炉、餐车炉灶彻底熄火。停留车内严禁吸烟和动用明火取暖。备用客车存放时应锁闭车门、车窗，断开蓄电池电源。

3. 客车防冻

（1）客车与机车或与列车试验器、单车试验器连接风管时，应先开放机车折角塞门或风管路塞门排水。在列车尾部安装压力表时，应先开放车辆折角塞门排水。空气压缩机储风缸须定时排水。每月应排除运用列车首尾各三辆客车风缸内的积水，必要时摘开软管，分解清洗远心集尘器，更换分配阀。冬季各铁路局集团公司应根据实际情况增加排水频次。

（2）采暖期内，客车由运用状态转为检修或备用状态时，须及时排净给水装置水箱及管系、采暖锅炉及散热管系、电热温水箱、电蒸饭箱、电热开水器和污物箱等设备内的积水、污物。客车因故在运行途中摘车时，须派人看火或彻底排水、排污。出入厂、段的检修车要认真办理交接，防止冻车。

（3）冬季时，空调列车停留期间，外温低于 0 ℃时需使用外接电源或发电车供电预热，保证车厢内温度，防止冻车。

（4）入冬前须对备用客车彻底排水、排污。

（五）质量管理

（1）客车运用检修各项作业须分别达到以下质量标准和要求：

①运用客车出库质量标准；

②运用客车专项检修项目、周期及要求；

③客车整修项目及要求；

④客车 A1 修质量标准。

(2)车辆段每半年、铁路局集团公司每年应对各客整所开展一次客车 A1 修质量对规、专项检修质量对规和标准化发电车对规;春、秋整结束后,国铁集团安排在重点地区对列车整修质量进行检查鉴定,铁路局集团公司应安排逐列车进行检查鉴定;车辆段每月应逐列进行运用客车质量鉴定。

(3)车辆段应设质量检查机构,配备专职的质量检查人员,由车辆段直接管理。负责运用客车月度质量鉴定和客车 A1 修、摘车临修及重要专项检修项目的质量验收工作;负责编组临客、旅游、专特运客车整备质量验收。根据车辆段统一安排参加客车整修质量鉴定和专项检修、客车 A1 修、标准化发电车对规工作。负责质量信息的收集、统计、汇总,并做出质量分析与评价报告,提出整改建议。

(4)车辆段要建立客车运用检修故障库,库列检、客列检和车辆乘务组检修作业人员实际处理的重点故障均应纳入故障库。故障库登记内容应包括故障填报单位、故障来源、故障现象、故障原因、处理情况及相关信息。故障来源应涵盖工作者自检发现、车辆乘务组交接、其他单位反馈,以及质量鉴定、对规对标、动态监测和上级部门检查发现的各类故障。

(5)铁路局集团公司、车辆段应根据客车运用检修故障库的信息,针对存在的关键性、倾向性问题开展客车质量整治工作,不断完善专项检修项目、检修工艺和岗位作业指导书,并及时逐级上报有关情况。

(6)客车购置、改造以及进行维修时,配属局应在相关协议中明确对方的安全质量保证责任。在质量保证期内,发生非使用问题造成的安全质量问题时,车辆配属局(段)应要求造修单位或生产厂家负责处理,并进行赔偿。

三、客车运用管理

客车运用管理主要包括客车日常检修、列车检修、车辆技术作业、客车整修、A1 修、运用安全等管理内容。客车运用管理所涉及的规程、规定、标准、制度、要求等内容,构成了客车运用维修体系。客车运用管理的一线执行单位为隶属于客车车辆段的客车技术整备所(简称客整所,客整所内承担运用检修任务的部门称为库列检,俗称“库”)、旅客列车检修所(简称客列检,俗称“站”)、车辆乘务组(俗称“乘”)。这些单位所从事的全部工作,称为客车运用维修工作,也称“库、站、乘”全部工作。“库、站、乘”全部工作中涉及的作业内容以作业指导书方式由作业人员具体落实。

(一)日常检修

铁路客车在日常运用中,零部件会发生自然磨耗甚至性能失效,还会因产品质量问题或异物击打等原因造成损坏,如未及时发现并得到修理,就会影响其舒适性、可靠性,甚至危及行车安全。客车运用检修和列车检修的目的,首先是“检”,通过对车辆的检查、试验,及时发现已经发生的故障和潜在的隐患,然后是“修”,通过对车辆的修理,及时恢复技术状态,保证上线客车运行安全。客车除实行状态检查、到限即修的制度外,还实行周期管理、到期即修的制度。前者称为状态检查修(也称为状态预防修),后者称为计划预防修。A1 修属于计划预防修,在客整所由库列检人员对特定配件进行换件修、分解修,另外通过检测、试验方法,对特定配件参数进行限度管理,超过限度时施修。

状态检查修分为三类:第一类是在客整所由库列检人员实施的本属客车日常检修、专项检修、季节整修、临客整备、专项整治、防火防冻及外属客车折返检修等；第二类是在客列检对旅客列车、特快货物班列实施的技术检查和不摘车修，技术检查包括人工检查和动态检查；第三类是由车辆包乘组随列车值乘时进行巡视作业，发现故障后在保证列车运行安全的前提下，按照能修则修、无法施修时办理入库交接的原则进行处置。A1 修和状态检查修中第一类检修构成了运用检修。

(二)列车检修

状态检查修中第二类和第三类检修构成了列车检修。

(三)车辆技术作业

旅客列车、特快货物班列由机车牵引，车列连挂机车后才能运行；由机车供电的列车还须在机车与机后第一位客车之间连结动力连接器用于供电；为保证车列制动管路、总风管路供风，须连接机车与机后第一位客车之间制动软管、总风软管；为保证列车的制动性能符合要求，须进行列车制动机试验；为保证机车乘务组(机车司机)随时查询列车尾部一辆客车风压或使用尾部一位客车直接排风方式对列车实施紧急制动，需要在机车和尾部一位客车之间建立客车列尾装置连接；为标示列车的完整性，需要在列车尾部客车两侧挂用尾灯。有的列车实行机车交路分段担当，为此要在列车运行交路的途中站换挂机车，机车换挂方式分为同端换挂和换向换挂；有的列车在一些区段内，虽然无需换挂机车，但需要更换机车乘务组；有的列车在运行交路的途中站需要附挂或甩下客车。列车终到后需要摘解机车。

为满足上述列车开行要求，必须安排有关人员进行相关作业。由车辆专业负责的作业，称为车辆技术作业，其中由客列检检车员负责的作业称为客列检技术作业，由车辆包乘组负责的作业称为车辆乘务技术作业。

(四)客车整修

运用客车每年须进行两次集中整修，春运后实施春季整修，暑运后实施秋季整修。整修时除对上部设施进行集中整治外，还应结合季节性特点，按照客车整修项目及要求进行防暑、防寒等有针对性的重点整治；对临时安排的专项普查、专项整治项目在整修中一并组织实施，对已经实施的项目落实情况进行检查、整改。

(五)A1 修

客车 A1 修是铁路客车在运用中实施的定期检修，由本属库列检实施，系对轮对和制动装置进行的专项检修。

1. 检修周期

铁路客车运行(30±3)万 km 或距前次 A1 修以上修程 1 年时实施 A1 修；走行公里和时间周期以先到者为准，A1 修时间周期计算到日。

2. 检修内容

对轮对尺寸进行检测，核对 TPDS 轮对冲击当量，按限度规定对车轮踏面进行修形；对 104 型分配阀等配件实施换件修；对主动润滑 104 型、F8 型分配阀实施状态试验，性能不良时实施换件修；对非密封式制动缸、自动间隙调整器、远心集尘器、锥形塞门等配件进行分解检修；对制动机、电子防滑器等进行单车试验。

轮对辅修限度与运用限度相比有所提高，对不符合限度的轮对进行不落轮旋修或轮对更换，从而减少轮对运用故障，提高运行品质。

(六)运用安全管理

(1)库列检应组织建立生产作业班组“班前、班中、班后”安全检查确认和控制等有效的安全卡控制度,结合天气情况、作业处所、环境条件的变化和工作重点任务,对作业安全关键进行周密的安全风险预想,建立风险管理问题库,制定防控措施,分层建立安全风险控制表,在作业过程中抓好落实。库列检应对安全防护号志、发电车供/断电、电气焊,外接电源使用,登高作业等安全关键环节进行可靠卡控,规范作业中手机使用,确保作业安全。

(2)客列检在车站对列车实施车辆技术作业及应急处置时,必须严格遵守防护信号、线路作业及故障处置等安全规定,确保作业人员人身安全。

(3)车辆乘务人员作业场所不固定,对现场条件不熟悉,在车下作业时容易侵限。为保证自身作业安全,必须按规定做好安全防护,严格执行作业安全规定。

第四节 基本技能

一、仪器仪表的使用

铁路客车的电气化、自动化程度不断提高,决定了客车检车员在日常检修维护中将频繁使用多种仪器仪表。下面选取常用的钳形表、数字兆欧表介绍其结构原理及使用方法。

(一)钳 形 表

钳形表可用于测量交直流电压、交流电流、电阻、二极管、电路通断、℃/℉温度等。

1. 功能

钳形表面板说明如图 1-19 所示。

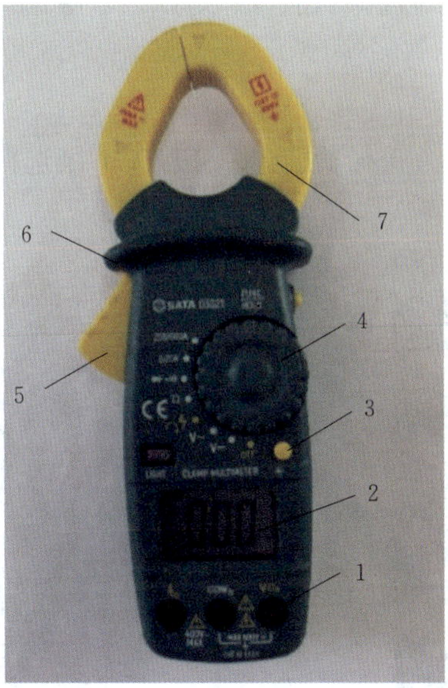

1—输入端;2—液晶数字显示;3—功能按键;4—测量功能转盘;5—钳头扳键;6—手部保护;7—钳头。

图 1-19 钳形表面板说明

2. 操作方法

(1)直流电压测量

如图 1-20 所示,设置转盘→选择功能(按 SELECT 键选择直流电压测量)→直流电压挡→连接负载。

(2)交流电压测量

如图 1-21 所示,设置转盘→选择功能(按 SELECT 键选择交流电压测量)→直流电压挡→连接负载。

(3)电阻测量

如图 1-22 所示,设置转盘→选择功能(按 SELECT 键选择电阻测量)→电阻挡位→连接负载。

图 1-20 直流电压测量

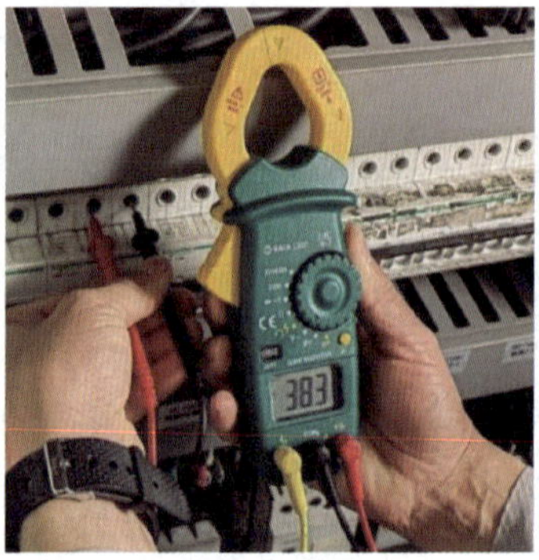

图 1-21 交流电压测量

图 1-22 电阻测量

(4)二极管测量

如图 1-23 所示,设置转盘→选择功能(按 SELECT 键选择二极管测试)→二极管挡位→连接负载。

(5)导通检测

如图 1-24 所示,设置转盘→选择功能(按 SELECT 键选择导通检测)→蜂鸣通断挡→连接负载。

图 1-23 二极管测量

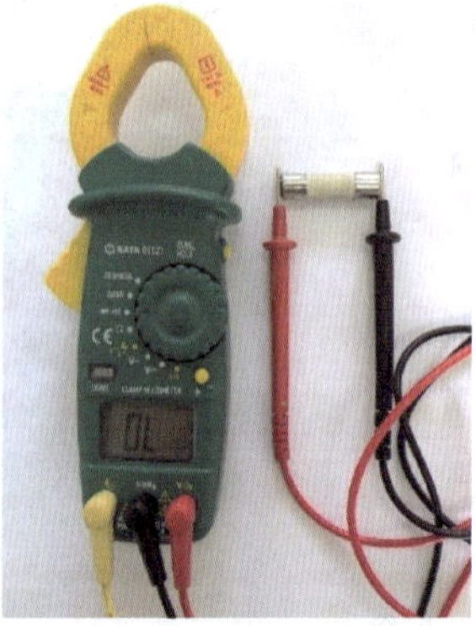

图 1-24 导通检测

(6)温度测量

如图 1-25 所示,设置转盘→选择功能(按 SELECT 键选择℃测量)→℃或℉测量挡→连接负载。

(7)电流测量

如图 1-26 所示,设置转盘→选择功能(按 SELECT 键选择电流测量)→电流挡位→连接负载。

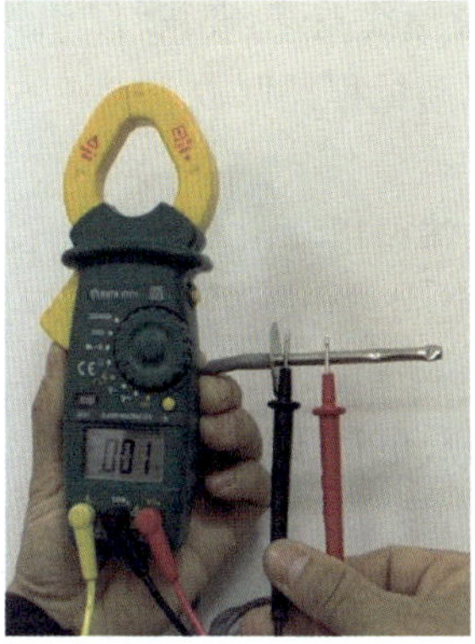

图 1-25 温度测量

图 1-26 电流测量

(二)数字兆欧表

1. 功能

数字兆欧表面板说明如图 1-27 所示。

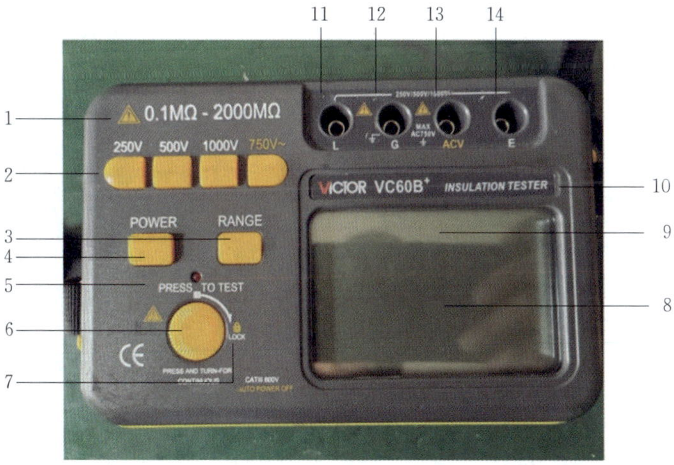

1—绝缘测量范围;2—电压选择开关;3—电阻测量选择开关;4—自锁式电源开关;5—按压按钮;6—测试按钮;7—锁定按钮;8—LED 显示屏;9—显示测量数据及单位符号;10—仪表型号;11—接被测线路端插孔;12—保护端插孔;13—交流电压测试输入端;14—接被测对象的地端插孔。

图 1-27 数字兆欧表面板说明

2. 测量方法

(1)将电源开关“POWER”键按下。

(2)根据测量需要选择测试电压(DC 250 V/DC 500 V/DC 1 000 V/AC 750 V)。

(3)根据测量需要选择量程开关 RANGE,AC 750 V 除外。

(4)将被测对象的电极接本仪表相应插孔。

(5)测试电缆时,插孔 G 接保护环。

(6)按下测试开关,测试即进行,向右侧旋转可锁定按键开关;当显示值稳定后,即可读数。

(7)将输入线路"E"接至被测对象地端,"L"接至被测线路端;要求"L"引线尽量悬空。

(8)如果仅最高位显示"1",即表示超量程,需要以高量程挡取数。

3. 注意事项

(1)测试电压时选择键不按下时,输出电压插孔上将可以输出高压。

(2)测试时应首先检查测试电压选择以及 LCD 上测试电压的提示与所需的电压是否一致。

(3)被测对象应完全脱离电网供电,并且应经短路放电证明被测对象不存在电力危险才进行操作,以保障操作安全。

(4)测试时不允许手持测试端,以保证读数准确以及人身安全。

(5)空载时,如有数字显示,属正常现象,不影响测试。

(6)在进行 MΩ 测试时,如果显示读数不稳定,可能是环境干扰或绝缘材料不稳定造成的,此时可将"G"端接到被测对象屏蔽端,即可使读数稳定。

二、工、量具的使用

(一)LLJ-4B 型第四种检查器

1. 结构特点

LLJ-4B 型第四种检查器的结构如图 1-28 所示,该尺的结构特点在于底板相连的尺框有上下两个导槽,下面的导槽使尺框在底板上左右移动,上面的导槽用于装轮缘厚度测尺。踏面圆周磨耗测量基准点直接选在车轮踏面滚动圆中心,通过测量轮缘高度的变化,测量踏面磨耗值。轮缘厚度测点固定在滚动圆中心向上 12 mm 处,实现了以踏面为基准测量轮缘厚度的方法。

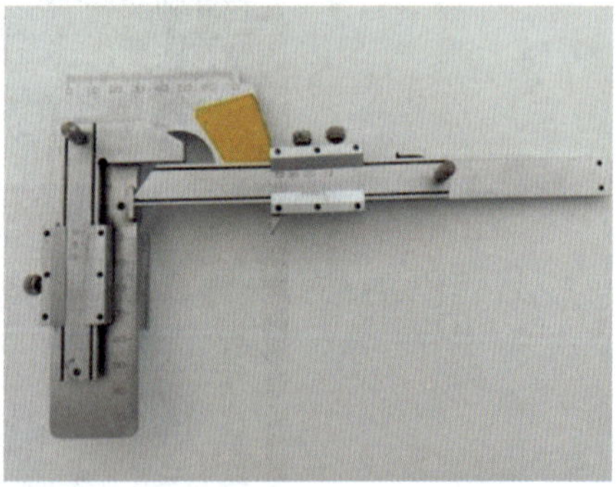

图 1-28 LLJ-4B 型第四种检查器

2. 测量功能

(1)车轮踏面圆周磨耗测量。

(2)轮缘厚度测量。

(3)踏面擦伤、剥离、凹陷深度测量。

(4)踏面擦伤、剥离、凹陷长度和宽度测量。

(5)轮辋厚度测量。

(6)轮辋宽度测量。

(7)踏面碾宽超限测量。

(8)轮缘垂直磨耗超限测量。

3. 使用方法

(1)车轮踏面圆周磨耗测量

磨耗型车轮踏面 70 mm 处圆周磨耗的测量，移动轮缘厚度尺尺框，使踏面定位测头定位在滚动圆中心 70 mm 处，紧固尺框定位钉(也可用定位块快速定位，向左推动螺钉，使轮缘厚度测尺达到极限位置，同时定位块带动尺框向左移动到预定位置、即踏面定位测头，定位在滚动圆中心 70 mm 处紧固尺框定位钉)。将第四种检查器置于车轮上，使定位角铁和踏面定位测头分别与轮辋内侧面和踏面滚动圆中心靠紧，尺平面与轴中心线垂直，向下推动踏面磨耗测尺，使之与轮缘顶部接触，即可在游标上读出踏面磨耗值。测量范围为 3～10 mm，分度值为 0.1 mm。

(2)轮缘厚度测量

踏面圆周磨耗测量完毕后，向左推动轮缘厚度测尺，使之与轮缘接触，即可在游标上读出轮缘厚度值。测量范围为 12～35 mm，分度值为 0.1 mm。

(3)踏面擦伤、剥离、凹陷深度测量

松开定位钉，移动轮缘厚度测尺尺框，使踏面定位测头置于踏面擦伤、剥离、凹陷最深处，利用相对测量方法，测量踏面局部擦伤、剥离、凹陷深度尺寸。例如，在踏面擦伤、剥离、凹陷处测量为 3.5 mm，在同一圆周方向的直径线上无擦伤、剥离，凹陷处测量圆周磨耗深度为 2 mm，则踏面擦伤、剥离、凹陷深度为 1.5 mm。测量范围为 3～10 mm，分度值为 0.1 mm。

(4)踏面擦伤、剥离、凹陷长度和宽度测量

用刻度尺在踏面擦伤、剥离、凹陷处进行长度和宽度测量。测量范围为 0～70 mm，分度值为 1 mm。

(5)轮辋厚度测量

将第四种检查器置于车轮上，同轮辋内侧面和滚动圆 70 mm 处靠紧，从轮辋厚度测尺直接读出轮辋厚度值。测量范围为 0～70 mm，分度值为 1 mm。

(6)轮辋宽度测量

将尺框向右推动至端部，把第四种检查器置于车轮上与车轮内侧面密贴，再向左移动尺框，使踏面定位测头与轮辋外侧面接触，从轮辋宽度刻度尺读出轮辋宽度值。如踏面有碾宽数值，即为轮辋的实际宽度。测量范围为 60～150 mm，分度值为 1 mm。

(7)踏面碾宽超限测量

利用碾宽测量线测量踏面外侧碾宽边缘，若踏面外侧碾宽边缘接触碾宽测量线说明踏面碾宽超限。

(8)轮缘垂直磨耗超限测量

在测量轮缘厚度时可同时观测垂直磨耗是否超限，方法是在轮缘厚度测头与轮缘接触时，其上边的垂直磨耗测头是否与轮缘接触，如果未接触，说明轮缘垂直磨耗没有超限，否则超限。

(二)轮 径 尺

1. 种类

车轮直径检查尺常用的有两种，一种是直接测量直径两端点间距离的检查尺(图 1-29)，另一种是根据车轮的三个接触点间的距离来显示出车轮的直径的检查尺(图 1-30)。

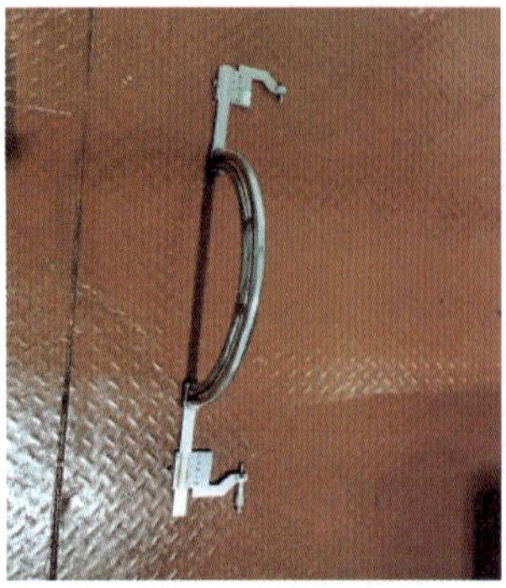

图 1-29 测量直径两端点的检查尺

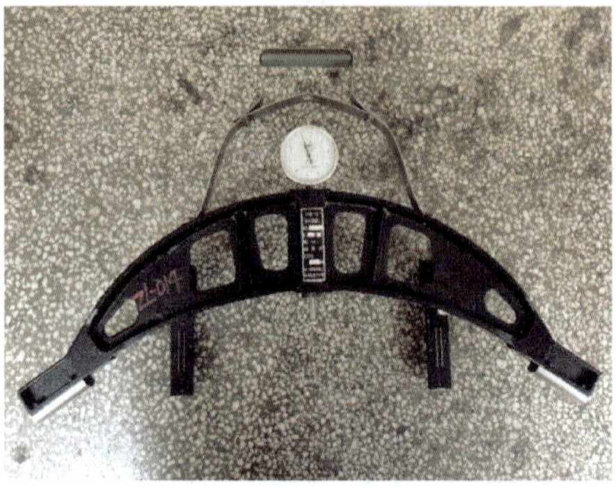

图 1-30 根据三个接触点显示直径的检查尺

2. 使用方法

使用时，先将左游标或右游标任何一端用止螺钉固定，然后移动另一端游标，检查尺从轮背内侧放到车轮上，主尺平面须与轮背内侧贴紧，以保证固定侧测头处于车轮测量基线上，并贴紧踏面，如图 1-31 所示。然后移动调整活动侧游标，使测头与踏面接触（松紧须适当），将两侧游标尺寸相加，即为该车轮直径尺寸。

(a) (b)

图 1-31 测量位置

(三)车钩中心高度尺

1. 结构

车钩中心高度尺主要由横尺、竖尺、左测座、右测座、夹板、钩舌测板、划针、游框、棘爪、游框锁紧螺钉等组成，如图 1-32 所示。

图 1-32 车钩中心高度尺

2. 技术参数

(1)测量范围:650～950 mm。

(2)分度值:0.2 mm。

(3)精度:≤±1 mm。

3. 使用方法

(1)打开竖尺,使棘爪复位后固定。

(2)将钩高尺置于两钢轨上,移动钩舌测板至正好卡住钩舌的上下边缘,通过游标直接可以读出车钩中心高度值。

(3)锁紧游框锁紧螺钉,推动划针,所指位置即为钩舌中心位置。

(4)测量完毕后,拉起棘爪,合上竖尺,使磁铁嵌入磁铁座中。

4. 注意事项

(1)钩高尺严禁摔碰,以免影响测量准确性。

(2)钩高尺使用后要妥善保管。

(3)校验周期为 6 个月。

复习思考题

1. 25G、25K、25T 型客车分别选配了哪些转向架?
2. 客车的性能参数主要有哪些?
3. 客车零部件位置的称呼方法是什么?
4. 客车车辆由哪几部分组成?
5. 客车运用管理包括哪几项内容?

第二章　客 车 车 体

客车车体采用全钢焊接结构，由若干纵向、横向梁和立柱，以及内墙板、外墙板、地板、顶板、门窗等构成；其中底架是车体的基础，承担着车辆的纵向及垂向载荷。本章重点介绍车体钢结构、风挡及车端阻尼装置、车钩缓冲装置的结构组成及作用。

第一节　客车车体钢结构

车体钢结构是车辆的基本承载单元，是车辆安全稳定运行的基本保障。本节主要以 25 型客车为例，对车体的结构特点、材料及组成等进行介绍。

一、客车车体的一般结构形式

客车车体一般由底架、侧墙、端墙、车顶组成。车体钢结构示意图如图 2-1 所示。钢骨架外面包有侧板、顶板、端板，和地板形成一个筒形结构车体。钢骨架采用纵向杆件和横向的梁、柱组成，在墙板上压有凸筋，以增加强度和刚度，为整体承载筒形结构。

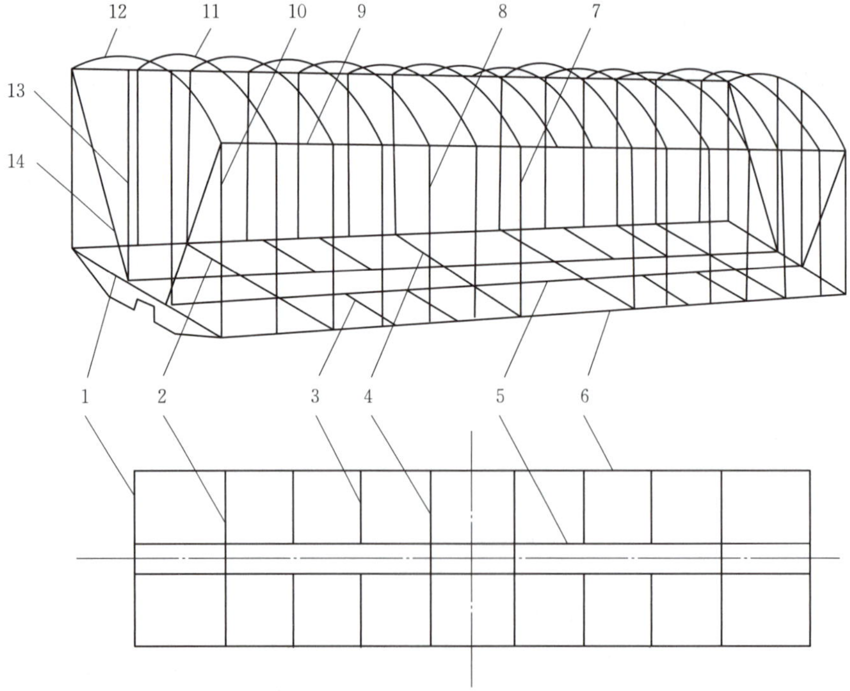

1—缓冲梁(端梁)；2—枕梁；3—小横梁；4—大横梁；5—中梁；6—侧梁；7—门柱；8—侧立梁；9—上侧梁；10—角柱；11—车顶弯梁；12—顶端弯梁；13—端立柱；14—端斜撑。

图 2-1　车体钢结构示意

二、25 型客车车体

25 型客车车体为整体承载全钢焊接无中梁薄壁筒形结构，主要由底架、侧墙、车顶和端墙等四部分焊接而成。其中，25T 型客车、动集动车组拖车及控制车在 25 型客车车体基础上增设了裙板，如图 2-2 所示。

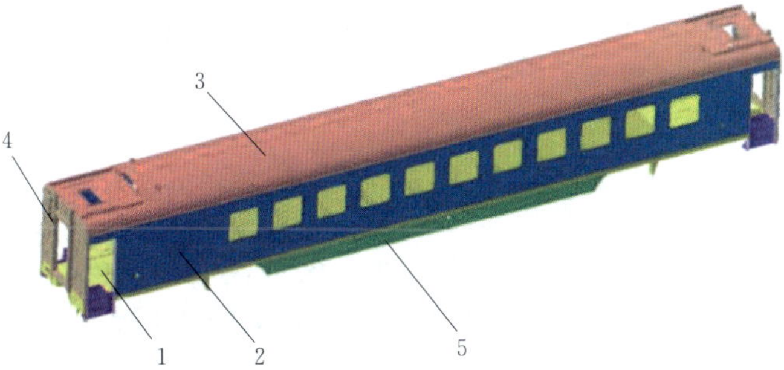

1—底架；2—侧墙；3—车顶；4—端墙；5—裙板。

图 2-2 25T 型客车车体示意

25 型客车车体材料主要采用耐候钢，主要承载部件（牵引梁、枕梁、缓冲梁等）采用碳素结构钢或低合金高强度结构钢，卫生间地板、洗面间地板、厨房地板及空调机组安装平台的平顶板等易腐蚀部位采用不锈钢。除此之外，车体还包括蹬车脚蹬、防爬盒、扶手等车体附件。

（一）底 架

底架是车体的基础部件，主要用于承受纵向载荷与垂直载荷。底架设有转向架、车钩缓冲装置、裙板和车下设备等安装接口。25 型客车底架的外形尺寸和结构形式基本一致，但结构不尽相同，一般采用无中梁结构，部分行李车及发电车采用有中梁结构。

1. 无中梁底架

无中梁底架由牵引梁、枕梁、缓冲梁、边梁、横梁、金属地板和底架附属件等组成，如图 2-3 所示。

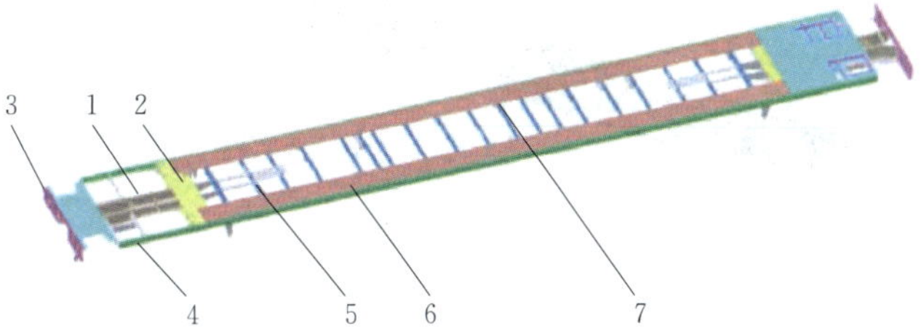

1—牵引梁；2—枕梁；3—缓冲梁；4—边梁；5—横梁；6—金属地板；7—底架附属件。

图 2-3 无中梁底架示意

2. 有中梁底架

有中梁底架由牵引梁、枕梁、缓冲梁、中梁、边梁、横梁和金属地板等组成，如图 2-4 所示。

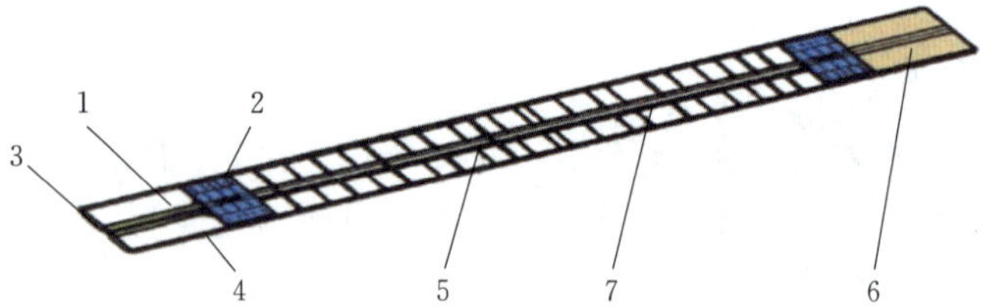

1—牵引梁;2—枕梁;3—缓冲梁;4—边梁;5—横梁;6—金属地板;7—中梁。

图 2-4 有中梁底架示意

(二)侧 墙

侧墙是与底架相连接组成车体侧面的部件。25 型客车车体侧墙钢结构外表面为平板无压筋,在平整的外墙板内侧焊有垂直立柱和水平纵向梁,形成板梁式平面承载侧墙结构,主要由上边梁、侧墙立柱、门框、纵向梁、侧墙板等组成,如图 2-5 所示。侧墙上设有侧门、车窗等安装接口。

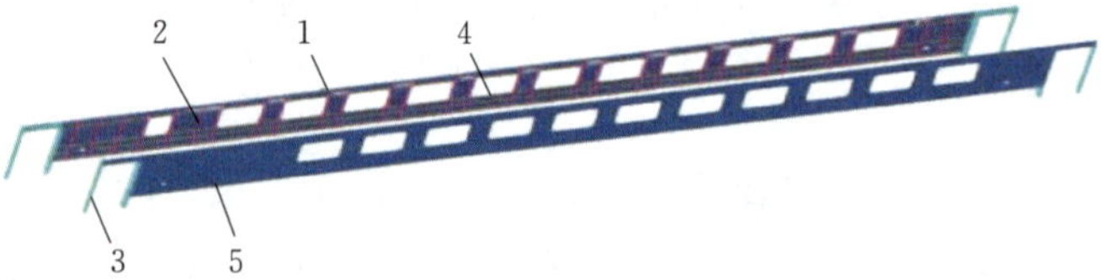

1—上边梁;2—侧墙立柱;3—门框;4—纵向梁;5—侧墙板。

图 2-5 侧墙示意

(三)车 顶

车顶位于车体的上部,由侧墙、端墙所支撑,断面为弧形。主要由车顶边梁、车顶弯梁、车顶、纵向梁、顶板及空调机组安装平台等组成,如图 2-6 所示。车顶设有空调、内装、水箱、废排等设备的安装接口。

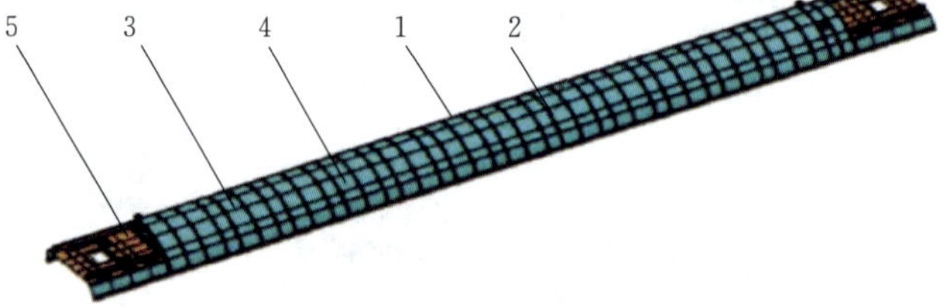

1—边梁;2—弯梁;3—纵向梁;4—车顶板;5—空调机组安装平台。

图 2-6 车顶示意

(四)端 墙

端墙位于车体的两端、其上设有车端连接的安装接口,主要由立柱、端门框、端墙板、端角柱、上端横梁、门上横梁和横梁等结构组成。端墙如图 2-7 所示。端墙设有端门、风挡、电气等接口。

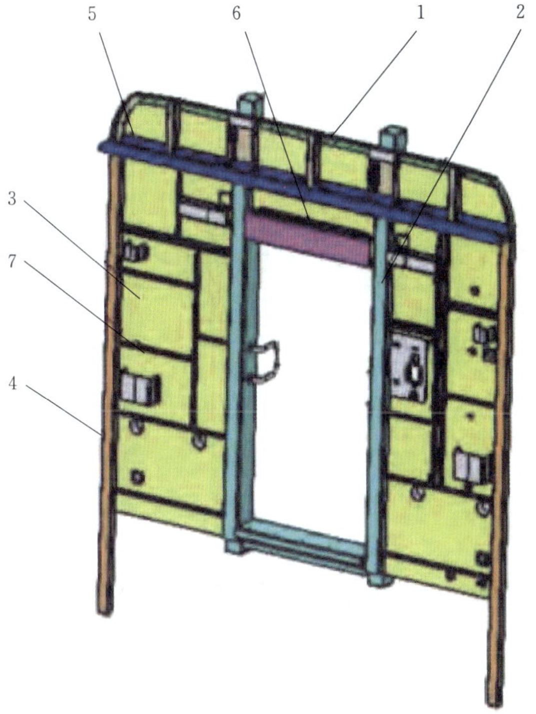

1—立柱；2—端门框；3—端墙板；4—端角柱；5—上端横梁；6—门上横梁；7—横梁。

图 2-7 端墙示意

(五)裙　　板

裙板是指设置于车体底架下部用于改善车辆运行性能及外观品质的装置，如图 2-8 所示。

图 2-8 裙板实物

25T 型客车设有裙板结构，其断面为弧形，分为活动裙板和固定裙板两种，多数为耐候钢焊接结构，部分为铝合金铆焊结构。固定裙板直接焊接在车体底架下部，主要由外板、斜撑、纵梁、弯梁等组成，如图 2-9 所示；活动裙板通过裙板锁与固定裙板连接，主要由裙板锁、气弹簧、安全绳、外板、纵梁、弯梁、折页等组成，如图 2-10 所示。

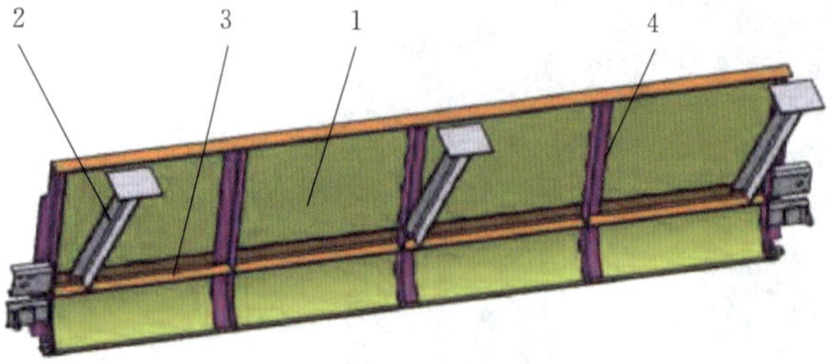

1—外板；2—斜撑；3—纵梁；4—弯梁。

图 2-9 固定裙板示意

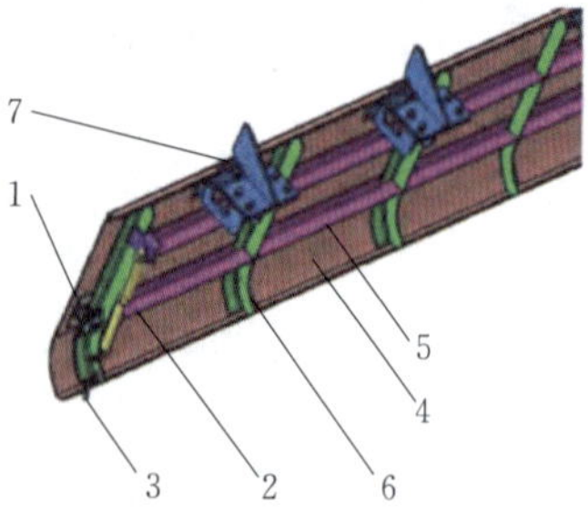

1—裙板锁；2—气弹簧；3—安全绳；4—外板；5—纵梁；6—弯梁；7—折页。

图 2-10 活动裙板示意

第二节 客车风挡及车端阻尼装置

风挡在车厢端部起连接作用，是客车的重要组成部件，不仅保证旅客在车厢与车厢之间的安全通行，还具有良好的曲线通过性能和舒适性。车端阻尼装置主要是减轻车辆在运行中的横向摆动和车钩撞击现象，提高车辆运行品质和旅客乘车的舒适度。

一、客车风挡

(一)内 风 挡

1. 铁风挡

铁风挡曾是我国现有客车上保有量最大的风挡，铁风挡结构、制造工艺简单，车辆之间连挂迅速、方便，易于维修，但此种风挡噪声大、磨损严重、密封性差。该型风挡为客通件，分 KT10-00-74、KT228-00-06 两种形式，前者主要用于辅助型号为 1、3、5、21 型的各型客车上；后者主要用于 22、25 型客车上。两种风挡结构形式基本相同，主要由下部缓冲装置、风挡弹簧、风挡板弹簧座、弹簧座磨耗板、内框、风挡胶板等组成，KT228-00-06 型铁风挡如图 2-11 所示。

图 2-11 KT228-00-06 型铁风挡实物

2. 橡胶风挡

橡胶风挡用于 25 型客车、160 km/h 准高速客车、提速客车，现 22 型翻新改造车也开始应用。橡胶风挡形式由左右立橡胶囊组成、横橡胶囊组成、防晒板等组成，如图 2-12 所示。

(1)胶囊组成

左右立胶囊组成和横橡胶囊组成为中空圆柱形结构，主要包括橡胶及安装框，车辆连挂后胶囊会有一定的预压缩量，保证两风挡之间的密封性。

(2)防晒板

防晒板设置在横风挡上方,防止紫外线对横胶囊的侵蚀,同时具有防雨的作用。橡胶风挡噪声、磨损明显小于铁风挡,密封性也好于铁风挡,但由于结构限制,其胶囊和渡板间、胶囊和胶囊间存在间隙,运行速度较高时有灰尘进入。

3. 折棚风挡

折棚风挡由折棚、框架及踏渡板组成封闭结构,具有安全、美观、防漏、防尘等优点。折棚采用海普龙材质,具有耐候性强、伸缩性能好、寿命较高等特点。折棚风挡能确保旅客通过车辆间连接区域的安全性,现主要用于提速客车及动集动车组上。折棚风挡根据其折棚组成的不同主要分为单层折棚风挡和双层折棚风挡。

(1)单层折棚风挡密封性相对橡胶风挡提升明显,但连挂不方便,车端阻尼小,主要应用于25T车型。其主要部件有折棚组成、渡踏板组成、内拉簧、拉杆组成、收紧绳等,如图2-13所示。

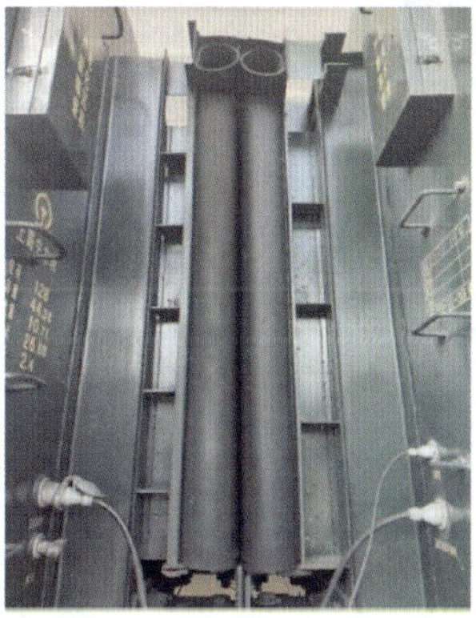

图2-12　橡胶风挡实物

图2-13　单层折棚风挡实物

①折棚组成

折棚组成由单层棚布、夹框以及折棚对接框/中间框组成。棚布为波纹结构,可为渡板等提供更充足的活动空间;夹框、对接框为棚布起支撑骨架作用;对接框折棚车体框内含对接连挂接口及操作手柄;对接框能可实现快速连挂解编,便于双层折棚风挡安装、拆卸。

②渡踏板组成

踏板和渡板为双层折棚风挡通道内主要起承载作用的部件,装车后可将相邻的两车连接起来,以便于乘客的通过。踏板安装于两车端的地板上,渡板安装在折棚对接框—中间框—对接框上。渡板前端放置搭接于踏板上表面,两者形成连接两车的过道,并能适应车辆运行的线路要求。

③内拉簧

内拉簧两端分别连接对接框及车体固定座,主要作用是稳定对接框,增加车端阻尼。

④拉杆组成

拉杆组成安装于车厢外部,其一端安装于两侧风挡的上方,另一端与连接框相连,防止对接框下沉,保证车辆在运行中风挡处于同一平面。

⑤收紧绳

收紧绳位于风挡内侧,风挡解编后用于束缚风挡,便于储存运输、检修维护。

(2)双层折棚风挡主要有折棚组成、渡踏板组成、拉杆组成等部件。双层折棚风挡相对于单层折棚风挡具有更好的隔音、隔热及密封性能,主要用于动集动车组等车型,如图 2-14 所示。

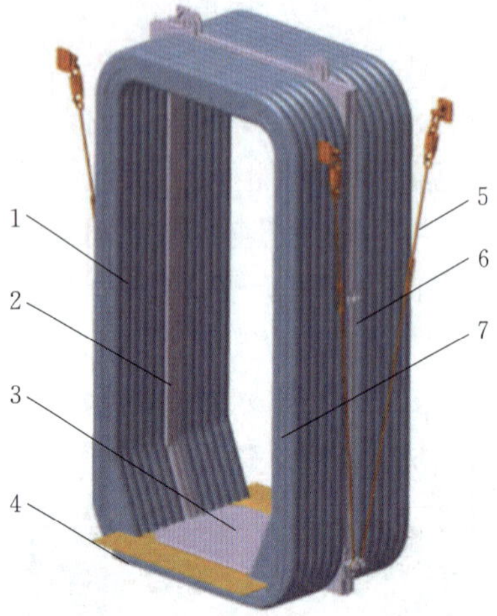

1—折棚;2—对接框;3—渡板;4—踏板;5—拉杆组成;6—收紧绳;7—夹框。

图 2-14 双层折棚风挡基本结构示意

(二)外 风 挡

外风挡设置于动集动车组每节车厢两个端面的两侧轮廓处,其纵向外形轮廓与车体保持一致。该部件能改善整列车的空气动力学性能,降低列车运行阻力,同时对车辆间各连接设备具有一定的保护作用。外风挡结构简单,安装便捷。

外风挡主要包括安装框架、橡胶胶囊、压条、紧固件等。安装框架及橡胶胶囊使用压条通过紧固件连接,成为一个整体部件。外风挡与车体端墙间采用螺栓连接。外风挡表面油漆颜色需与车体一致,保证整体美观效果。外风挡实物及结构分别如图 2-15 和图 2-16 所示。

图 2-15 外风挡实物

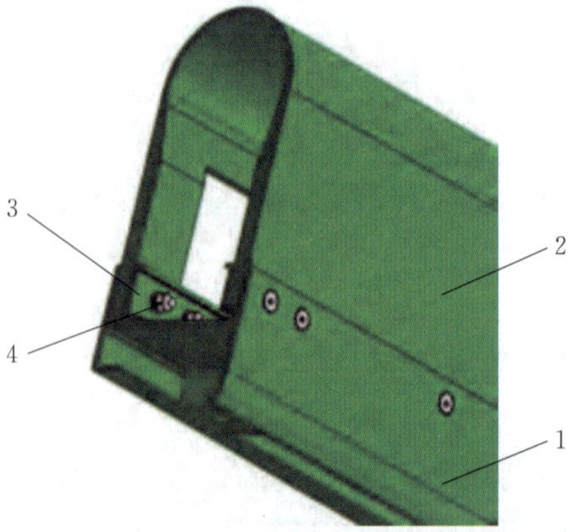

1—安装框架;2—橡胶胶囊;3—压条;4—紧固件。

图 2-16 外风挡结构示意

二、客车车端阻尼装置

为了弥补折棚风挡刚度和阻尼特性的不足，2000 年我国开始在 25K 型和 25T 型客车上安装车端阻尼装置。其装在折棚风挡上方，依靠相互压紧的磨耗板的摩擦力和弹簧的纵向力增加车辆之间的阻尼力，减轻车辆在运行中的横向摆动和车钩撞击现象，提高车辆运行品质和旅客乘车的舒适度。该装置由摩擦梁、缓冲杆、缓冲板、磨耗板、弹簧、安全钢丝绳、安装座等组成，其结构如图 2-17 所示。

图 2-17　车端阻尼装置结构

第三节　车钩缓冲装置

车钩缓冲装置是车辆最基本的也是最重要的部件之一，位于机车与车辆或车辆与车辆之间，用于实现相互连挂、传递牵引力或压缩力及缓和纵向冲击的部件。

我国铁路客车车辆最常用的车钩形式有 15 号车钩、密接式车钩、托梁式法兰盘车钩、中间体过渡车钩等四种。客车采用这类车钩能减轻起动和制动时车辆之间的前后冲撞，从而提高客车稳定性和舒适性。

一、15 号车钩缓冲装置

15 号车钩缓冲装置分为普通 15 号车钩(15)缓冲装置、15 号高强度车钩(15C)缓冲装置、15 号小间隙车钩(15CX)缓冲装置三种形式。目前 15 号高强度车钩主要用于 25B、25G 型铁路客车，15 号小间隙车钩主要用于 25K 型铁路客车。

(一)15 号高强度车钩(15C)缓冲装置

15 号高强度车钩(15C)缓冲装置属非刚性自动车钩，是我国铁路客车采用的主型车钩。其由车钩、缓冲器、钩尾框、前后从板及车钩复原装置、解钩装置等零部件组成，如图 2-18 所示，借助于钩尾销把车钩和钩尾框连成一个整体。

15 号高强度车钩(15C)缓冲装置的车钩可分为钩头、钩身、钩尾三个主要部分。钩头是车辆连接的重要部位；钩身是传递牵引力和冲击力的部位，为中空方形结构，应具有较大的强度和刚度；钩尾用于安装钩尾框。钩头与钩舌通过钩舌圆销相连，钩舌可绕钩舌圆销转

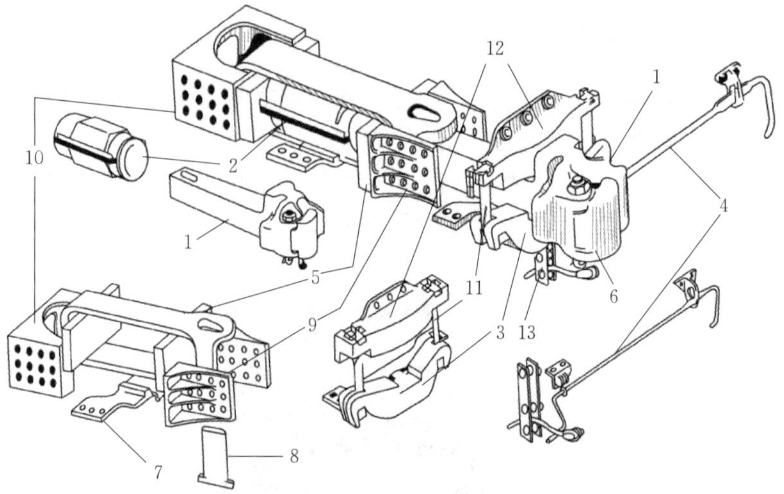

1—车钩；2—缓冲器；3—摆块；4—车钩钩提杆；5—钩尾框；6—钩舌；7—钩尾框托板；8—钩尾扁销；
9—前从板座；10—后从板座；11—摆块吊；12—冲击座；13—下锁销杆吊。

图 2-18 15 号车钩缓冲装置

动。正常情况下钩舌圆销不承受牵引力和冲击力，仅起到转轴作用。钩头内部装有钩锁铁、钩舌推铁、下锁销等零件，如图 2-19 所示。

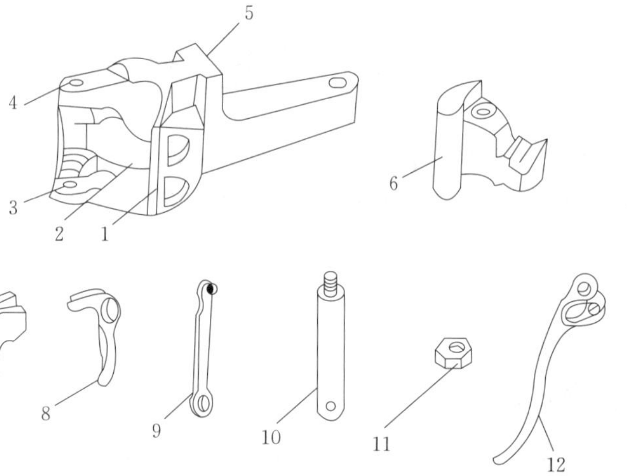

1—钩腕；2—钩锁腔；3—下钩耳及孔；4—上钩耳及孔；5—钩肩；6—钩舌；7—钩锁；
8—钩舌推铁；9—下锁销；10—钩舌销；11—销螺母；12—下锁销杆。

图 2-19 15 号车钩配件

缓冲器的作用是缓和并衰减列车在起动、制动及调车作业时产生的冲击力。这些冲击力的大部分被缓冲器吸收，从而改善客车之间的纵向受力状态，提高客车运行的平稳性，延长客车的使用寿命。

目前，我国铁路客车上主要采用的缓冲器是摩擦式缓冲器，型号主要为 1 号和 G1 型，1 号缓冲器逐渐被 G1 型(图 2-20)缓冲器取代。25T 型客车采用弹性胶泥缓冲器，结构如图 2-21 所示。

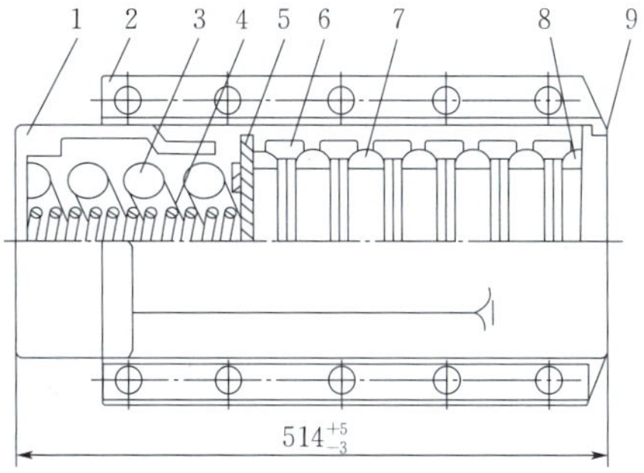

1—弹簧盒盖；2—弹簧盒；3—外圆弹簧；4—内圆弹簧；
5—弹簧座；6—外环弹簧；7—内环弹簧；8—半环弹簧；9—底板。

图 2-20 G1 型缓冲器结构(单位：mm)

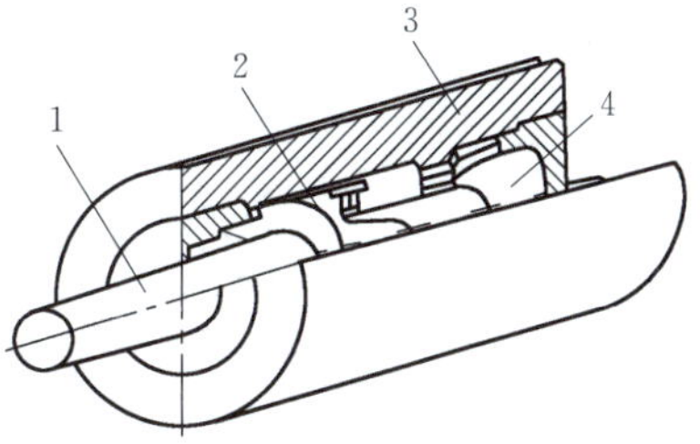

1—活塞杆；2—杆头；3—液压缸；4—弹性胶泥。

图 2-21 弹性胶泥缓冲器结构

(二)15 号小间隙车钩缓冲装置

15 号小间隙车钩采用 C 级钢，主要适用于 25K 型车。其主要性能包括，连接间隙 4.5 mm；带有下防脱，可防止垂向脱钩及车钩断裂后钩头掉落引发脱轨；车钩强度提高至 2 000 kN 等级。这样极大地改善了列车纵向动力学性能，因此提高旅客乘坐的舒适度的同时，又延长了车辆及其零部件的使用寿命。

15 号小间隙车钩如图 2-22 所示，与 15 号车钩结构及安装方式基本相同，除上述介绍的 15 号车钩及缓冲器外，两种车钩最大不同之处，车钩连挂轮廓不同。

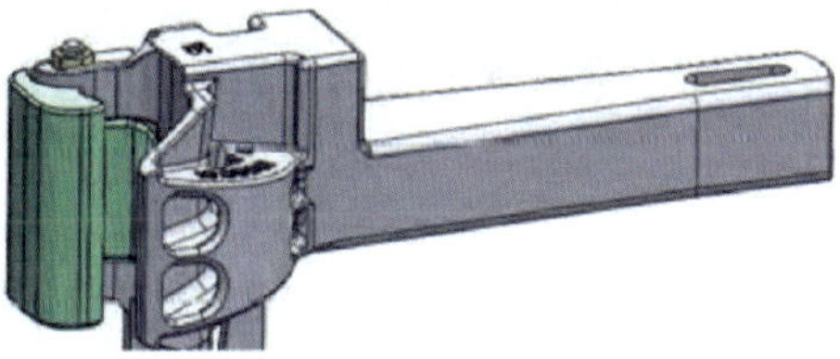

图 2-22 15 号小间隙车钩

15 号车钩与 15 号小间隙车钩连挂轮廓工作性能参数见表 2-1。

表 2-1 车钩连挂轮廓工作性能参数

项目		15 号车钩	15 号小间隙车钩
推顶位置时接触线长度/mm		97.3	54.4
钩腕内侧至钩舌间最短距离/mm	车钩处于闭锁位置	117	110.8
	车钩处于全开位置	223.5	209.4
水平面内最大相对转角/°		10.7	2.2
垂直面内最大相对转角(无钩高差)/°	推顶状态	3.7①	0.9
	牵引状态	4.8②	1.0
最大纵向移动间隙(由牵引位到推顶位，反之一样)/mm		19.5	4.5
横向最大挂钩范围/mm		88.0	116.9

注：①当钩舌连挂高度为 300 mm 时。
②当钩舌连挂高度为 230 mm 时。

(三)车钩三态作用

车钩是在两车之间实现相互连挂并传递纵向力(牵引力或压缩力)的重要部件,还起到缓和车辆间的纵向冲击、保护旅客安全的重要作用。当车钩钩头内部的零件处于不同的位置时,有着不同的作用,从而使车钩具有闭锁、开锁及全开三种作用,简称车钩的三态作用。

1. 闭锁位置

闭锁位置时,钩锁铁的底部坐在钩头的内底壁上,其一侧被钩头内侧壁所阻挡,另一侧又挡住钩舌的尾部,使钩舌坐落在钩头内部不能转动。此时,锁铁的锁脚由钩头底部的下锁销孔露出,如图 2-23 所示。

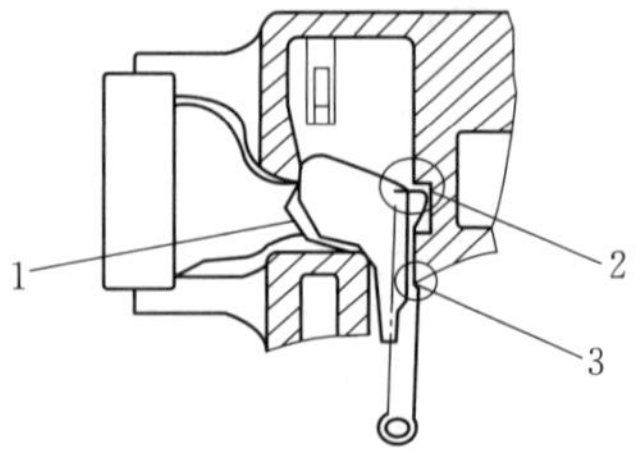

1—钩锁位置;2—上防脱(跳)位置;3—下防脱(跳)位置。

图 2-23 15 号车钩闭锁位置

闭锁位置时,由于下锁销的自重,使其上端两侧的销耳沿钩锁铁背部的斜槽滑向后下方,此时下锁销上端的突起部正卡在钩头内后壁相应的挡棱下方,其中部缺口正位于钩头外底壁的下方,这样即使下锁销及钩锁铁受振动也不会自动跳起来。这种作用称为车钩的防跳作用。

2. 开锁位置

由闭锁位置轻提车钩钩提杆,使下锁销被上举。此时,下锁销上端的销耳首先沿钩锁铁背部的斜槽上移,使下锁销上端的突起部和中部缺口分别摆脱钩头内后壁挡棱和钩头外底壁的阻挡。销耳继续沿钩锁铁背部的斜槽上移到斜槽顶部时,带动锁铁一起上升,到达一定高度后,由于钩锁铁前部偏重,其上部向前倾倒,下部锁脚向后移动,致使钩锁铁下部处缺口坐落在钩头内侧壁相应的上,下锁销也落到一定的位置。此时,钩锁铁的下面与钩舌尾部的上面几乎处在一个平面内,钩锁铁并不阻碍钩舌的转动,如图 2-24 所示。

3. 全开位置

由闭锁位置用力提起车钩钩提杆,下锁销和钩锁铁被充分上移,使钩锁铁上部顶动钩舌推铁的上端部,使钩舌推铁以其背面弧度部分支于钩头内壁相应的处而转动,并以其下端部踢动钩舌尾部的背面,使钩舌绕钩舌销转动,成为全开位置。此时,放下车钩提杆,钩锁铁坐落在钩舌尾部末梢上,如图 2-25 所示。

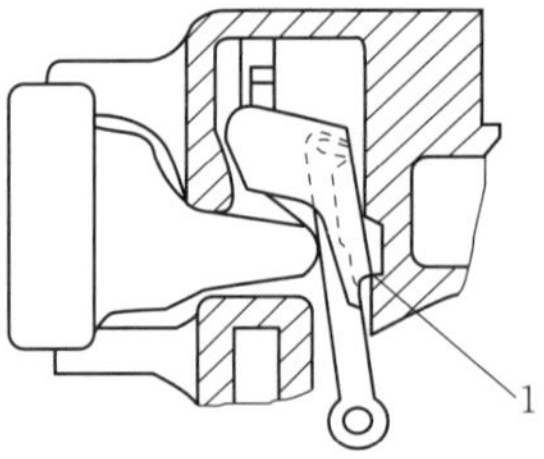

1—开锁坐锁面位置。

图 2-24 15 号车钩开锁位置

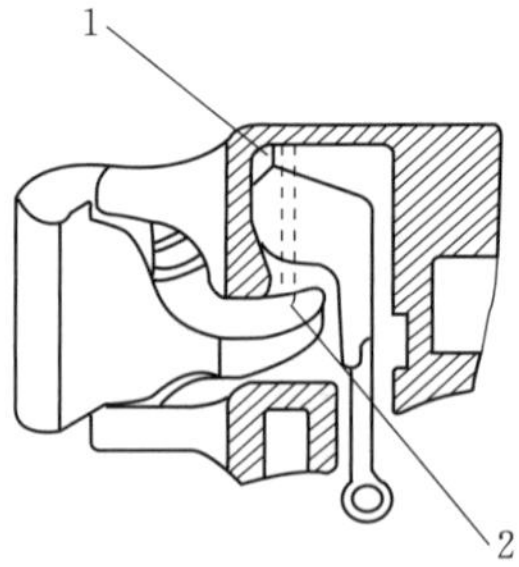

1—钩锁铁顶动钩舌推铁;2—钩舌推铁踢动钩舌尾部。

图 2-25 15 号车钩全开位置

当两车钩连挂时,将钩舌尾部转入钩腔内,由于钩舌尾部的上弧面使钩锁铁前部抬起,导致钩锁铁下部处缺口脱离钩头内底壁处而落下,恢复成闭锁位置。

(四)力的传递过程

车15号车钩在钩舌和钩锁腔内铸有牵引突缘和冲击突缘,在长期使用中牵引突缘产生磨耗后,受牵引时由钩舌销、牵引突缘和上、下钩耳承受牵引力。受冲击时,由上下冲击突缘、钩舌销和上下钩耳共同承受冲击力。

客车受牵引时,车钩缓冲装置处于牵拉状态。牵拉作用力的传递过程为:车钩→钩尾销→钩尾框→后从板→缓冲器→前从板→前从板座→牵引梁。

客车受冲击时,车钩缓冲装置处于压缩状态。推压作用力的传递过程为:车钩→前从板→缓冲器→后从板→后从板座→牵引梁。

无论车钩缓冲装置承受牵引力或是冲击力,都要经过缓冲器将力量传递给牵引梁,这样就可以使客车间纵向冲击振动得到缓和、消减,从而改善运行条件,保证客车及货物不受损坏。

二、密接式车钩

密接式车钩主要用于25T型客车,连挂时两钩间的纵向间隙很小,彼此不能相对移动。

(一)组　　成

密接式车钩缓冲装置主要由车钩安装及吊挂系统、连挂系统和缓冲系统三大部分组成。其主要部件由钩头、钩身、钩舌、凸锥、解钩手柄、解钩风缸、连接螺栓、缓冲器、车钩拉杆、钩尾销、水平复原弹簧、安装座等组成,如图2-26所示。

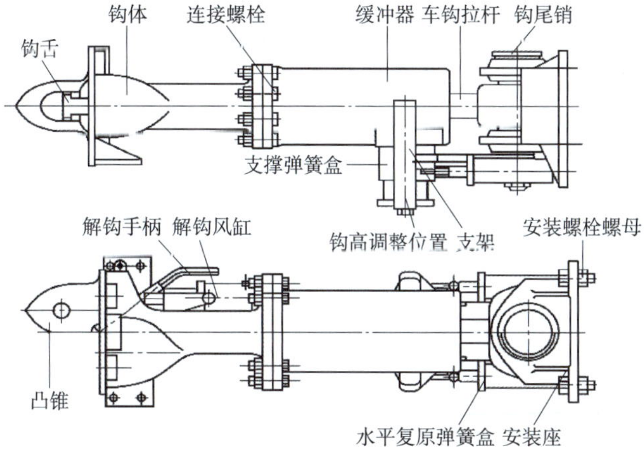

图2-26　密接式车钩缓冲装置组成

(1)安装及吊挂系统是对整个车钩缓冲装置提供安装定位和支撑,并包含一个回转机构,保证车钩缓冲装置在各自由度方向上能产生足够的动作量,动作和复位灵活。

(2)连挂系统主要作用是实现车钩自动连接和分解,25T型客车用密接式车钩缓冲装置连挂系统只完成机械连挂功能。连挂系统与缓冲系统之间通过8个M30螺栓与缓冲器连接。安装或拆卸这8个螺栓即可完成连挂系统与缓冲器的分解组装。组装时必须加弹簧垫圈及防松开口销,应使各螺栓紧固力保持一致,采用扭力扳手作业,紧固扭矩为600~700 N·m。解钩风缸通过螺栓与钩头连接,组装时需加平垫圈和弹簧垫圈。解钩手柄通过销轴与解钩风缸连接起来,销轴下口需穿开口销,防止销轴脱落。

(3)缓冲系统主要在列车运行过程中起吸收冲击能量、缓和纵向冲击和振动的作用。缓冲、安装回转系统如图 2-27 所示,缓冲器通过钩尾销与安装回转系统连接在一起;缓冲器前端与连挂系统连接,安装系统后端通过 4 个 M38 螺栓与车体连接。安装后可以通过增加或减少支架与支撑弹簧盒之间的垫圈数量来调整车钩缓冲器高度。

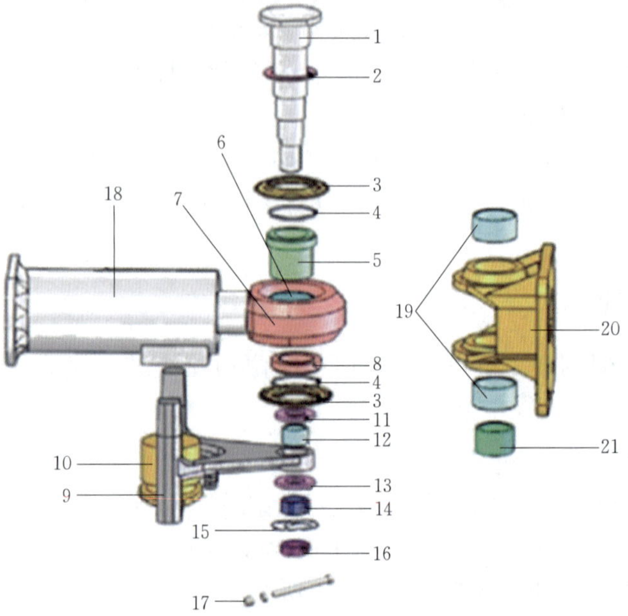

1—钩尾销;2—钩尾销垫;3—橡胶密封圈;4—尼龙套;5—轴承套;6—关节轴承;7—拉环;8—轴承垫圈;9—支架;10—支撑弹簧盒;11—钩尾销垫圈;12—支架轴套;13—钩尾销垫;14—厚螺母;15—止动垫圈;16—薄螺母;17—防脱螺栓螺母;18—缓冲器;19—套 1;20—安装座;21—套 2。

图 2-27 缓冲、安装回转系统

(4)车钩缓冲器系统检修维护需要对安装回转系统拆卸时,可以绕缓冲器旋转的,在执行操作时,可以根据具体环境,将安装吊挂系统适当旋转翻转,便于操作。若只进行支架的拆装,则可以在车钩处于连挂状态时进行,不必从车体上拆下车钩缓冲装置。缓冲器的分解必须在压力机上进行,原则上应返厂分解维修。

(二)车钩缓冲装置的连挂与分解

1. 列车连挂

密接式车钩缓冲装置可以实现列车自动连挂,确认密接式车钩缓冲装置处于连挂状态;若车钩偏离车体中心线,需人工干预使车钩对中;连挂时,要求连挂速度不大于 5 km/h。

2. 列车分解

密接式车钩缓冲装置的解钩由人工完成。具体操作过程规定如下:

动力车向后微退,使待分解车钩处于非受压状态;扳动解钩手柄至解钩状态,之后操作人员离开操作位置;动力车向前运动,将待分解车钩拉开;拔出解钩手柄定位销,使车钩处于待挂状态,并将定位销插回解钩手柄的销孔中。

三、过渡式车钩

过渡式车钩是为车组配备的一个永久部件，通常在列车非正常运行的情况下使用。常见的过渡式车钩有中间体过渡车钩和15号托梁过渡车钩两种。

(一)中间体过渡车钩

中间体过渡车钩安装在密接车钩与普通自动车钩之间，运用比较方便，但只能用于厂内和站线上单车调行使用。其外形如图2-28所示。

(二)15号托梁过渡车钩

15号托梁过渡车钩结构简单，抗拉强度达到1 800 kN。使用时需将密接式钩缓装置的钩头部分拆下，换装15号托梁过渡车钩。其外形如图2-29所示。

图2-28 中间体过渡车钩外形

图2-29 15号托梁过渡车钩外形

第四节 故障排查处理

为了巩固所学的理论知识，增强学员的动手能力，本节重点叙述15号车钩的分解与组装、15号车钩钩差超限的调整、25型客车风挡缓冲杆及弹簧的更换等内容。同时，节末精选相关典型案例作为警示性教育内容，达到以案促学的目的。

一、15号车钩的分解与组装

1. 工具及材料

防护号志，装用15号车钩的客车，无地沟，单人作业；手锤、劈销器、钢丝钳、车钩检测样板或检测尺、塞尺、钩高测量尺。

2. 作业流程

插设防护号志→卸下钩舌销(钩舌销下开口销可不拆卸)，并对钩舌销进行外观检查，有无裂损(口述)→卸下钩舌，对其进行外观检查，有无裂损，测量钩舌销与钩舌销孔间隙(口述)→取出钩舌推铁、锁铁、下锁销，并外观检查有无裂损(口述)→外观检查钩腔牵引台和冲击台有无裂损，清扫给油(口述)→样板测量前开挡→安装锁铁、钩舌推铁、钩舌及钩舌销，测量钩舌销与钩耳孔间隙(口述)→测量钩锁铁导向角搭接量→ 试验车钩三态作用，检查车钩中心线标记准确、清晰(口述)，测量并口述钩高、车钩闭锁位及全开位尺寸→收拾工具→撤除防护号志。

3. 质量标准

(1)作业后开口销角度正确。

(2)钩舌销螺纹无损伤。

(3)三态作用良好,钩提杆入槽。

4. 注意事项

(1)下锁销及其连杆无反位。

(2)作业中不得抛投钩舌。

(3)作业完毕后无遗漏工具。

二、15号车钩钩差超限的调整

1. 作业准备

(1)工具、材料准备。检查锤、手电筒、扳手、卷尺、油镐、备用磨耗板。

(2)设置防护。作业前要确认插设脱轨器后,再插上防护号志。

2. 更换车钩磨耗板

(1)将油镐置于钩身下方(油镐下部加垫板),在油镐顶部安放防护垫。

(2)向上启动油镐,将车钩顶至冲击座位置,检查油镐自锁良好,不得存在自落情况。

(3)卸下原摆块上的磨耗板。

(4)放置合适厚度的磨耗板。若高度不足,无法取放磨耗板,可以先卸下摆块。

(5)缓慢降下油镐,使车钩落在磨耗板上。

3. 检查确认

(1)检查车钩高度符合规定。

(2)检查两连挂车钩钩差在规定范围(75 mm)内。

(3)更换磨耗板后,车钩高度仍不符规定时,须架车进行调整。

4. 注意事项

(1)打开截断塞门,排水塞门恢复关闭位置撤出止轮器。

(2)整理工具、清洁场地,同时撤除防护号志。

(3)在非调整钩高转向架最外侧轮对的两侧双向设置止轮器,止轮器要与车轮密贴。

(4)关闭截断塞门,打开排水塞门排净工作风缸或副风缸余风,确认全车处于缓解状态。

三、25型客车风挡缓冲杆及弹簧的更换

1. 工具及材料

红旗1面,250 mm活扳手2把,0.68 kg手锤1把,小撬棍1根,中撬棍1根,新缓冲杆或弹簧1只。

2. 作业流程

插设防护号志→放工具材料→拆下风挡缓冲杆安装座连接螺栓(或圆销、开口销)→拆下风挡缓冲杆尾部螺母(或插销)、开口销→抬起(或外拉)龙门框,抽出风挡缓冲杆→拆下风挡杆座(弹簧盖)取出风挡缓冲杆弹簧。另一侧风挡缓冲杆及缓冲弹簧以相同方法取出。换装新缓冲弹簧装上风挡杆座(弹簧盖)→抬起(或外拉)龙门框→换装新缓冲杆。另一侧风挡

缓冲杆及缓冲弹簧以相同方法换装。安装两侧风挡杆尾部螺母(或插销)、开口销→安装两侧风挡杆安装座连接螺栓(或圆销、开口销)→落成检查→收工具材料→撤除防护号志。

3. 质量标准

(1)磨耗部须给油。

(2)螺栓无松动。

(3)开口销角度符合规定。

4. 注意事项

(1)拆装风挡缓冲杆安装座连接螺栓(或圆销)时,可用撬棍撬压风挡龙门框,便于拆装。

(2)抽出风挡杆时,注意缓冲弹簧不要落下伤人。

(3)装风挡缓冲弹簧后要一手托着弹簧,一手插风挡杆。

(4)密切注意同线相邻车辆溜逸,确保劳动安全。

典型案例

(一)蓄电池裙板开放刮坏信号机事故

1. 事故概况

某辆客车实施A3修后,加挂某次列车回送,运行至车站时,此车应急电池箱1位侧蓄电池裙板开放,超出限界,将此站某矮柱信号机刮坏。被刮坏的信号机侵入下行线,将通过的某次机车后排障器损坏,此车蓄电池裙板撞击信号机脱落后,还将某次动车组车体外皮划伤。构成铁路交通一般C类事故。

2. 原因分析

经调查,造成事故的原因如下:

(1)客车段检修质量存在漏洞,此车辆在进行A3修后,蓄电池裙板锁具锁闭后固定座仍能转动,导致该车运行途中裙板开放。

(2)段修客车“三检一验”把关不严,质量检查及验收交车时均未发现裙板锁未锁闭到位问题,最终导致事故发生。

(二)车端阻尼装置磨耗板窜出事故

1. 事故概况

某次旅客列车,春运安全检查组在车站检查发现组中机后5位车辆一位端阻尼装置磨耗板窜出。车辆乘务员将折棚风挡分开后,客列检使用撬棍等工具不能将风挡阻尼磨耗板取下,将机后4位与机后5位车钩分开后取下,停车42 min,构成行车设备故障。

2. 原因分析

经调查,由于摩擦梁与磨耗板组装设计结构存在缺陷,磨耗板磨耗后磨损铆钉导致铆钉失效、雨水浸蚀导致铆钉氧化而强度下降。列车运行中磨耗板承受剪切力和冲击力,由于铆接强度逐步下降,最终导致铆钉全部折断,磨耗板窜出。

(三)车辆钩舌销折断事故

1. 事故概况

某次旅客列车,运行到车站列检作业发现机后6位车辆钩舌销折断,拉口更换钩舌销后开车,在站晚点32 min,构成行车设备故障。

2. 原因分析

经调查，故障车辆进行过厂修。现场检查发现，折断的钩舌销断口全部为旧痕，钩腔内上下凸缘接触面受力不明显，判断主要因厂修时车钩尺寸卡控不严，造成本不应受力的钩舌销承受了较大纵向牵引力、冲击力而折断。

复习思考题

1. 客车车体由哪几部分组成？
2. 客车风挡的作用是什么？
3. 单层折棚风挡由什么组成？
4. 15 号车钩缓冲装置由哪些部件组成？
5. 密接式车钩缓冲装置由哪些部件组成？

第三章　客车转向架

客车转向架是车辆结构中最为重要的部件之一，用于支承车体并承担车辆的运行。转向架一般由两个轮对及其配合的构架和其他部件共同组成，现主要分为普速、快速、提速客车转向架。

第一节　普速客车转向架

一、209T 型客车转向架

209T 型客车转向架是我国自行研制的 209 系列客车转向架中的一种，是在原 209 型客车转向架的基础上改进的。其与 209 型客车转向架的最大区别是采用了纵向牵引拉杆装置，代替了传统的纵向摇枕挡。209T 型转向架适用于构造速度 120 km/h 以下车辆运行，主要用于 25G 型客车。

(一)结　　构

209T 型转向架由构架组成、轮对轴箱定位装置、中央悬挂装置、基础制动装置、牵引装置等组成，其外观如图 3-1 所示。

图 3-1　209T 型转向架外观

1. 构架组成

209T 型转向架的构架为铸钢一体式或钢板压型焊接 H 形构架，由 2 根侧梁、2 根横梁及 4 根悬臂小端梁等组成。各梁均为箱形封闭断面，并根据需要铸有出砂孔和工作孔。在横梁与悬臂小端梁之间的侧梁底面上共铸有 8 个弹簧支柱座，用于安装轴箱弹簧支柱。闸瓦托吊座、缓解弹簧座、固定支点座、制动拉杆吊座铸或焊接在构架上。在构架侧梁中部外侧装有横向缓冲器，其由挡轴、缓冲橡胶及与构架侧梁一体的缓冲器座组成，如图 3-2 所示。

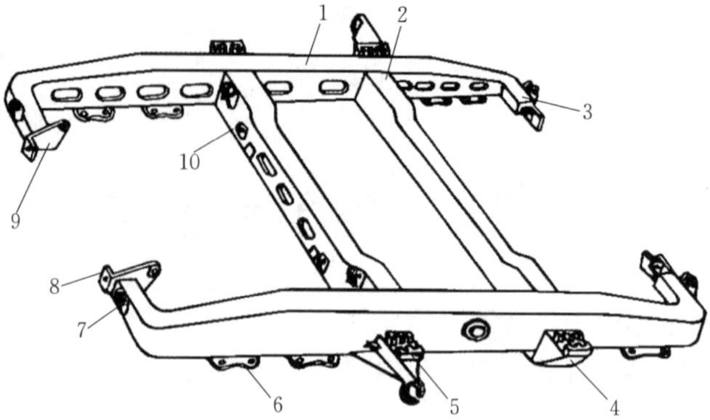

1—侧梁；2—横梁；3—小端梁；4—摇枕吊座托架；5—摇枕吊座；6—轴箱弹簧支柱座；
7—闸瓦托吊座；8—缓解弹簧座；9—固定杠杆支点座；10—制动拉杆吊座。

图 3-2　209T 型转向架构架示意

2. 轮对轴箱定位装置

209T 型转向架的轮对轴箱定位装置为无导框式结构，由轮对轴箱装置、轴箱弹簧装置及轴箱定位装置三部分组成。轮对采用 RD_3 或 RD_4 型(用于安装发电机传动装置)轮对。轴箱装置为无导框式带轴箱弹簧托盘的滚动轴承轴箱。为了提高轴箱的密封性能，将新造 209 型转向架的轴箱装置应采用整体金属迷宫式密封结构。轴箱弹簧采用单卷圆柱螺旋弹簧。轴箱定位装置采用了干摩擦导柱式弹性定位结构，由导柱定位座、摩擦套及弹性定位套组成。端盖与弹簧支柱下端的内圆面采用过盈配合压装在一起。定位座组成由定位座和摩擦套组成，如图 3-3 所示。

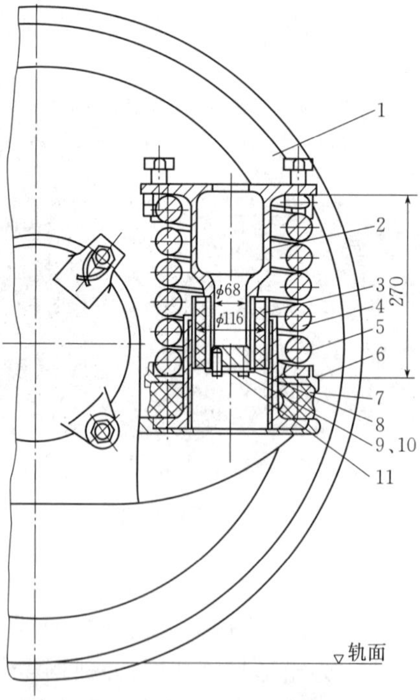

1—轮对；2—导柱；3—弹性定位套组成；4—定位套组成；5—轴箱弹簧；6—支柱环；
7—橡胶缓冲垫；8—挡盖；9—螺栓；10—弹簧垫圈；11—低碳素结构钢钢丝。

图 3-3　干摩擦导柱弹性定位套示意(单位：mm)

3. 中央悬挂装置

中央悬挂装置为摇动台式，采用单节长吊杆，构架外侧悬挂，带油压减振器的摇枕圆弹簧组(双绕组弹簧)。其由摇枕、下心盘、下旁承、中心销、摇枕弹簧、垂向油压减振器、弹簧托梁、摇枕吊轴、摇枕吊、摇枕吊销、摇枕吊销支承板、安全吊及纵向牵引拉杆装置等组成。摇枕为铸钢空心的变截面等强度梁，两端向上翘起，经过侧梁处凹下，如图 3-4 所示。

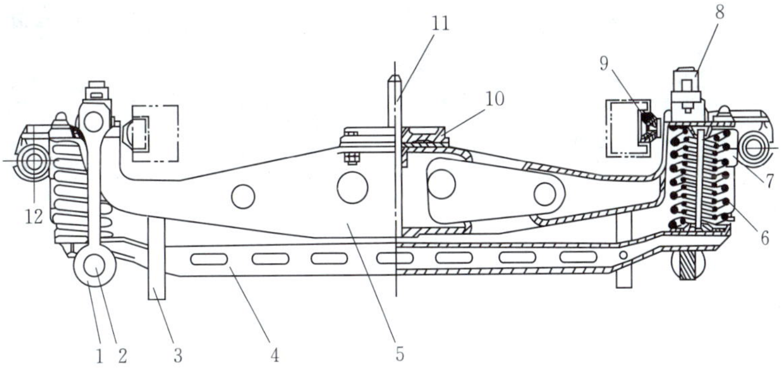

1—摇枕吊；2—摇枕吊轴；3—安全吊；4—弹簧托梁；5—摇枕；6—摇枕弹簧；7—油压减振器；8—下旁承；9—横向缓冲器；10—下心盘；11—中心销；12—纵向牵引拉杆。

图 3-4　209T 型转向架摇枕弹簧悬挂装置示意

4. 基础制动装置

209T 型转向架的基础制动装置采用杠杆传动，双侧闸瓦制动，为双片吊挂直接作用式。其主要由制动梁、移动杠杆、制动拉杆、制动拉杆吊、上拉杆、拉环、制动圆销、缓解弹簧、闸瓦托吊、闸瓦托、闸瓦及闸瓦间隙调整装置等组成，如图 3-5 所示。

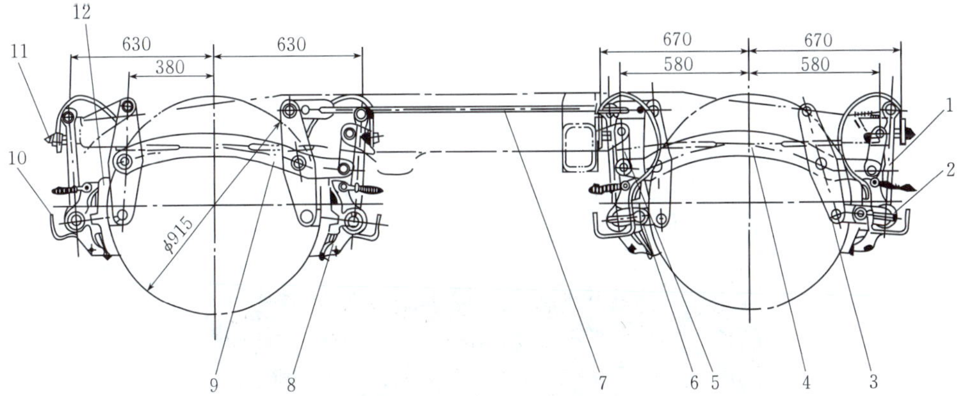

1—闸瓦托吊；2—制动梁；3—制动杠杆；4—制动拉杆；5—制动拉杆吊；6—连接板；7—上拉杆；8—闸瓦托；9—制动拉杆；10—缓解弹簧；11—缓解弹簧压铁；12—闸瓦。

图 3-5　209T 型转向架基础制动装置示意(单位：mm)

5. 牵引装置

209T 型转向架牵引装置是由心盘和牵引拉杆两部分组成。心盘安装在摇枕中心位置上，牵引拉杆安装于转向架两侧，一端连接在侧梁牵引拉杆安装座上，另一端连接在摇枕牵引拉杆安装座上，当摇枕与构架两侧间隙过大或过小时以调整摇枕位置。承载方式为心盘集中式承载，牵引方式为心盘销结合牵引拉杆，外形分别如图 3-6 和图 3-7 所示。

图 3-6　209 型转向架心盘组成外形

图 3-7　209 型转向架牵引拉杆组成外形

（二）垂向力传递顺序

209T 型客车转向架垂向力传递顺序为：车体→上心盘→下心盘→摇枕→摇枕弹簧/油压减振器弹簧托梁→摇枕吊轴→摇枕吊→摇枕吊销→吊销支承板→摇枕吊座→摇枕吊座托架→构架侧梁→轴箱弹簧支柱座—轴箱弹簧支柱安装面→轴箱弹簧→支柱环→橡胶缓冲垫→定位座→轴箱弹簧托盘→轴箱→轴承→轴颈→车轮→钢轨。

二、209P 型客车转向架

209P 型客车转向架是在 209T 型转向架的基础上研制而成的。209P 型转向架与 209T 型转向架主要区别在于导柱不偏心，基础制动装置采用盘形制动和电子防滑器，主要应用于 25G 型客车。

（一）结　　构

209P 型转向架由构架组成、轮对轴箱定位装置、中央悬挂装置、基础制动装置、牵引装置等组成，如图 3-8 所示。

图 3-8　209P 型转向架外观

1. 构架组成

转向架生产厂家的不同，构架分别采用整体铸钢构架或焊接构架，构架上设置有制动吊座、牵引拉杆座、摇枕吊板座及导柱安装座，如图 3-9 所示。如需安装轴端发电机装置，则在构架三位端加铸（焊）小端梁并加焊发电机吊架、构架用制原采用聚四氟乙烯衬套，后改为奥贝球铁衬套。发电机吊架补强板如图 3-10 所示。

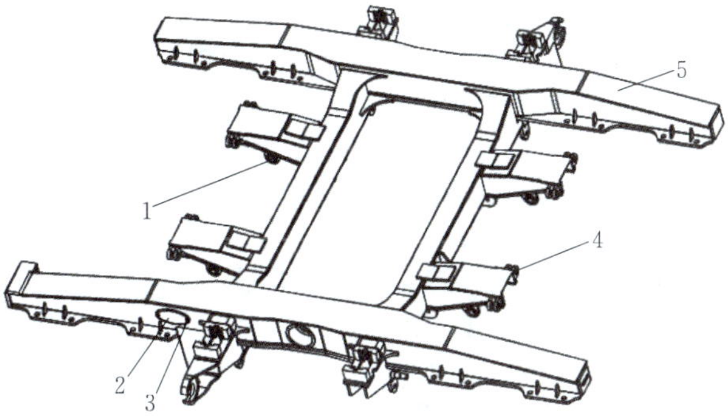

1—钢衬套（30×40×31）；2—转向架铭牌；3—螺钉 M6×20；
4—钢衬套（20 mm×30 mm×16 mm）；5—焊接构架。

图 3-9 209P 型转向架构架组成示意

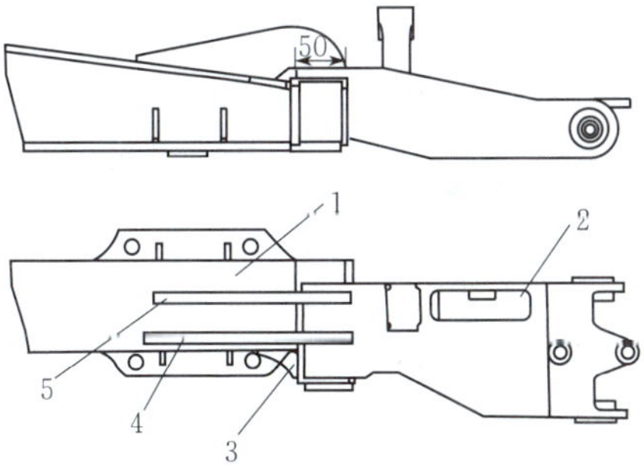

1—构架；2—发电机吊架；3—侧补强板；4—补强板（内）；5—补强板（外）。

图 3-10 发电机吊架补强板示意（单位：mm）

2. 轮对轴箱定位装置

轮对轴箱定位装置采用干摩擦导柱式定位，轴箱弹簧、轴箱弹簧托盘、橡胶垫、整体金属迷宫式轴箱内装圆柱滚子轴承，具有良好的密封效果和运行可靠性。定位座组成中的摩擦套采用奥贝球铁套或聚四氟乙烯衬套，具有自润滑性，可在无润滑条件下长期工作。耐腐、耐磨性能好，摩擦系数低，基本上不磨对偶件，在 1、2、4、6、7、8 轴位安装接地电阻线；不安装轴端接地装置与接地电阻线时，在 3、5 轴位安装接地线。速度传感器探头装于 2、4、6、8 位轴位，如图 3-11 所示。

3. 中央悬挂装置

209P 型转向架的摇枕弹簧悬挂装置为摇动台式。其由摇枕、下心盘、下旁承、中心销、摇枕弹簧（双绕组弹簧）、垂向油压减振器、弹簧托梁、摇枕吊、摇枕吊轴、吊销、吊销支撑板、安全吊、纵向牵引拉杆等组成。在构架两侧和摇枕两端斜对称焊有牵引拉杆座。摇枕弹簧

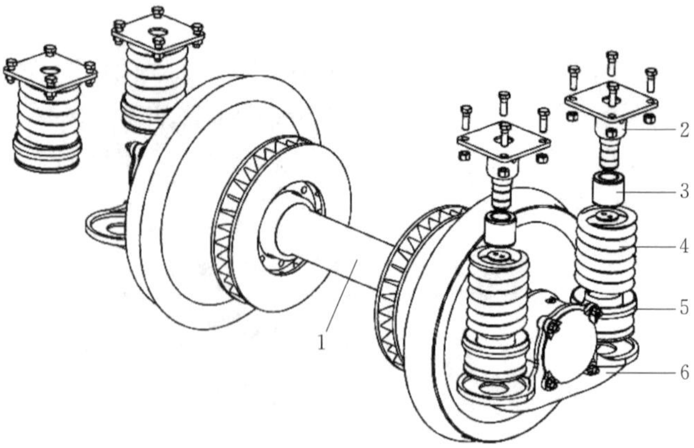

1—轮对组成;2—导柱;3—弹性定位套组成;4—轴箱弹簧;5—定位座、缓冲垫;6—轴箱装置。

图 3-11 209P 型转向架导柱式轮对轴箱定位装置示意

静挠度大,有效地降低车体自振频率,增加了平稳性和舒适度。中心销采用下穿式,有利于车体底架的防腐,如图 3-12 所示。

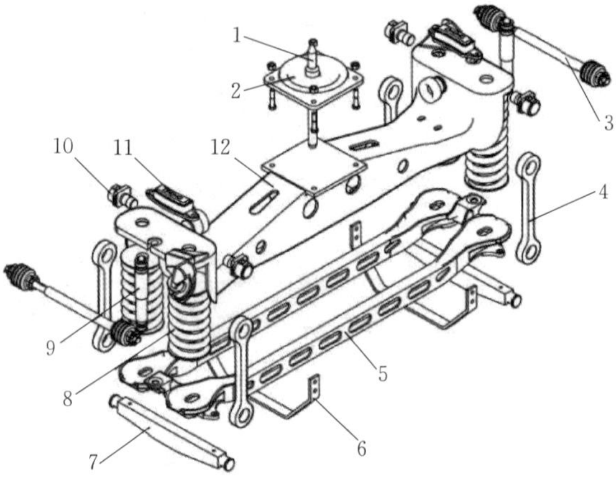

1—中心销;2—下心盘;3—牵引拉杆组成;4—摇枕吊组成;5—托梁;6—托梁安全吊;7—摇枕吊轴;8—摇枕弹簧;9—油压减振器;10—摇枕吊销;11—旁承;12—摇枕组成。

图 3-12 209P 型转向架中央悬挂装置示意

4. 基础制动装置

每根轴设两套盘形制动单元,采用膜板式制动缸或皮碗式制动缸,具有闸片间隙自动调整功能。闸片托分为两种结构,早期的闸片托采用传统结构,闸片托与制动杠杆间采用闸片吊销、螺母和开口销连接。在运用过程中会发生转动,影响使用性能;目前使用的闸片托为防转结构,闸片托与制动杠杆间采用扁孔圆销和扁开口销连接,如图 3-13 所示。

5. 牵引装置

209P 型转向架与 209T 型转向架的牵引装置、牵引方式、心盘承载方式及垂向力传递顺序相同。

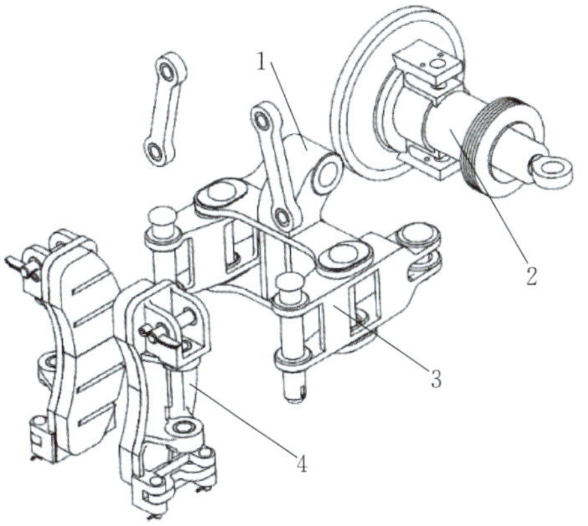

1—杠杆吊座；2—制动缸组成；3—杠杆组成；4—闸片托组成。

图 3-13　209P 型转向架基础制动装置示意

第二节　快速客车转向架

随着客车运行速度的不断提高，对客车转向架的性能要求也随之增加。因此，快速客车转向架相较于普速客车转向架，具有更高的强度、更好的减振性能、更强的制动能力。快速客车转向架主要有 SW-160、209HS、CW-2 三种类型，主要应用于 25K 型客车。

一、SW-160 型客车转向架

SW-160 型转向架在继承了 206KP 型转向架的优良特性的同时，还是针对 206KP 型转向架在实际运用及检修中暴露的一些不足，认真分析总结的基础上开发研制的。该转向架适用于 160 km/h 提速列车。SW-160 型转向架是继承了 206KP 较为成熟和稳定的技术特点，并在 206KP 型转向架的基础上做如下改进：牵引销由圆锥形改为圆柱形，以减少回转阻力；改进构架的结构和制造工艺，以提高强度减少裂纹的发生；改进轴箱弹簧上盖板形状，以避免轴箱弹簧与上盖板相碰；改进轴箱弹簧定位装置结构，以便于检修；增大空气弹簧的间距，采用外侧支悬结构，以提高车辆的运行平稳性。该转向架从 1998 年开始运用于 25 型高档餐车、软卧车及提速客车上。

(一)结　　构

SW-160 型转向架由构架组成、轮对轴箱定位装置、中央悬挂装置、基础制动装置、牵引装置等组成，如图 3-14 所示。

图 3-14　SW-160 型转向架外观

1. 构架组成

SW-160 型转向架构架采用焊接结构，由四块钢板拼焊而成。空气弹簧设置在侧梁外侧，增大了空气弹簧支点的横向距离，为此在两横梁间设箱形空气弹簧支承梁以支承空气弹簧并和横梁相连通作为附加空气室。横梁采用圆管型材，贯通并延伸梁之外。为了方便轮对轴箱定位节点的安装和拆卸，将定位臂的定位面改为梯形槽结构。在侧梁之内的横梁之间设两辅助梁，用于安装扭杆及差压阀和横向减振器座，如图 3-15 所示。

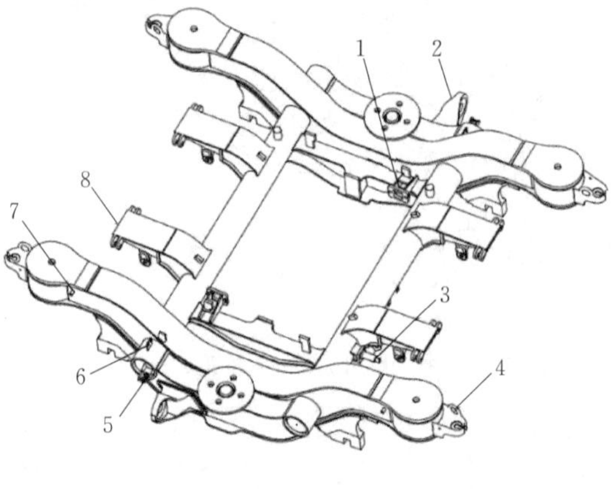

1—横向减振器座；2—牵引拉杆座；3—人力制动连转臂轴；4—轴箱减振器座；5—调整杆座；
6—防水挡板座；7—地线接线座；8—制动吊座组成。

图 3-15　SW-160 型转向架构架组成示意

2. 轮对轴箱定位装置

轮对轴箱定位装置采用单转臂式无磨耗弹性轴箱定位，轴箱顶部为双绕组螺旋钢弹簧加橡胶垫，并设一系垂向油压减振器及轮对提吊。轴箱两侧设有承载座，定位转臂通过其上设有的定位销和承载座上的定位销孔来保证定位。轴箱弹簧两端面设有弹簧板，其作用是组装、分解定位转臂时，使弹簧有一定的预压缩，从而避免弹性定位套产生过大的扭转角，并在 3、5 位轴端增加接地装置，如图 3-16 所示。

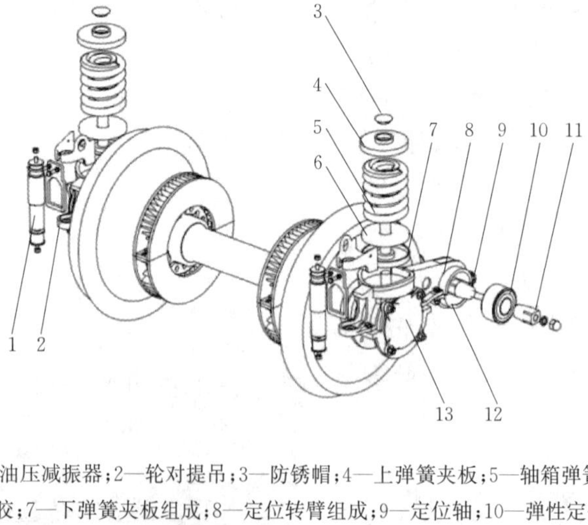

1—垂向油压减振器；2—轮对提吊；3—防锈帽；4—上弹簧夹板；5—轴箱弹簧组成；
6—缓冲橡胶；7—下弹簧夹板组成；8—定位转臂组成；9—定位轴；10—弹性定位套组成；
11—定位套；12—夹紧箍；13—轮对轴箱组成。

图 3-16　SW-160 型转向架轮对轴箱定位装置示意

3. 中央悬挂装置

中央悬挂装置为无摇动台结构，摇枕为焊接结构形成的封闭式箱形，增强了承载部位的强度和刚度。空气弹簧采用自密封式空气弹簧及其附属控制装置组成，由于空气弹簧直径加大，而且横向刚度的降低，增大了转向架的抗侧滚刚度(故后期取消了抗侧滚扭杆装置)。空气弹簧供风采用上进气式，使得摇枕与空气弹簧的定位也更加准确方便，如图 3-17 所示。

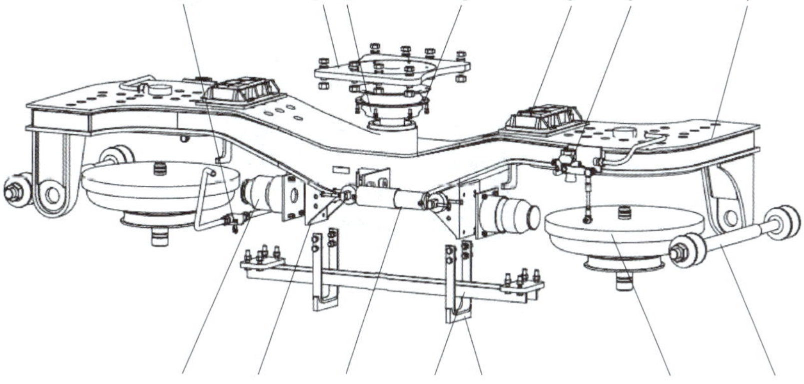

1—差压阀；2—牵引销；3—防尘套；4—压紧箍；5—旁承组成；6—高度控制阀；
7—摇枕组成；8—牵引拉杆组成；9—空气弹簧组成；10—安全吊组成；11—横向梁；
12—油压减振器；13—横向止挡组成；14—横向缓冲器。

图 3-17　SW-160 型转向架中央悬挂装置示意

(1)空气弹簧高度调整阀

空气弹簧高度调整阀用于当车辆载重发生变化时，能根据车体重量的变化自动增减空气弹簧内的空气量，使空气弹簧保持一个稳定的工作状态(空气弹簧的高度不随车辆载重而变化)，如图 3-18 所示。

(2)空气弹簧差压阀

空气弹簧差压阀用于当转向架两侧空气弹簧压力差超过一定值时，能自动连通转向架两侧空气弹簧使其压力达到平衡，防止车体异常倾斜，如图 3-19 所示。

图 3-18　SW-160 型转向架高度调整阀

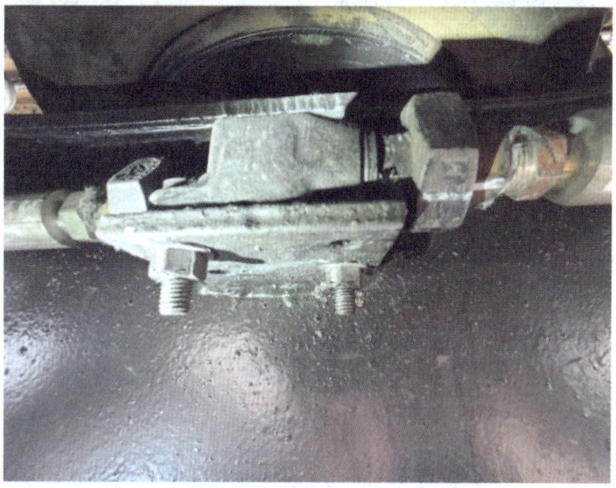

图 3-19　SW-160 型转向架差压阀

4. 基础制动装置

基础制动装置主要由内外侧夹钳杠杆、连杆、闸片托吊及吊销、闸片、闸片托、单元制动缸及连接件组成，可与 SW-220K 型转向架的基础制动装置所有配件互换，如图 3-20 所示。

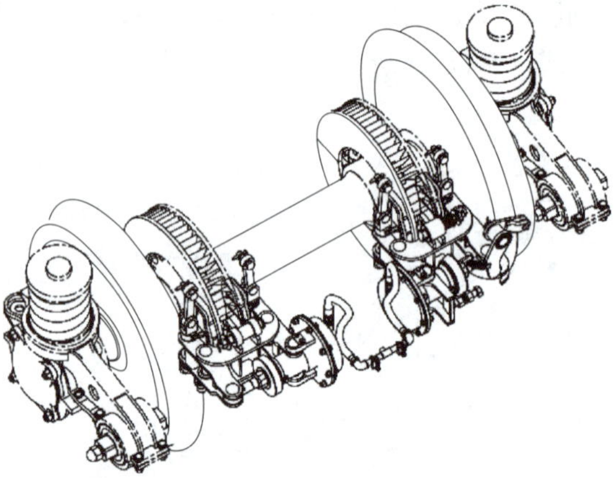

图 3-20 SW-160 型转向架基础制动装置示意

5. 牵引装置

牵引装置由牵引销和牵引拉杆组成两部分组成，分别如图 3-21 和图 3-22 所示。牵引销采用了圆柱截面与圆柱截面牵引套配合的新型结构，使其只传递水平载荷，临修时也便于落车。SW-160 型转向架牵引方式为中心销结合牵引拉杆，承载方式为旁承承载。

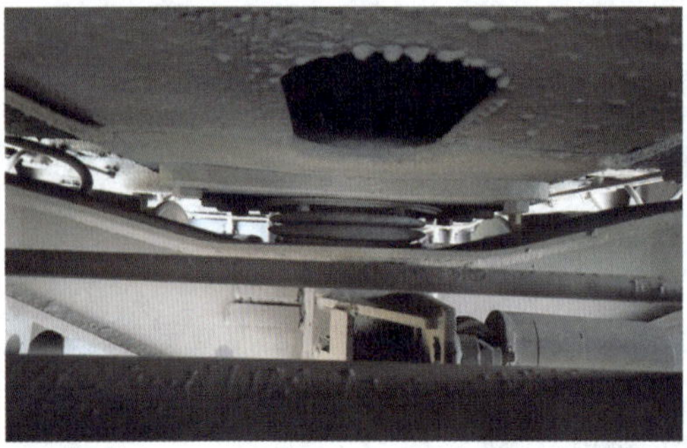

图 3-21 SW-160 型转向架牵引销外形

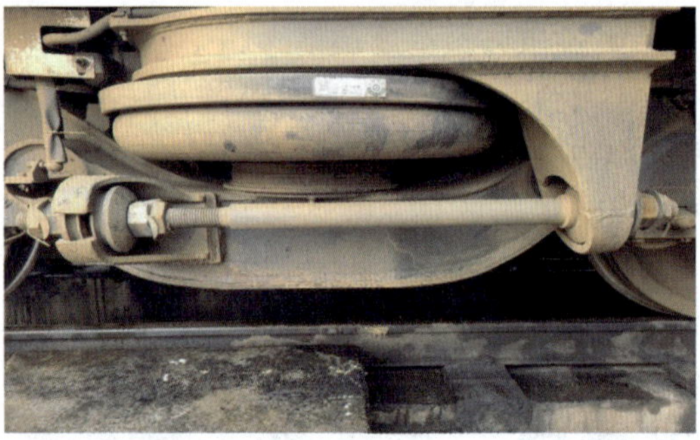

图 3-22 SW-160 型转向架牵引拉杆组成外形

（二）垂向力传递顺序

SW-160 型客车转向架垂向力传递顺序为：车体→旁承→摇枕→空气弹簧→空气弹簧橡胶垫→构架侧梁→轴箱弹簧安装座→垂向油压减振器→轴箱弹簧→缓冲胶垫→轴箱定位转臂→轴承→轴颈→车轮→钢轨。

二、209HS 型客车转向架

209HS 型客车转向架是在 209PK 型转向架基础上改进的构造速度为 160 km/h 的转向架。每轴有两个制动盘，带有踏面制动，采用全旁承支重、无磨耗的橡胶堆轴箱定位、弹性吊杆、电子防滑器等技术。

(一)结　构

209HS型转向架由构架组成、轮对轴箱定位装置、中央悬挂装置、基础制动装置、牵引装置等组成,其外观如图3-23所示。

图3-23　209HS型转向架外观

1. 构架组成

构架采用焊接结构,侧梁呈平直形,各梁断面均采用箱形结构,以达到等强度和减轻自重的目的。构架为无端梁结构,侧梁内侧面焊有横向减振器座,外侧面焊有一系垂直减振器座,横梁外侧焊有制动吊座及闸瓦托吊座,下侧焊有单元制动缸吊座、安全吊安装座板,摇枕吊座上平面焊有摇枕吊安装座,斜对角焊有牵引拉杆座,如图3-24所示。

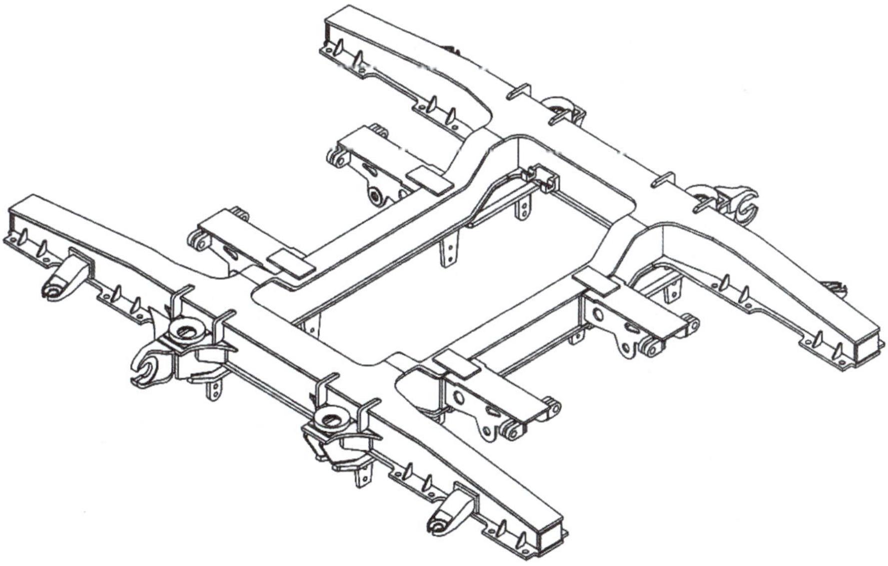

图3-24　209HS型转向架构架组成示意

2. 轮对轴箱定位装置

轮对轴箱定位装置由无磨耗橡胶堆定位器及导柱、轴箱弹簧、一系垂向油压减振器、轴箱弹簧托盘、橡胶垫等组成,如图3-25所示。轮对主要由车轮、车轴、制动盘组成。车轮为KKD型车轮,磨耗型踏面;车轴为RD_{3A}型轴,制动盘为铸铁盘。车轮与车轴配合采用突悬结构,以提高轮座的疲劳强度。制动盘与车轴为过盈配合。

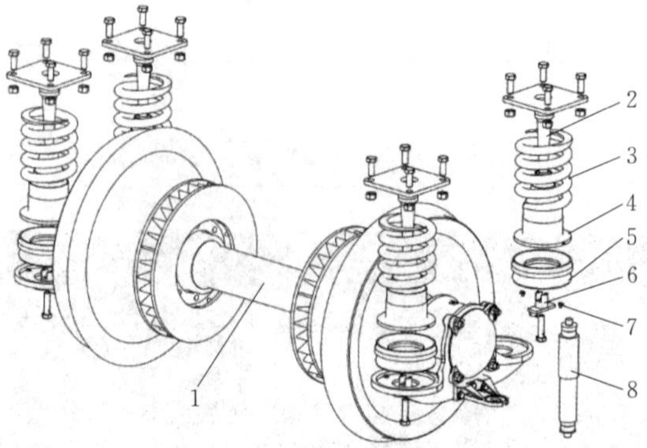

1—轮对轴向装置；2—导柱；3—轴箱弹簧；4—橡胶定位器；5—支柱环、缓冲垫；6—防松吊座；7—定位键；8—轴箱减振器。

图 3-25　209HS 型转向架轮对轴箱定位装置示意

(1)制动盘分为组装式摩擦盘和整体式摩擦盘两种。组装式摩擦盘由特殊铸铁制成的两个对分式摩擦盘和一个铸钢的盘毂组成，两者之间用 8 个径向排列的弹性销套相连接，弹性销套中间穿有螺栓，便于摩擦盘磨耗到限后不退轮更换。摩擦盘上加工有磨耗限度的标志，磨耗限度为每侧 7 mm。整体式摩擦盘由一个特种铸铁盘和一个锻钢盘毂组成。盘与毂之间通过 10 个周向均匀分布的高强度螺栓配以防松螺母，按一定扭矩要求紧固，如图 3-26 所示。

(2)橡胶堆定位器无磨耗轴箱定位装置使用橡胶堆定位器，容易实现轴箱在三个方向定位刚度的最佳匹配，如图 3-27 所示。

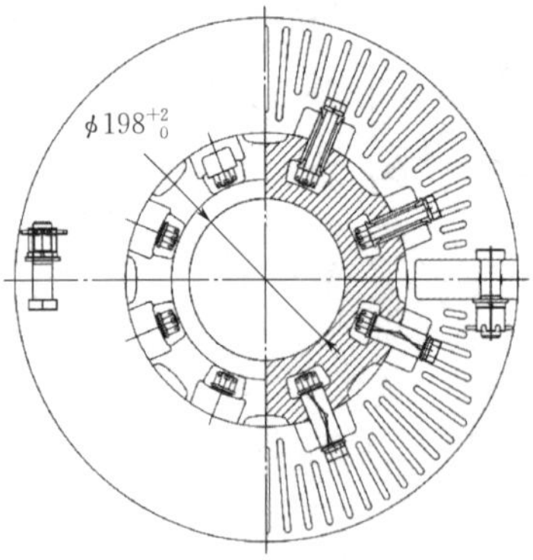

图 3-26　组装式制动盘结构示意(单位：mm)

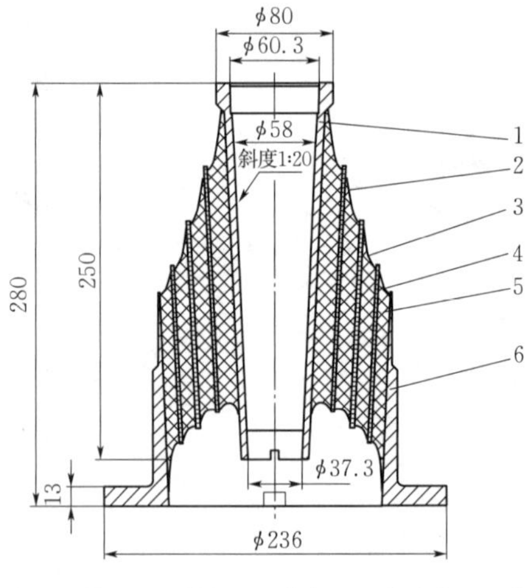

1—内套；2—筋板；3—筋板；4—筋板；5—橡胶块；6—支承座。

图 3-27　橡胶堆定位器示意(单位：mm)

3. 中央悬挂装置

中央悬挂装置由摇枕装置、旁承支重装置、弹性摇枕吊装置、牵引装置、弹簧托梁装置、空气弹簧装置和横向缓冲器、二系油压减振器等组成，如图 3-28 所示。

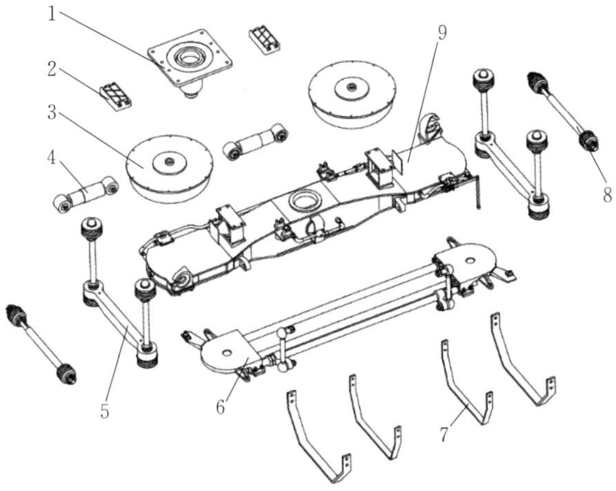

1—牵引装置；2—旁承支重装置；3—空气弹簧装置；4—横向减振器；5—弹性摇枕吊装置；
6—弹簧托梁装置；7—安全吊；8—牵引拉杆组成；9—摇枕装置。

图 3-28　209HS 型转向架中央悬挂装置示意

(1)摇枕装置

摇枕为钢板焊接结构，分成左右独立的两个空气弹簧附加空气室。在摇枕上焊有牵引拉杆座、下旁承座、中心销座、横向减振器座等，并装有高度调整阀、差压阀及空气管系等，形成摇枕装置部件。

(2)旁承支重装置

209HS 型转向架采用全旁承支重。其由下旁承、旁承板、调整垫等组成，旁承与不锈钢上旁承形成一对平面摩擦副，利用摩擦力矩抑制车辆的蛇行运动。

(3)弹性摇枕吊装置

209HS 型转向架为有摇动台结构，为消除吊杆摆动时两端的摩擦和磨耗，在吊杆端部加设橡胶堆，以实现无磨耗。

(4)弹簧托梁装置

弹簧托梁装置由左弹簧座、右弹簧座、扭杆装置、连接轴等组成，中间设有凹台作为安装空气弹簧时定位用。

(5)二系横向减振器与可变节流阀

209HS 型转向架有两个二系横向减振器斜对称水平地安装在构架和摇枕间，衰减车体的横向振动；在空气弹簧与摇枕间安装有可变节流阀，衰减车体的垂向振动。

4. 基础制动装置

基础制动装置采用盘形制动，在车辆的一位转向架一位角，设有人力制动装置。单元制动缸有闸片间隙自动调整器的膜板式制动缸，主要由膜板制动缸和间隙调整器组成，如图 3-29 所示。

5. 牵引装置

209HS 型转向架牵引装置由中心销、两侧牵引拉杆装置组成。牵引方式为中心销结合牵引拉杆。承载方式为全旁承承载。

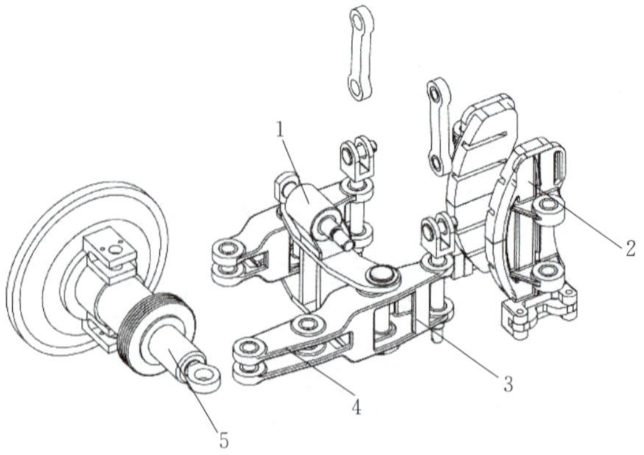

1—杠杆吊座;2—闸片托组成;3—杠杆组成;4—人力制动杠杆;5—制动缸组成。

图 3-29 209HS 型转向架基础制动装置示意

(二)垂向力传递顺序

209HS 型转向架垂向力传递顺序为:车体→中心销→摇枕→空气弹簧上盖—空气弹簧→空气弹簧橡胶垫→弹性摇枕吊轴→弹性摇枕吊→摇枕吊橡胶堆→构架侧梁→垂向油压减振器→轴箱弹簧导柱座→轴箱弹簧导柱安装面→轴箱弹簧→橡胶缓冲垫→定位座→轴箱弹簧托盘→轴箱→轴承→轴颈→车轮→钢轨。

三、CW-2C 型客车转向架

CW-2C 型客车转向架是吸收国外先进技术,吸取广深线首批准高速客车的运用经验,在 CW-2 型转向架的基础上改进设计的转向架。CW-2C 型转向架均采用旁承直接承载车体方式。构架采用钢板焊接,轮对采用转臂式弹性定位;两级弹性悬挂中一系采用螺旋钢弹簧,二系采用空气弹簧;基础制动采用单元式轴盘制动。

(一)结　构

CW-2C 型转向架由构架组成、轮对轴箱定位装置、中央悬挂装置、基础制动装置、牵引装置等组成,其外观如图 3-30 所示。

图 3-30 CW-2C 型转向架外观

1. 构架组成

构架为 H 形钢板焊接箱形结构,钢板材质为 16MnR。构架由两个直侧梁和两个直横梁组成,两侧梁端部斜对称焊接两个横向控制杆安装座。另外在侧梁上还有 4 个安装轴箱节点的定位座和两个牵引拉杆座。横梁外侧焊有盘形制动吊座，如图 3-31 所示。

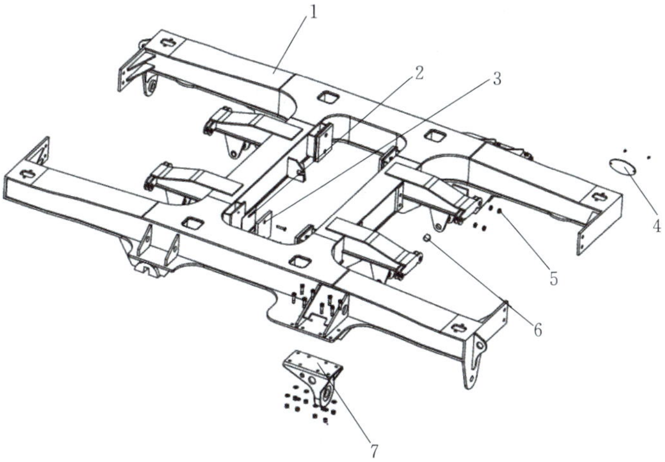

1—构架；2—调整垫；3—挡板；4—厂铭牌；5—套(20 mm×30 mm×10 mm)；
6—套(30 mm×40 mm×30 mm)；7—牵引拉杆座。

图 3-31　CW-2C 型转向架构架组成示意

2. 轮对轴箱定位装置

轮对轴箱定位装置采用单侧转臂式及横向控制杆，整体金属迷宫式轴箱，内装圆柱滚子轴承，具有良好的密封效果和运行可靠性，如图 3-32 所示。轮对采用全加工整体辗钢KKD 型车轮，每个轴箱上安装一个轴温报警传感器。一位侧轴端装配有防滑传感器。转臂式轴箱的一端通过一个轴箱节点弹性定位套与构架上的定位座相连，另一端与装在轴箱弹簧外侧的垂直液压减振器相连，该减振器用以有效地控制垂向振动和转向架点头振动。

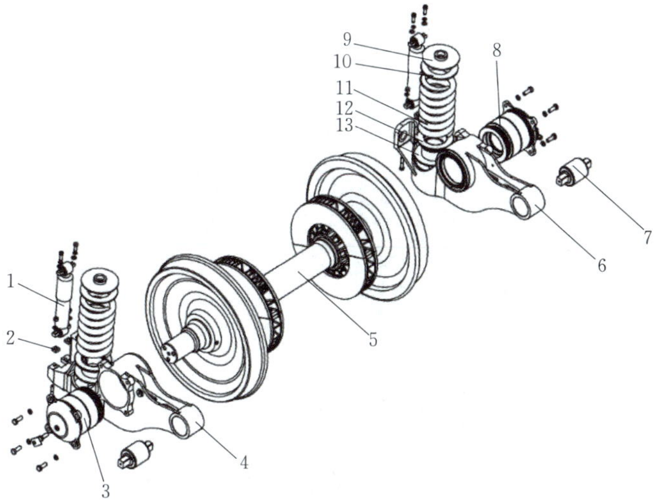

1—轴箱减振器；2—调整垫；3—二位侧轴端安装；4—轴箱体(右)；5—轮对组成；6—轴箱体(左)；
7—轴端节点橡胶套；8—一位侧轴端安装；9—上定位座；10—调整垫；11—轴箱弹簧；12—橡胶垫；13—下定位座。

图 3-32　CW-2C 型转向架轮对轴箱定位装置示意

3. 中央悬挂装置

中央悬挂装置由摇枕、空气弹簧托板、旁承、空气弹簧、牵引拉杆、横向拉杆、抗侧滚扭杆、横向减振器等组成，如图3-33所示。采用空气弹簧有效降低高频动的传递，增加平稳性和舒适度，通过高度调整阀使空气弹簧在不同载荷下保持相同高度。转向架两侧装有两根牵引拉杆组成传递纵向载荷，牵引拉杆采用实心轴结构，两端装有橡胶。摇枕还作为空气弹簧的附加空气室使用。弹簧托板与摇枕通过横向拉杆弹性连接，以避免托板有过大的位移。横向拉杆采用实心轴结构，两端装有橡胶垫。

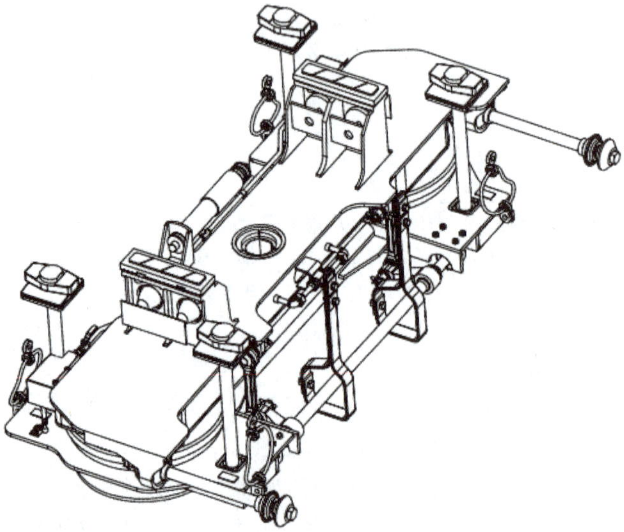

图3-33 CW-2C型转向架中央悬挂装置示意

4. 盘形制动装置

盘形制动装置主要由内外侧夹钳杠杆、连杆、闸片托吊及吊销、闸片、闸片托、单元制动缸及连接件组成，如图3-34所示。

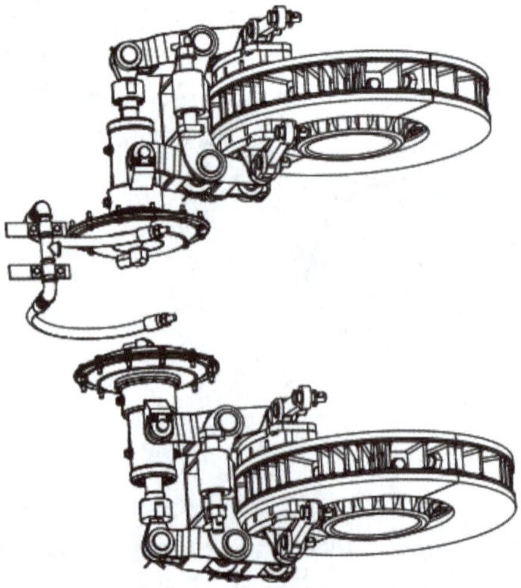

图3-34 CW-2C型转向架盘形制动装置示意

5. 牵引装置

CW-2C 转向架两侧装有两根引拉杆组成并传递纵向载荷。牵引装置由牵套管组成、牵引拉杆心轴、牵引拉杆橡胶垫、调整垫、螺母、止退垫圈、开口销等组成。CW-2C 型转向架采用旁承承载，牵引方式为中心销结合牵引拉杆。

(二)垂向力传递顺序

CW-2C 型转向架垂向力传递顺序为：车体→旁承→中心销→摇枕→空气弹簧→空气弹簧橡胶垫→构架侧梁→轴箱弹簧安装座→垂向油压减振器→轴箱弹簧→缓冲胶垫→轴箱转臂→轴承→轴颈→车轮→钢轨。

第三节　提速客车转向架

为加快铁路高质量发展，提升铁路运输效率，提速客车转向架在原有客车转向架的基础上针对构造速度、舒适性、绿色化、智能化等方面进行了升级。提速客车转向架的形式主要有 CW-200K、SW-220K、AM96、PW-220K 等四种，适用于运行速度 160 km/h 及以上等级的 25T 型客车。

一、CW-200K 型客车转向架

CW-200K 型转向架的总体结构为无摇枕、无摇动台、无旁承的“三无”结构。车体和转向架间通过牵引拉杆传递水平力，并装有抗蛇行减振器。轴箱悬挂采用转臂式定位，并安装有垂向减振器。基础制动采用每轴两个制动盘和防滑器。轴箱定位采用可分离式轴箱转臂定位方式。中央悬挂采用空气弹簧及减振器。牵引方式为单牵引拉杆。

(一)结　　构

CW-200K 型转向架主要由构架组成、轴箱定位装置、中央悬挂装置、基础制动装置、牵引装置等组成，其外观如图 3-35 所示。

图 3-35　CW-200K 型转向架外观

1. 构架组成

构架为 H 形焊接结构，由两侧梁和两横梁组成，两横梁间有纵向梁，如图 3-36 所示。侧梁中间为下凹的鱼腹形，由 4 块钢板组焊成箱形封闭断面，内有密封隔板，使侧梁内腔成为空气弹簧的附加空气室。各种吊座均焊在构架上。2002 年 7 月起，纵向梁由原来 T 形结构

改为 H 形结构。2004 年 4 月起,构架横梁根部增加加强衬套和起吊装置。

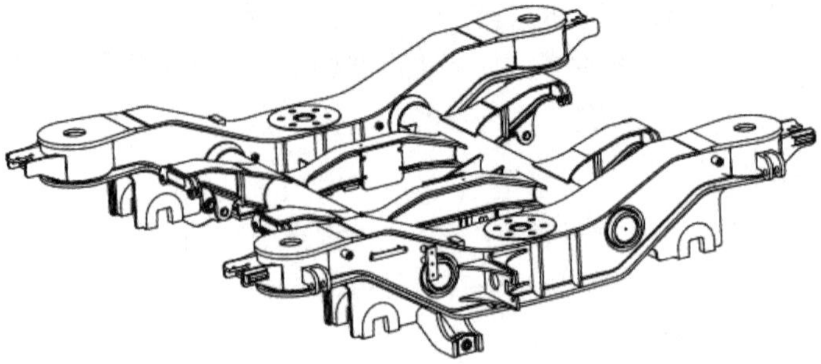

图 3-36　CW-200K 型转向架构架组成示意

2. 轮对轴箱定装置

轮对轴箱定位装置采用转臂式定位,由轮对组成、弹簧装置、一系减振器、轴箱定位节点装置、转臂、夹紧箍等组成。轴承采用敞开式短圆柱滚子轴承。轴箱弹簧装置由内圈弹簧、外圈弹簧、弹簧上夹板、弹簧下夹板及螺栓、螺母等组成。螺母上开有销孔,弹簧组装后需穿开口销。转向架部分轴端分别安装有速度传感器和轴端接地装置,如图 3-37 所示。

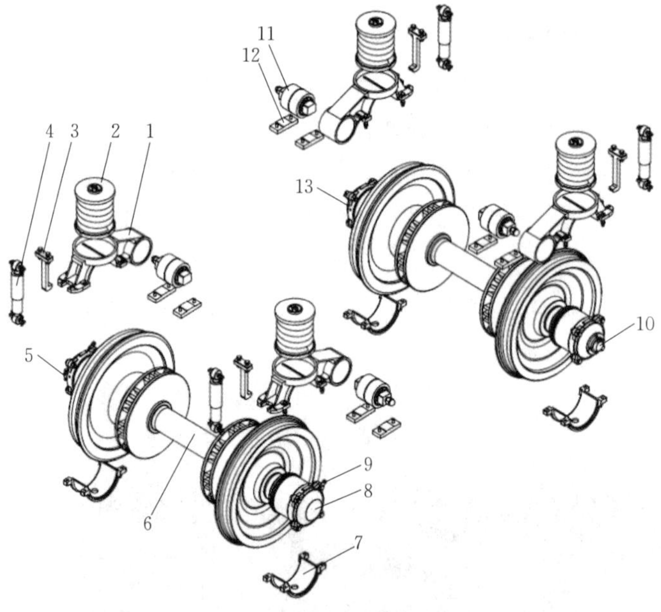

1—转臂;2—轴箱弹簧组成;3—吊钩;4—轴箱减振器;5—防滑轴端组成;6—轮对组成;
7—箍;8—普通轴端组成;9—连接轴板;10—接地轴端组成;11—节点装置;
12—锁紧板;13—防滑轴端组成。

图 3-37　CW-200K 型转向架轮对轴箱定装置示意

3. 中央悬挂装置

中央悬挂装置为无摇枕结构,采用高柔性空气弹簧。两侧设两个横向减振器,两个横向止挡。车体与转向架间装有两个对称的抗蛇行减振器,在高速运行时减小车辆轮缘磨耗和悬挂系统的作用力,提高车辆运行稳定性。中央悬挂装置包括空气弹簧、高度阀、差压阀、牵引装置、抗侧滚扭杆、安全钢丝绳等,如图 3-38 所示。

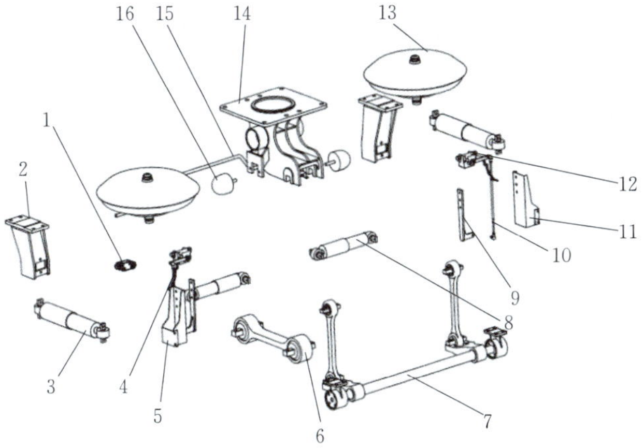

1—压差阀;2—抗蛇行减振器座;3—抗蛇行减振器;4—安全吊链;5—高度阀杆保护罩;
6—牵引拉杆;7—扭杆组成;8—横向油压减振器;9—高度阀杆安装板;10—高度阀杆;11—高度阀杆保护罩;
12—高度阀;13—空气弹簧组成;14—牵引支座组成;15—管子;16—横向缓冲器。

图 3-38 CW-200K 型转向架中央悬挂装置示意

4. 基础制动装置

每个车轴设两套盘形制动单元。盘形制动单元由单元制动缸、内外侧夹钳杠杆、杠杆吊座、闸片托、闸片、闸片托吊、闸片吊销等零部件组成,以三点悬挂式安装在构架横梁的制动吊座上,并在二位侧轮对轴端设速度传感器装置。基础制动装置采用自动调整器的膜板式单元制动缸或皮碗式单元制动缸,主要由制动缸和间隙调整器组成,如图 3-39 所示。

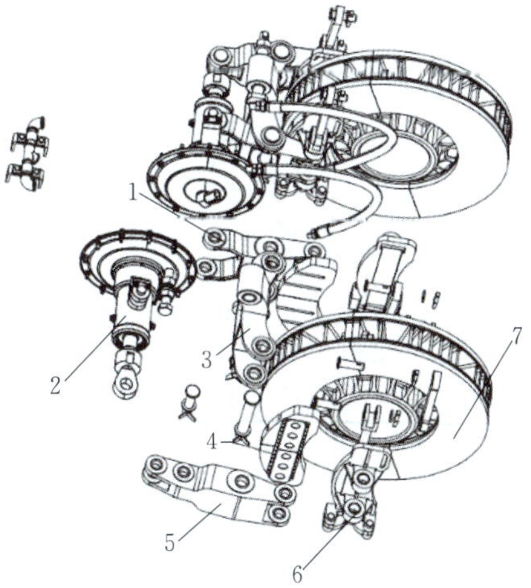

1—内侧杠杆组成;2—单元制动缸;3—杠杆吊座组成;4—闸片组成;
5—人力制动杠杆组成;6—闸片托组成;7—摩擦盘组成。

图 3-39 CW-200K 型转向架基础制动装置示意

5. 牵引装置

牵引装置采用单拉杆结构,杆身为整体锻造件,两端装有相同的橡胶节点,一端与构架相连,另一端与牵引座相连。承载方式采用空气弹簧承载。

(二)垂向力传递顺序

CW-200K 型转向架垂向力传递顺序为:车体→牵引销→空气弹簧上盖→空气弹簧→空气弹簧橡胶垫→构架侧梁→一系垂向油压减振器→轴箱弹簧安装座→轴箱弹簧→缓冲胶垫→轴箱转臂→轴承→轴颈→车轮→钢轨。

二、SW-220K 型客车转向架

SW-220K 型客车转向架是装用于速度等级为 160 km/h 特快客车(即 25T 型客车)上,适用车型包括座车、卧铺车、餐车、行李车、发电车和高档车等。该型转向架具有结构简单、车辆落成方便、运行性能好、易于维护等优点,除在国内客车被大量采用外,还被庞巴迪公司选为生产高档客车装用的转向架之一。

(一)结　　构

SW-220K 型转向架采用无摇动台、无摇枕、无旁承、空气弹簧、盘形制动等结构,由构架组成、轮对轴箱定位装置、中央簧悬挂装置、基础制动装置等组成,其外观如图 3-40 所示。

图 3-40　SW-220K 型转向架外观

1. 构架组成

构架为钢板焊接结构,平面呈“H”形,主要由侧梁组成、横梁组成、纵向辅助梁、空气弹簧支撑梁和定位臂等组成,如图 3-41 所示。侧梁的中部为凹形,横梁的内腔与空气弹簧支撑梁的内腔组成空气弹簧的附加空气室。在横梁上焊有制动吊座、牵引座及空气弹簧的防过冲座等。为提高构架刚度,在两横梁之间由纵向辅助梁连接,其上安装有横向振器座和横向止挡座等。辅助梁采用箱形断面的焊接结构。

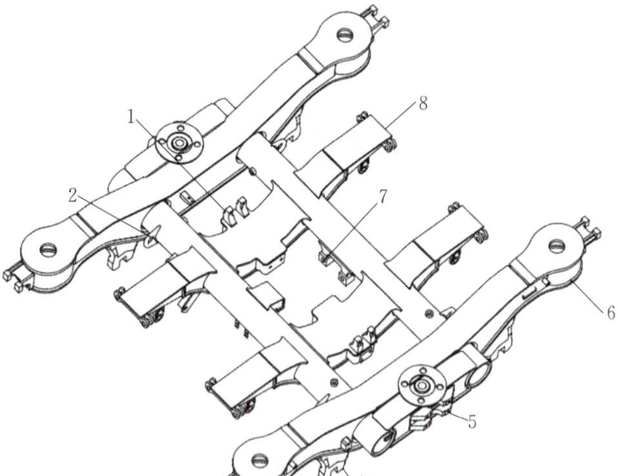

1—横向减振器座组成;2—吊耳;3—垂向减振器座;4—定位臂;5—抗蛇行减振器座;
6—构架;7—牵引拉杆座;8—制动吊梁组成。

图 3-41　SW-220K 型转向架构架组成示意

2. 轮对轴箱定位装置

轮对轴箱定位装置为单转臂无磨耗弹性定位，以跨接形式与构架相连，在定位转臂与构架弹簧安装座之间设置了一系垂向减振器，如图 3-42 所示。轮对轴箱的轴端有三种：普通轴端、带防滑速度传感器轴端和接地轴端。转向架的 1、2、4、6、7、8 轴端接有接地电阻，2、4、6、8 位轴端安装防滑速度传感器，3、5 位安装接地装置，1、7 位为普通轴端。

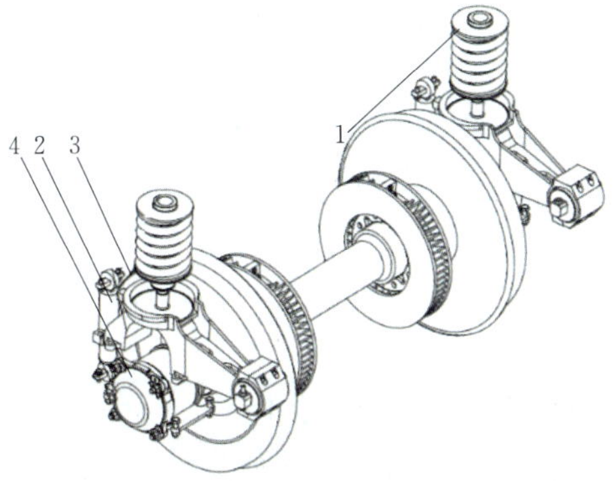

1—轴箱弹簧组成；2—垂向油压减振器；3—定位转臂组成；4—轮对轴箱组成。

图 3-42　SW-220K 型转向架轮对轴箱定位装置示意

3. 中央悬挂装置

中央悬挂装置由空气弹簧、横向减振器、横向止挡、牵引销、牵引拉杆、高度控制阀、差压阀及其管路、抗蛇行减振器等组成，无抗侧滚扭杆装置，如图 3-43 所示。空气弹簧是由气囊和附加的橡胶弹簧组合而成的自由膜形式，适用于水平位移大的无摇枕转向架。

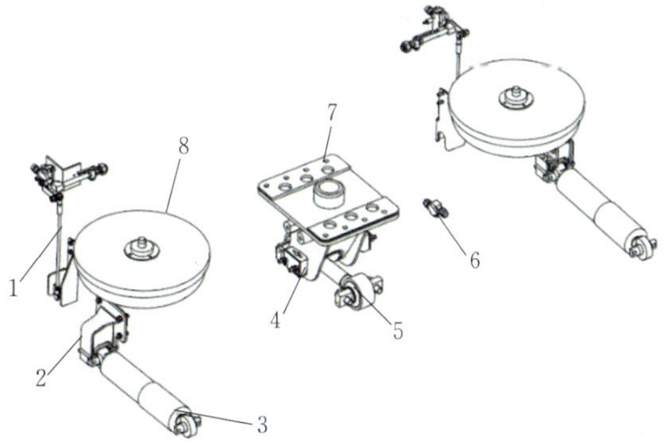

1—高度控制阀；2—减振器座；3—抗蛇行减振器；4—横向止挡；5—牵引拉杆；6—差压阀；7—中心销；8—空气弹簧。

图 3-43　SW-220K 型转向架中央悬挂装置示意

4. 基础制动装置

盘形制动装置主要由内、外侧夹钳杠杆、连杆、闸片托、制动缸、闸片及连接件组成，可与 SW-160 型转向架的基础制动装置所有配件互换，如图 3-44 所示。

5. 牵引装置

牵引装置采用单拉杆结构，由牵引中心销、纵向牵引拉杆、牵引拉杆节点、牵引体等组成，安装在转向架横梁上，以连接中心销组成，如图 3-45 所示。承载方式为空气弹簧承载。

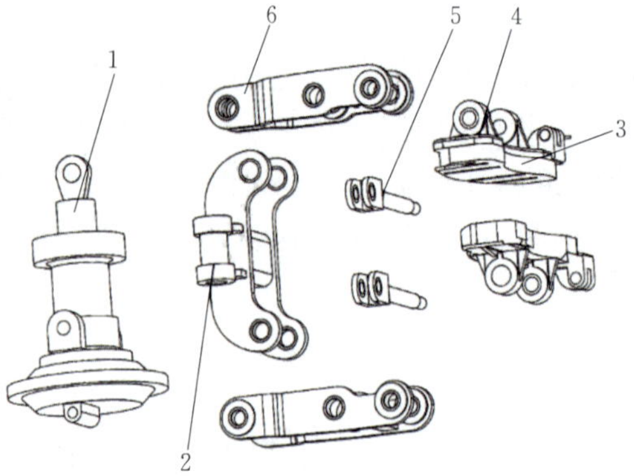

1—制动缸组成；2—人力制动连杆组成；3—闸片；4—闸片托；5—闸片托销；6—杠杆组成。

图 3-44　SW-220K 型转向架盘形制动装置

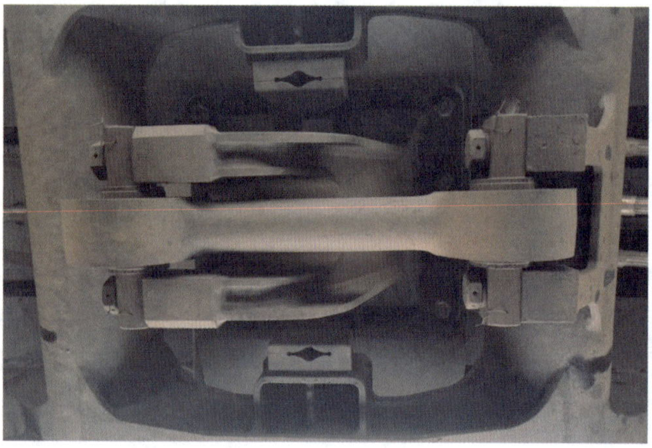

图 3-45　SW-220K 型转向架牵引销组成

(二)垂向力传递顺序

SW-220K 型转向架垂向力传递顺序为：车体→牵引销→空气弹簧上盖→空气弹簧→空气弹簧橡胶座→构架侧梁→一系垂向油压减振器→轴箱弹簧安装座→轴箱弹簧→缓冲胶垫→轴箱定位转臂→轴承→轴颈→车轮→钢轨。

三、AM96 型客车转向架

AM96 型转向架是目前我国 160 km/h 客车用主型转向架之一(设计速度为 200 km/h)，主要运用于普速 25T 型客车、轨检车、青藏客车。

(一)结　　构

AM96 型转向架采用无摇枕、无摇动台和无旁承的“三无”结构，性能优良、结构简单紧凑、使用维修方便。国产化的该型转向架采用了庞巴迪公司的成熟设计，通过转向架技术引进、技术转化和工业化设计等阶段，庞巴迪公司的全程技术支持和现场指导，实现了 90%的国产化率。AM96 型转向架主要由构架组成、轮对轴箱定位装置(一系悬挂装置)、中央悬挂装置(二系悬挂装置)、基础制动装置、牵引装置等组成，如图 3-46 所示。

图 3-46 AM96 型转向架外观

1. 构架组成

构架侧梁为箱形断面的 U 形焊接结构，左右侧梁与钢管制动横梁焊接一体形成 H 形框架结构。侧梁外侧斜对称布置抗蛇行减振器安装座，内侧焊接抗侧滚扭杆安装座；下部焊接节点安装座；每根横梁焊有制动吊座、中心框架安装座、牵引拉杆座；两横梁之间通过螺栓及 T 形定位套安装了中心框架，中心框架上设有横向减振器座、横向止挡及纵向止挡，如图 3-47 所示。

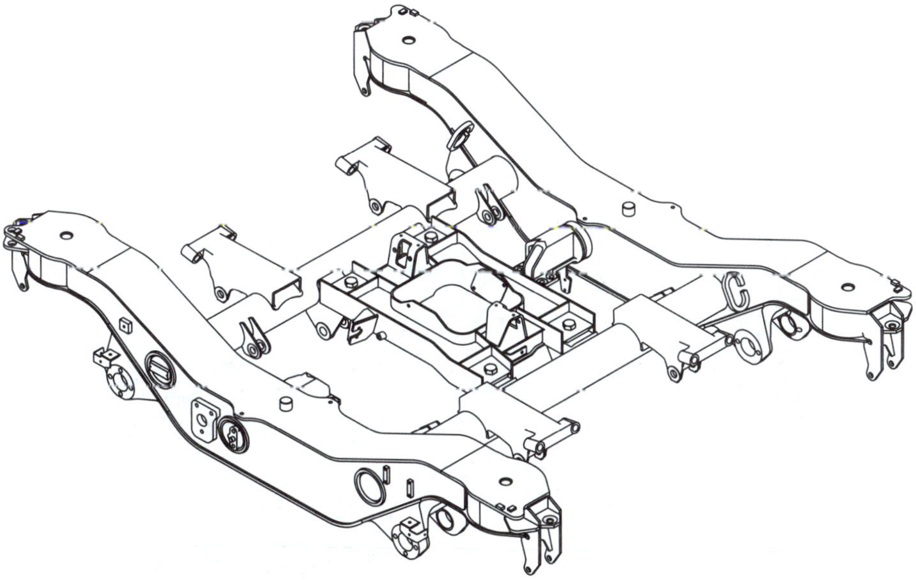

图 3-47 AM96 型转向架构架组成示意

2. 轮对轴箱定位装置

(1)轴箱定位装置

轴箱定位装置主要由一系悬挂装置和轮对轴箱装置组成，采用转臂式定位，纵、横向定位刚度主要由橡胶节点来提供，垂向刚度主要由轴箱上双圈钢弹簧提供。一系悬挂装置由定位转臂、夹紧箍、轴箱弹簧、定位套、定位轴组成、橡胶节点和一系垂向减振器等组成。定位转臂与夹紧箍配对加工和组装。采用进口车轮，安装时采用冷压装方式，并在轮毂处设注油孔及注油孔螺堵，采用 LM 磨耗型踏面，如图 3-48 所示。

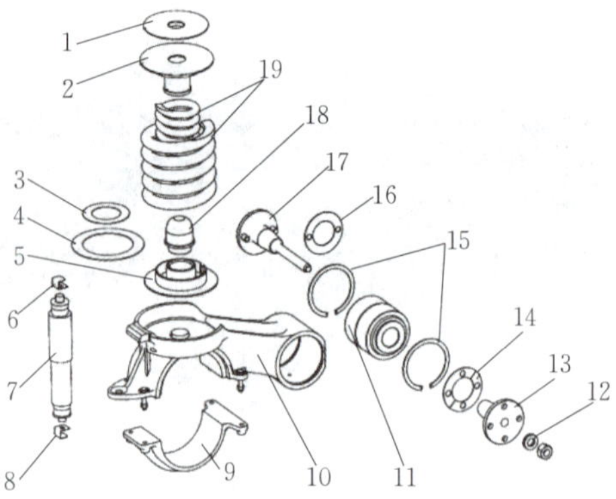

1—绝缘垫;2—弹簧上夹板组成;3—内簧调整垫;4—外簧调整垫;5—弹簧下夹板组成;6—保持架;
7—一系垂向减振器;8—保持架;9—夹紧箍;10—定位转臂;11—弹性定位套组成;12—碟簧;13—定位套;
14—前垫;15—孔用挡圈;16—后垫;17—定位轴组成;18—一系垂向限位止挡;19—轴箱弹簧组成。

图 3-48 AM96 型转向架轮对轴箱定位装置示意

(2)转向架辅助装置

转向架辅助装置包括轴端接地装置、防滑器测速传感器、转向架转动限位止挡、轴温报警仪传感器、车体与转向架接地电缆、轴箱与构架间跨接电缆。

防滑器测速传感器位于1、3、5、7位轴端;转向架转动限位止挡位于3、4、5、6位构架端部;轴温报警仪传感器位于1~8位轴端;轴箱与构架间跨接电缆位于1、3、4、5、7、8位;轴端接地装置位于2、8位;车体与转向架接地电缆位于2、8位。轴端接地装置可以保护轴承避免电蚀,同时在电气化区段线路,可以保护作业人员,防止出现电击伤人事故,如图3-49所示。

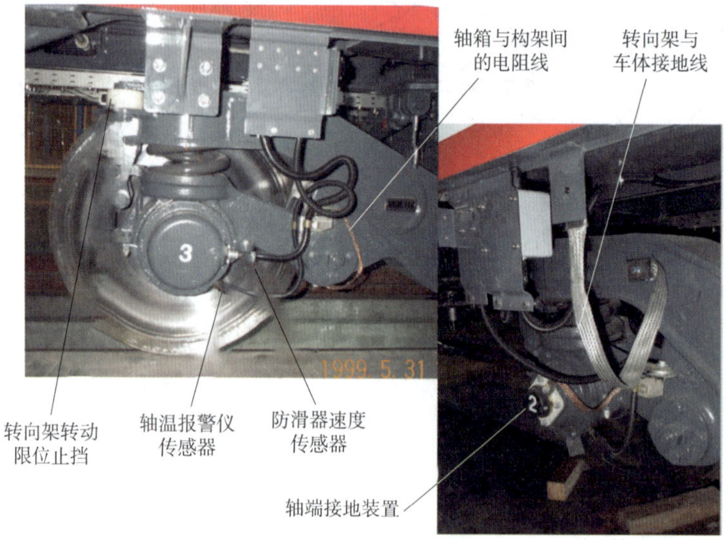

图 3-49 AM96 型转向架轴端辅助装置实物

3. 中央悬挂装置

(1)二系悬挂装置

二系悬挂装置主要由构架两侧中心线上的两个空气弹簧、抗侧滚扭杆、横向止挡、垂向和横向减振器、高度阀、排气阀组成，如图 3-50 所示。空气弹簧由胶囊、支承座、橡胶缓冲块、底座组成一体，安装在构架侧梁上、气囊充气座与底架内的辅助风缸连接。当空气弹簧因气动系统故障或胶囊破裂的情况下，上盖板会落到橡胶板上，这时垂向缓冲由橡胶缓冲块提供，保证车辆安全到达指定地点；空气弹簧模板上设计横向、垂向减振器座、起吊钢丝绳座、高度阀座、安全阀座、抗侧滚扭杆座等结构。为了改善转向架的垂向、横向及抗蛇行振动的性能，提高乘坐舒适性，设置有二系垂向、横向及抗蛇行减振器。

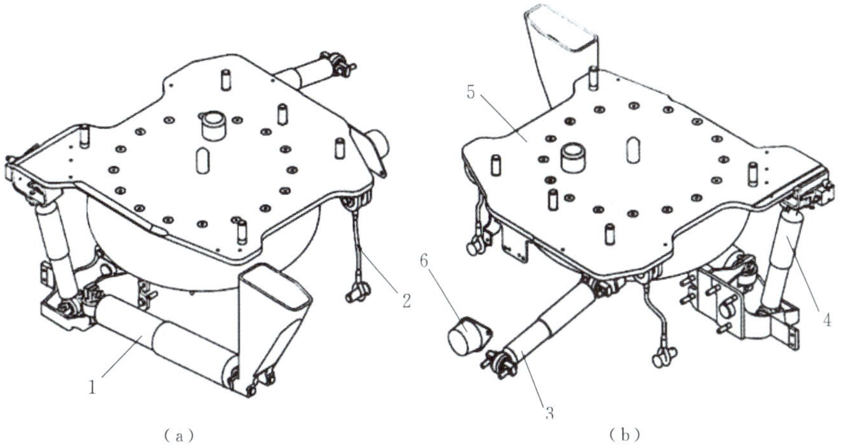

1—抗蛇行减振器；2—起吊钢丝绳；3—二系横向减振器；4—二系垂向减振器；5—空气弹簧组成；6—横向止挡。

图 3-50　AM96 型转向架二系悬挂装置示意

(2)抗侧滚扭杆装置

抗侧滚扭杆装置由扭杆轴、扭杆臂、连杆组成、衬套、弹性节点、扭杆座等组成，如图 3-51 所示。抗侧滚扭杆连杆上端通过球关节安装到空气弹簧模板上，扭杆座安装在构架侧梁上。

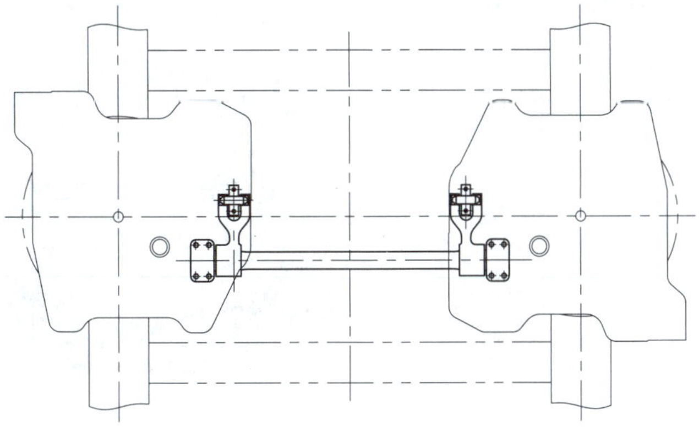

图 3-51　AM96 型转向架抗侧滚扭杆装置示意

(3)空气弹簧附属装置

空气弹簧附属装置由高度阀、差压阀、安全阀及相关管路等组成，图 3-52 所示。高度阀和安全阀均安装于空气弹簧上盖板。转向架设有安全阀装置，当空气弹簧的工作高度超过设定的高度时，安全阀可以自动把空气弹簧的压缩空气排出，保证行车安全。

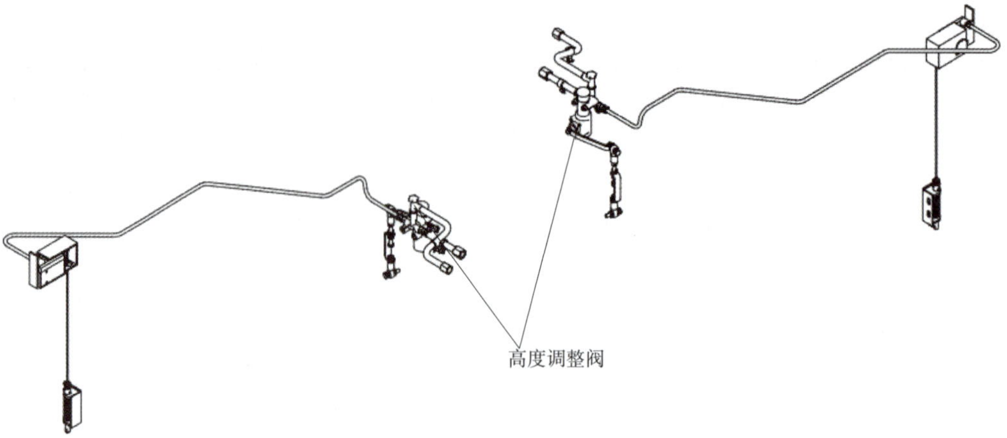

图 3-52　AM96 型转向架高度调整阀示意

4. 基础制动装置

AM96 型转向架每轴设置两套盘形制动单元，每个盘形制动单元由单元制动缸、制动杠杆、杠杆吊座、闸片托装置、闸片托吊和闸片等零部件组成，采用三点悬挂的方式安装，如图 3-53 所示。为了适应手动调整闸片间隙的要求，制动缸端部设手动调整轮机构、拉出拉环可顺时针或逆时针旋转调整该机构，使制动闸片与制动盘间隙增大或减小。为了满足在30‰的坡道上满载车辆防溜的要求，在一位转向架 2、3 位盘形制动装置上设有人力制动功能。通过闸线连接到车体一位端的人力制动操纵手柄，当转动手柄时，闸线通过驱动制动缸的杠杆结构对车辆实施人力制动。

图 3-53　AM96 型转向架基础制动装置实物

5. 牵引装置

牵引装置由车体中心销、均衡杠杆、纵向拉杆等组成。中心销通过螺栓安装于车体底架枕梁中心，中心销与转向架构架左右各保持 20 mm 间隙。当车体与转向架间的横向自由运动超过 20 mm 时，中心销将与构架上的左右弹性橡胶止挡接触，并压缩橡胶止挡。承载方式为空气弹簧承载，如图 3-54 所示。

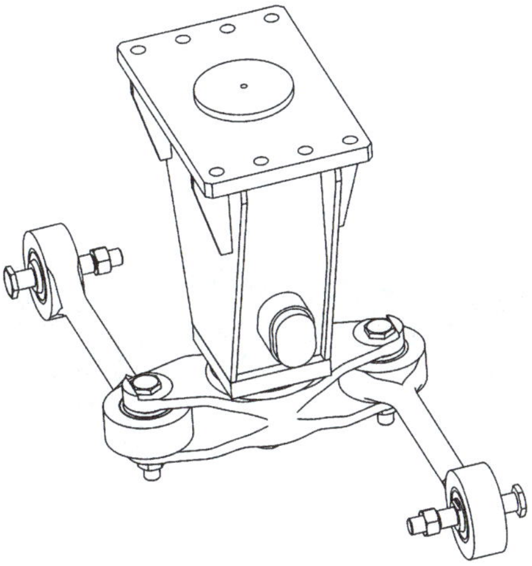

图 3-54　AM96 型转向架中心销牵引装置示意

(二)垂向力传递顺序

AM96 型转向架垂向力传递顺序为：车体→牵引销→空气弹簧上盖→空气弹簧→空气弹簧橡胶垫→二系垂向油压减振器→二系油压减振器安装座→构架侧梁→一系垂向油压减振器→轴箱弹簧安装座→轴箱弹簧→缓冲胶垫→定位转臂→轴承→轴颈→车轮→钢轨。

四、PW-220K 型客车转向架

PW-220K 型客车转向架是为了适应列车提速的需要，在充分引进、消化、吸收阿尔斯通 CL242 型转向架(200 km/h)的基础上进行了适当的改进而研制的新型 25T 型客车转向架。该转向架采用无摇枕、无摇动台和无旁承的“三无”结构，结构简单紧凑，使用维修方便。转向架采用了现代高速客车转向架较为经典的 U 形构架、转臂式轮对轴箱定位装置、中央悬挂装置采用无摇枕大挠度的空气弹簧悬挂；基础制动装置采用每轴两套盘形制动单元、加装电子防滑器，并在一位转向架一位角设有人力制动装置。

(一)结　　构

PW-220K 型转向架由构架组成、轮对轴箱定位装置、中央悬挂装置(一系悬挂系统、二系悬挂系统)、基础制动装置、牵引装置等组成，其外观如图 3-55 所示。

图 3-55　PW-220K 型转向架外观

1. 构架组成

构架主体结构同 25T 型客车 AM96 型转向架，采用 U 形焊接结构，主要由侧梁、主横梁、制动横梁、各安装座组成，如图 3-56 所示。侧梁、主横梁均采用箱形焊接结构，制动横梁为无缝钢管，制动吊座采用统型的接口。

图 3-56　PW-220K 型转向架构架组成实物

2. 轮对轴箱定位装置

轮对轴箱定位装置与统型的 25T 型客车 AM96 型转向架相同，一系悬挂系统采用转臂式定位，轴端增加信号轴端传感器，如图 3-57 所示。

图 3-57　PW-220K 型转向架轮对轴箱定位装置实物

3. 中央悬挂装置

中央悬挂装置是由空气弹簧组成及其控制系统、抗侧滚扭杆、二系横向减振器、二系垂向减振器、抗蛇行减振器、牵引装置等部分组成，如图 3-58 所示。

图 3-58　PW-220K 型转向架中央悬挂装置实物

4. 基础制动装置

每辆车的一位端设有一套人力制动装置(图 3-59)，其余均为普通基础制动装置。制动缸为双向间隙自动调整制动缸、闸片为粉末冶金闸片。为了适应于手动调整闸片间隙的要求，单元制动缸端部设手动调整螺母，可顺时针或逆时针旋转调整螺母，使制动闸片与制动盘间隙增大或减小，如图 3-60 所示。

图 3-59　PW-220K 型转向架人力制动机装置实物

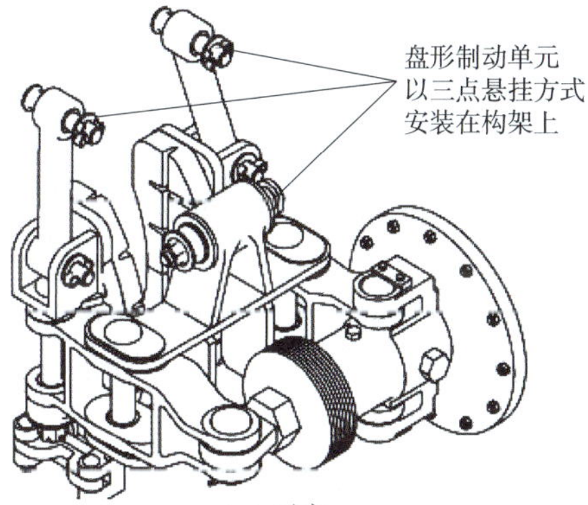

（a）示意

（b）实物

图 3-60　PW-220K 型转向架基础制动装置

5. 牵引装置

牵引装置由牵引中心销、牵引拉杆(双“Z”形)、牵引拉杆节点、牵引体、牵引节点及紧固板等组成，如图 3-61 所示。牵引力依次通过中心销传递至牵引体及牵引拉杆；制动力传递过程相反。PW-220K 型转向架牵引方式为中心销结合牵引拉杆(双拉杆)，承载方式为空气弹簧承载。

(二)垂向力传递顺序

PW-220K 型转向架垂向力传递顺序为：车体→牵引销→空气弹簧上盖→空气弹簧→空气弹簧橡胶垫→二系垂向油压减振器→二系垂向油压减振器安装座→构架侧梁→一系垂向油压减振器→轴箱弹簧安装座→轴箱弹簧→缓冲胶垫→定位转臂→轴承→轴颈→车轮→钢轨。

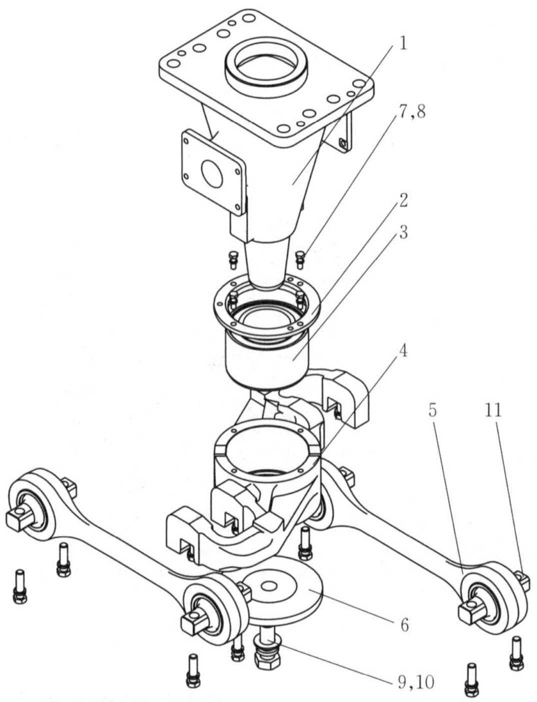

1—牵引中心销；2—节点压盖；3—牵引节点；4—牵引体；5—牵引拉杆；6—紧固板；
7—螺栓；8—垫圈；9—螺栓；10—垫圈；11—牵引拉杆节点。

图 3-61 PW-220K 型转向架中心牵引装置示意

快速客车转向架的结构与普通客车转向架有较大的区别，快速客车转向架的结构共同特点总结如下：

(1)采用全旁承承载，弹性中心销牵引结构，以消除车体与转向架的间隙，减小冲击。

(2)构架和摇枕采用全钢焊接结构，以提高强度，减轻自重。

(3)在构架和摇枕间设横向油压减振器，以提高横向减振性能。

(4)在构架和摇枕间设纵向牵引拉杆，以消除构架与摇枕的间隙，减小冲击。

(5)摇枕弹簧采用空气弹簧，以提高减振效果。

(6)摇枕吊采用弹性连接，以减小摇枕吊垂向冲击。

(7)设有抗侧滚扭杆装置，以减小车辆的侧滚振动。

(8)设有一系单向油压减振器，以减小轮轨冲击对车辆的影响。

(9)采用无间隙弹性定位装置，以提高轮对横向稳定性。

(10)基础制动采用盘形制动装置，以提高制动能力。

(11)采用电子防滑器，以充分利用轮轨黏着，制动时防止车轮滑行。

(12)在车体与构架间设抗蛇行运动减振器，以提高车辆运行平稳性。

第四节 故障排查处理

铁路客车在长期使用中受制造工艺、气候环境等因素，难以避免产生故障。为预防和减少故障的发生，故障排查是客车检车员确保列车安全运行的必备技能。

一、客车闸片的更换

1. 工具及材料

单人作业，209P 型转向架闸片托 8 位中任意一位，有地沟。准备工具：防护号志、手锤、劈销器、扳手、检点锤、钢丝钳、闸片一副。

2. 作业流程

按规定插设防护号志→关闭截断塞门、打开工作风缸和副风缸排水塞门排净余风→拆除闸片托锁铁捆绑的钢丝绳及锁铁止销开口销、取下闸片→落地检查、更换闸片→组装闸片及相关配件→关工作风缸、副风缸塞门→开截断塞门通风→检查闸片托锁铁止销开口销角度和平垫片间隙是否符合规定、锁铁钢丝绳是否捆绑紧固→落成检查完毕→制动机试验→确认闸片与制动盘间隙符合运用限度（3～5 mm）→收齐工具归位→撤除防护号志。

3. 质量标准

(1)闸片及配件不得错装、漏装。

(2)开口销角度符合规定，开口销与平垫片间隙不得大于 1.5 mm。

(3)关门排风顺序不得颠倒。

4. 注意事项

(1)防护号志须插牢。

(2)作业前按规定穿戴好防护用品。

(3)严禁将手伸入闸片与制动盘之间。

二、209T 型转向架制动梁的更换

1. 工具及材料

红旗 1 面，45.72 cm 管子钳 1 把，活扳手 1 把，0.68 kg 手锤 1 把，撬棍 1 根，专用工具自带，制动梁 1 根，扁、圆开口销若干。

2. 作业程序

按规定插设防护号志→关门、排风→拆下两端制动梁头部开口销、拆下一端防脱挡开口销和吊销开口销及垫片→拆下两端支点开口销→取出圆销→手托制动梁下部，取出上部圆销、开口销、垫片，取下制动梁吊（瓦托及闸瓦可拆下也可不拆）→将原车制动梁拉出→更换新的制动梁→由原处送进台车内→将制动梁拉进，放在复原弹簧上→将一端制动梁端轴套入制动梁吊下孔内→将拆下制动梁吊下孔套入制动梁端轴内对好吊销孔装上圆销、垫片、插入开口销打开（尾部包好）→装上防脱挡开口销打开→安装两端支点圆销、垫片、插入开口销打开（尾部包好）→安装两端制动梁头部垫圈、插入开口销打开→全面落成检查→收工具、材料→关压力风缸、副风缸塞门→打开截断塞门→撤除防护号志。

3. 质量标准

(1)工作中应呼唤应答。

(2)拆装制动梁吊时，双手托住制动梁，注意不要砸在钢轨上。

(3)制动梁出轨调换应口述。

(4)切勿漏、错装垫圈，开口销须开口 60°～70°。

4. 注意事项

(1)红旗须插牢且展开。

(2)作业中穿戴好防护用品。

(3)不得用手指摸圆销孔。

(4)作业中工具不能代用,更换完毕后做到工完料净场地清。

典型案例

(一)列车摇枕弹簧托梁安全吊事故

1. 事故概况

某次旅客列车,运行至车站前,客运人员反映机后3位车下有异响,车辆乘务员在前方站技术停车时,下车检查发现2位转向架7位摇枕弹簧托梁安全吊安装座板断裂脱落,拆卸处理完毕后开车,停车15 min。后经调查,脱落的配件同时还刮坏道岔等地面设备。

2. 原因分析

经调查,造成事故的主要原因如下:

(1)该车第7位摇枕弹簧托梁安全吊安装座板焊接位置不符合规定,两个安装座板与安全吊的安装平面发生横向错位(偏移量达17 mm),致使摇枕弹簧托梁安全吊须在依靠外力辅助情况下进行组装。采用螺栓紧固后,在连接部位产生较大的横向张紧力,受车辆运行中高频振动影响,横向张紧力超过了安装座板的强度极限,造成安装座板螺栓孔处发生脆性断裂。

(2)专项修及库列检人员作业时漏检漏修,均没有发现该部位断裂故障,导致车辆带故障出库,运行中安装座板断裂后脱落。

(二)列车轴簧折断事故

1. 事故概况

某次旅客列车,运行至车站,客列检作业时发现机后第11位车第10位轴箱弹簧折断,更换处理后开车,晚点13 min。

2. 原因分析

经调查,故障轴箱弹簧断裂位置为支承圈往上第二圈,断口有一个缺陷点,其余全为新痕,从缺陷点向外扩展至1/3处时突然断裂,判断该轴箱弹簧在制造时存在缺陷,加上当时该车超员约50%,加剧断裂。

(三)转向架牵引拉杆折断事故

1. 事故概况

旅客列车,在车站技术检查作业时发现机后8位车辆2位转向架4位纵向牵引拉杆断裂,更换处理开车,晚点58 min。

2. 原因分析

经调查,该车于某厂实施A4修,某段实施A2修,断裂的牵引拉杆为空心结构,不符合转向架牵引拉杆必须为实心结构要求。某段车辆实施A2级状态修时,转向架定检岗位作业人员依赖工厂思想严重,未认真确认转向架客车纵向牵引拉杆是否存在空心和实心纵向牵引拉杆混装问题,仅是简单地检查确认了纵向牵引拉杆是否存在变形和弹性橡胶节点是否存在开胶老化等，致使该车 A4 修时混装的空心纵向牵引拉杆未能在 A2 修时得到及时发现和更换。

复习思考题

1. 转向架主要由哪几部分组成？
2. 快速客车转向架和提速客车转向架有哪些类型？
3. 209HS 型转向架中央悬挂装置包括哪些装置？
4. SW-220K 型转向架与 PW-220K 型转向架有哪些异同之处？
5. 快速客车转向架有哪些共同特点？

第四章　客车制动装置

客车制动装置是铁路客车上起制动作用的零部件所组成的一整套机构，也是列车制动系统的基本单元，可实现列车停车、减速或防止加速，确保行车安全。客车制动装置包括基础制动装置、空气制动机、电空制动机、人力制动机。

第一节　客车基础制动装置

客车基础制动装置是客车制动装置中的最终执行部件，负担着将空气制动装置产生的制动力进行扩大和传递的作用。

一、用途及种类

基础制动装置是最终产生制动作用的装置，与空气制动机及人力制动机相连形成整套车辆制动机。其是由制动缸活塞杆至闸瓦或闸片间所包含的一整套杠杆拉杆、制动梁、闸瓦（闸片）所组成的力的传动装置。

（一）用　　途

基础制动装置利用杠杆原理，把空气制动机的制动缸活塞推力或人力制动机所产生的拉力，经过各杠杆拉杆的作用，扩大适当倍数后，再传到闸瓦或闸片上，使闸瓦压紧车轮踏面或闸片压紧制动盘，而产生制动作用。

（二）种　　类

目前我国客车的基础制动装置主要有双闸瓦式基础制动装置和盘形制动装置两种形式。

1. 双闸瓦式基础制动装置

双闸瓦式基础制动装置采用我国客车上传统的摩擦制动方式，但随着客车构造速度的不断提高，这种方式已不能满足发展的需要。因为闸瓦的摩擦因数会随车辆运行速度的提高而降低，同时其耐磨性能较差。双闸瓦式基础制动装置结构复杂，制动时阻力大，因此只能用于普速客车上，如图 4-1 所示。

2. 盘形制动装置

（1）盘形制动装置的构造

盘形制动装置由制动盘、单元制动缸、闸片、制动夹钳装置等组成，实物如图 4-2 所示。

闸片分成对称的两个半块制造，分左右件，在其后部镶有钢背，钢背上的燕尾凸榫和闸片托的燕尾槽配合。闸片用合成材料制成。闸片原形厚度为 28 mm，允许磨耗到 5 mm 左右，闸片需同时更换。

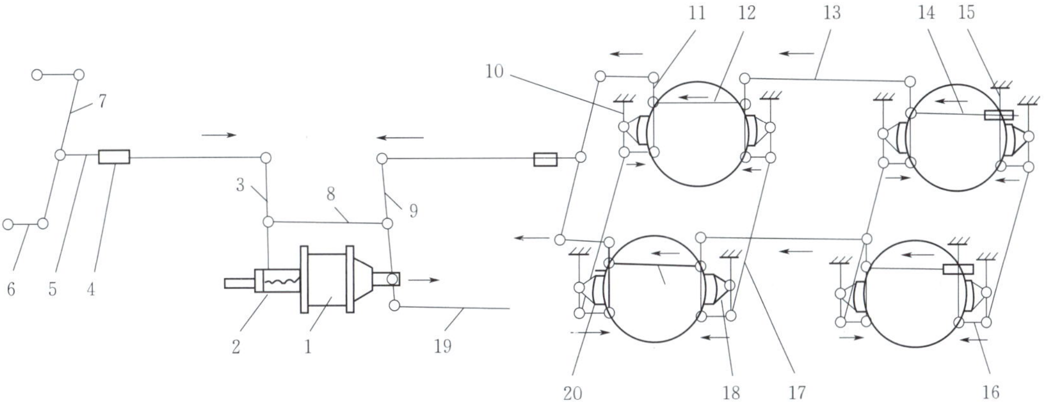

1—制动缸；2—闸瓦间隙调整器；3—制动缸后杠杆；4—调整丝套；5—均衡杠杆拉杆；6—均衡拉杆；7—均衡杠杆；8—连接拉杆；9—制动缸前杠杆；10—闸瓦托吊；11—移动杠杆；12—移动杠杆拉杠；13—移动杠杆上拉杆；14—固定杠杆拉杠；15—固定杠杆；16—拉环；17—制动梁；18—闸瓦托；19—人力制动拉杆；20—闸瓦。

图 4-1 双闸瓦式基础制动装置示意

闸片托组成由闸片托和锁铁等零件组成，闸片托为铸钢件，并分左右件。闸片托装上闸片后，将锁铁锁住，即可防止闸片脱落。

(2)盘形制动装置的作用

制动时，制动缸内充入压缩空气活塞及杆外移，使制动缸前杠杆发生倾斜，通过连杆使制动缸后杠杆也产生倾斜，带动闸片移动，最终使闸片压紧制动盘而产生制动作用。

缓解时，制动缸排气，制动缸内的缓解弹簧使活塞及杆内移，杠杆、连杆的移动过程与制动时相反，使闸片离开制动盘而缓解。

图 4-2 盘形制动装置实物

二、主要组成部件

(一)制动缸活塞杆

1. 用途

便于制动机的作用。

2. 构造

客车用制动缸活塞杆的结构如图 4-3 所示。

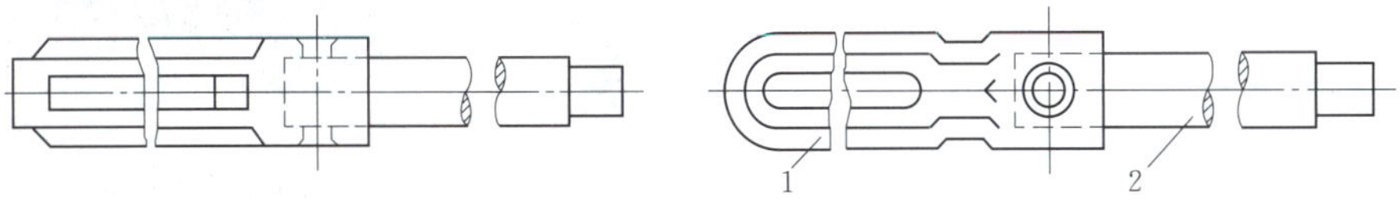

1—十字头导框；2—活塞杆。

图 4-3 客车用制动缸活塞杆结构示意

(二)杠　　杆

1. 用途

用于传递和扩大制动力。

2. 种类与构造

客车所采用的各种杠杆,根据安装部位和作用的不同,其名称也不相同,如制动缸杠杆、均衡杠杆、移动杠杆、固定杠杆等。但从形式上来看,主要有下列四种:

(1)杠杆有四个圆销孔的,多用于制动缸杠杆。

(2)杠杆有三个圆销孔,其孔距 A 与 B 大小不同,多用于固定杠杆、移动杠杆等。

(3)杠杆有三个圆销孔距相等,多用于均衡杠杆等。

(4)双片杠杆,为焊接成一体的双片结构,用于 209 型转向架的移动杠杆和固定杠杆。

各种杠杆的形状大体相同,如图 4-4 所示。杠杆中部因受力较大,故其断面尺寸较大,两端稍窄,构成鱼腹形。

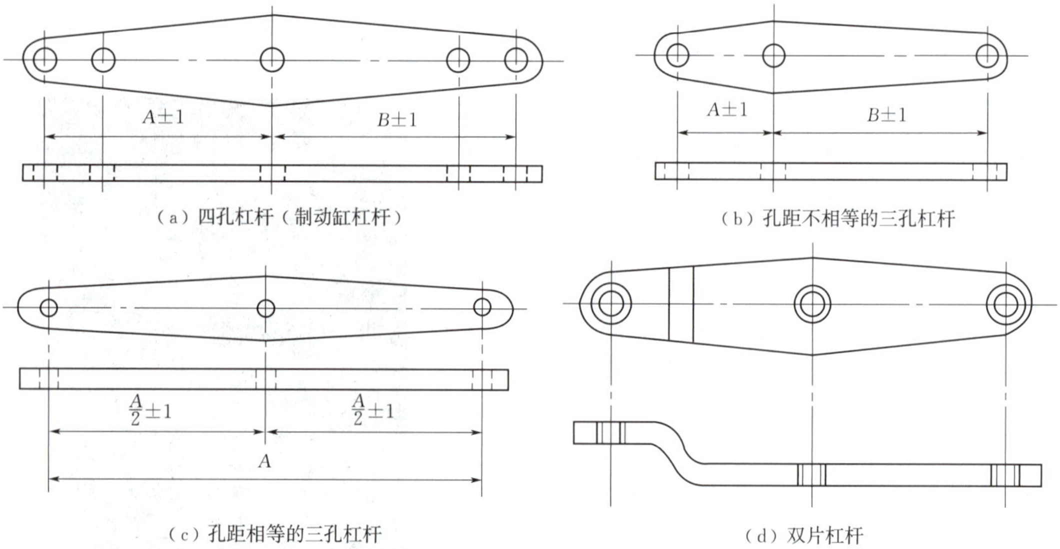

图 4-4　各型杠杆示意

(三)制 动 梁

1. 用途

用于在制动时承受各杠杆扩大后的负荷,将闸瓦压紧车轮产生制动作用。

2. 构造

客车用制动梁为槽钢制动梁,梁体用扁钢轧制或型钢焊接而成,并焊接上制动梁拉杆座,如图 4-5 所示。

图 4-5　客车槽钢制动梁实物

(四)闸瓦托与闸片托

1. 用途

用于安装闸瓦与闸片。

2. 构造

闸瓦托如图 4-6 所示,直接安装在制动梁端部，并用闸瓦托吊挂在转向架构架上。闸片托安装在杠杆端部，并用闸片托吊挂在转向架构架上。闸片托分左右对称件如图 4-7 所示，装上闸片后，用锁铁锁住，可防止闸片脱落。

图 4-6　闸瓦托实物

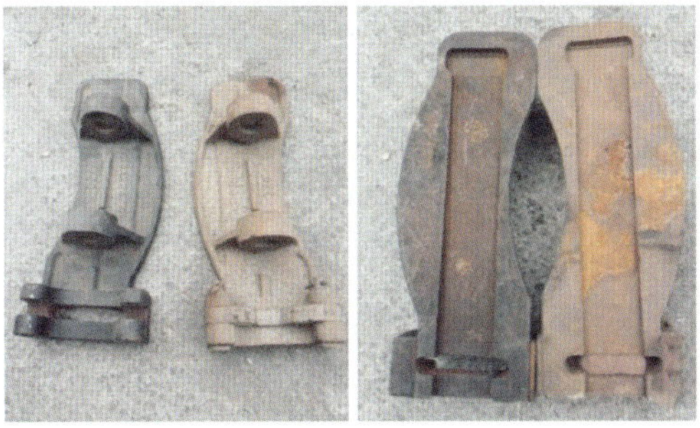

(a)　(b)

图 4-7　闸片托实物

(五)闸瓦与闸片

1. 用途

用于在制动时直接压紧车轮或制动盘，产生摩擦力。

2. 种类与构造

车辆使用的闸瓦可分为铸铁闸瓦和合成闸瓦两大类。铸铁闸瓦(图 4-8)又可分为中磷铸铁闸瓦和高磷铸铁闸瓦。在合成闸瓦中，按其基本成分，可分为合成树脂闸瓦和石棉橡胶闸瓦；按其摩擦因数高低，又可分为高摩擦因数合成闸瓦和低摩擦因数合成闸瓦。合成闸片(图 4-9)是以丁腈胶、钢纤维、硅灰棉、硫酸钡、高磷上和炭黑粉等有机合成闸片。

图 4-8　铸铁闸瓦实物

图 4-9　合成闸片实物

(六)制 动 盘

1. 用途

用于在制动时与闸片配合产生摩擦力。

2. 构造

制动盘分为组装式和整体式两种。

(1)组装式制动盘由两个半圆形对开轴装式制动盘及盘毂组成,如图 4-10 所示。两个半圆制动盘之间用螺栓连接。制动盘毂与车轴制动盘毂座采用过盈配合。制动盘与盘毂的连接,是通过 8 个径向弹性销套插在 8 个径向孔中,弹性销套有切口,用以保持其弹性。中间穿有螺栓及锥面垫圈,以保证销套在径向孔中的位置。弹性销套对制动盘具有重要意义,它既保证了 8 个弹性销套与 8 个径向孔壁都接触,使制动盘的切向力,由 8 个销套均匀承载。同时还可以保证制动盘受热膨胀时,能沿着 8 个径向分布的弹性销套自由地伸缩很小的位移量。这种不与盘毂固死连接的方式,能很好地解决制动盘的热应力问题,并且能提高制动盘在特种工作条件下的疲劳强度和工作可靠性。

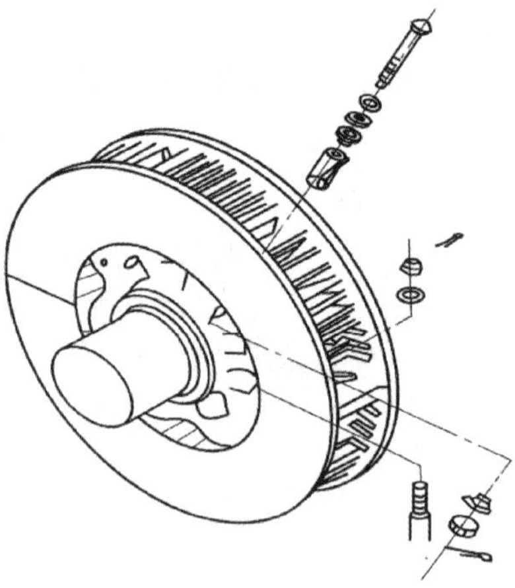

图 4-10　组装式制动盘示意

(2)整体式制动盘由一个特种铸铁盘和一个锻钢盘毂组成。盘与毂之间通过 10 个周向均匀分布的高强度螺栓配以防松螺母,按一定扭矩要求紧固。

(七)ST1-600 型双向闸瓦间隙自动调整器

1. 构造

ST1-600 型双向闸瓦间隙自动调整器(简称闸调器)由外体部分、引导部分、调整部分、压紧部分、主弹簧部分及拉杆和螺杆等组成,如图 4-11 所示。

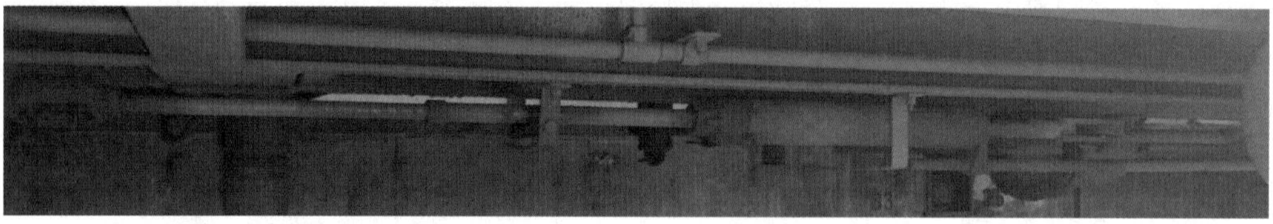

图 4-11　ST1-600 型闸调器实物

2. 调整制动缸活塞行程的原因

车辆经过长时间的运用,由于磨耗,其闸瓦间隙增大。若闸瓦间隙过大,则在制动时要使制动缸活塞行程变长,从而使制动缸压力降低,因制动力不足而延长制动距离,使列车的行车安全得不到保证。闸瓦磨耗到限时要更换新闸瓦,使闸瓦间隙减小,从而使制动活塞行程变短。若制动缸活塞行程过小,则在制动时就可能由于闸瓦压力过大而使闸瓦抱死车轮,车轮就会在钢轨上滑行而擦伤车轮踏面,同样也会延长制动距离。若同一列车中的各车辆制动缸活塞行程大小相差过大,则不但会使各车辆的制动力相差过大,而且会引起各车辆的制动与缓解时间的不一致,从而增大列车的纵向冲动。因此要对制动缸活塞行程规定一个范围,若超限则必须进行调整。

3. 闸调器的优点

(1)根据闸瓦与车轮踏面间隙的变化,使制动缸活塞行程自动地保持在规定的范围内,保证车辆具有足够的制动力。

(2)在同一列车中能使各车辆的制动缸活塞行程自动地保持一致,减小列车制动时的纵向冲动。

(3)取消了人工调整制动缸活塞行程，可减轻列检人员的体力劳动及缩短列车的技检作业时间。

(4)节省列车压缩空气的消耗。

4. 主要技术参数与结构特点

(1)闸调器主要技术参数见表4-1。

表4-1　闸调器主要技术参数

最大调整长度(螺杆工作长度)	螺杆一次最大伸长量	螺杆一次最大缩短量	螺杆螺距	螺杆导程	许用负荷	最大长度	最小长度	外体直径	本体部分质量
600 mm	30 mm	135 mm	7 mm	28 mm	78.4 kN	2 566 mm	1 966 mm	100 mm	33 kg

(2)结构特点

闸调器采用四头梯形非自锁螺纹、双向调整结构。

5. 安装位置与组成

客车用闸调器由本体部分和控制部分组成，如图4-12所示。本体部分作为一位均衡杠杆拉杆的一部分，其长度可根据需要自动伸缩；控制部分为推杆式。

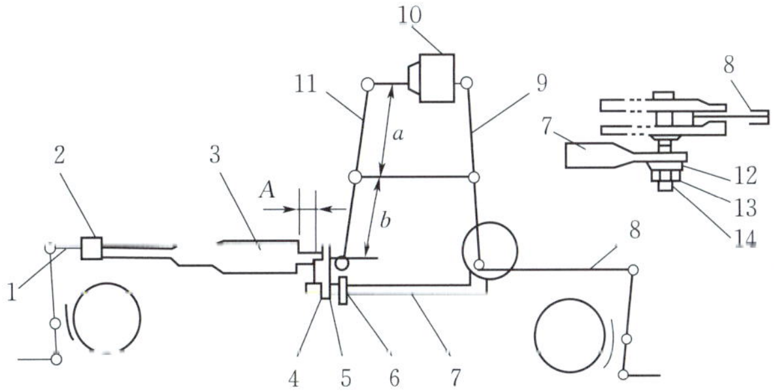

1—一位均衡杠杆拉杆；2—连接螺母；3—闸调器；4—控制杆头；5—弹簧垫圈；6—锁紧螺母；7—控制杆；8—二位均衡杠杆拉杆；9—制动缸后杠杆；10—制动缸；11—制动缸前杠杆；12—垫圈；13—螺母；14—开口销；A—控制距离。

图4-12　闸调器的结构示意

第二节　客车空气制动机

客车空气制动机是客车制动装置中制动力产生的装置，利用压缩空气的充气和排气来控制车辆缓解和制动作用。

一、种类与组成

目前，客车用空气制动机分为104型、104电空型、F8型及F8电空型等。

客车空气制动机主要由制动软管、折角塞门、制动主管、支管、远心集尘器和截断塞门组合体、分配阀、紧急制动阀、副风缸、压力风缸、制动缸等组成。快速客车还包括电空阀、单元制动缸、制动盘、电子防滑器、空重车调整阀、缓解风缸、制动缓解显示器等。

104型空气制动机的组成如图4-13所示。

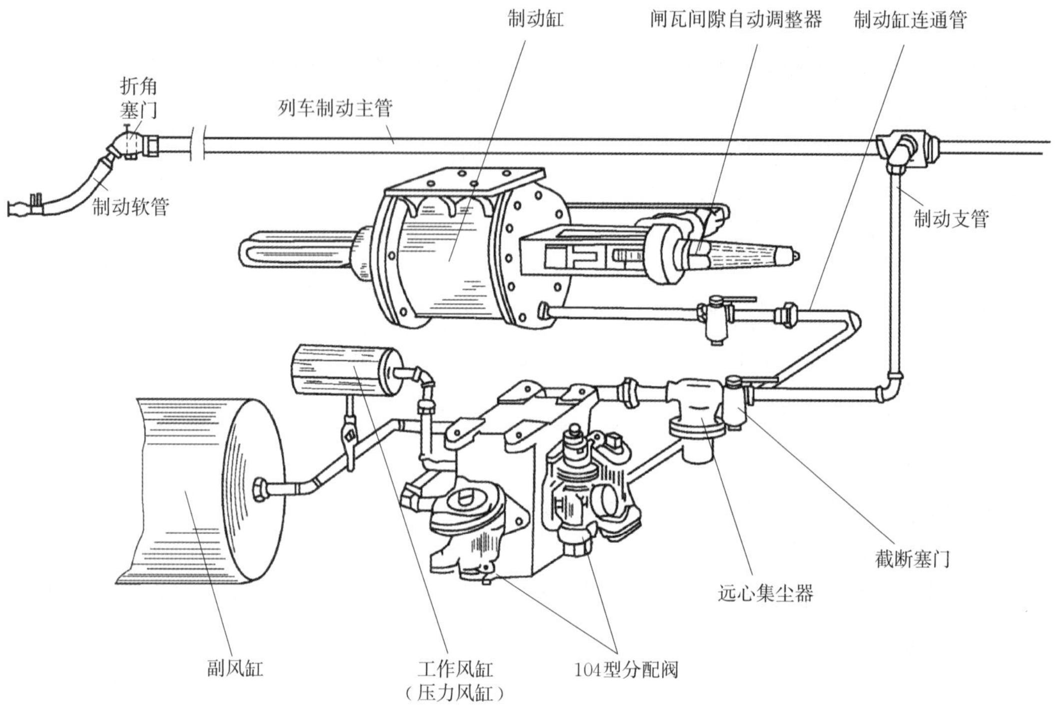

图 4-13　104 型空气制动机示意

二、主要组成部件

(一)制动软管和总风软管

1. 用途

制动软管和总风软管分别是连接相邻各车辆的制动主管或总风主管,并能在列车通过曲线或各车辆互相伸缩时,不妨碍压力空气的畅通的管路。

2. 构造

制动软管由软管、软管连接器与软管接头三部分组成,如图 4-14 所示。其中软管接头、软管连接器与软管采用压套紧固组合而成。总风软管由金属胶管、连接器体和两个接头套组合而成,如图 4-15 所示。

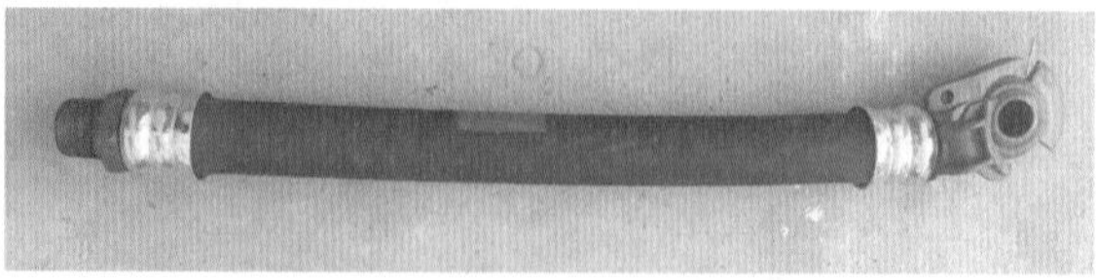

图 4-14　制动软管实物

图 4-15　总风软管实物

(二)制动管和总风管

1. 用途

用于贯通车辆压缩空气通路。

2. 构造

每一辆车都需装设此贯通全车辆的管路,在两车端连接处的设置位置是:制动管在上方,总风管在下方。客车制动主管用内径 25 mm 的钢管或不锈钢管制成。制动主管在车底架下的中央部分制成 S 状,使其伸延到车辆两端梁的右侧,稍露出端梁外部。由于使用中制动主管两端部分腐蚀较多,为了便于修换,15 号车钩两端各安装 250～300 mm 长的补助管;密接式车钩两端各安装 300～360 mm 长的补助管。制动主管用卡子和螺栓并加弹簧垫圈卡固在车底架上,以防因振动而磨伤。通往车辆制动机的是制动支管。

(三)塞　　门

1. 用途

用于开关空气的通路。

2. 种类与构造

根据安装位置和用途的不同,塞门可分为球芯式折角塞门(图 4-16)、球芯组合式截断塞门(图 4-17)、排水塞门(图 4-18)、客列尾球芯截断塞门(图 4-19)等。

图 4-16　球芯式折角塞门实物

图 4-17　球芯组合式截断塞门实物

图 4-18　排水塞门实物

图 4-19　客列尾球芯截断塞门实物

(四)远心集尘器

1. 用途

用于收集并排除由制动主管压缩空气中带来的砂土、水分、锈垢等不洁物质,以清洁的压缩空气送入分配阀,保证分配阀的正常作用。

2. 构造及安装

远心集尘器和截断塞门铸造为一体(图 4-17),安装在制动支管上截断塞门与分配阀之间,通常在距离分配阀 600 mm 以内。车辆上安装时,须注意外体上部凸起部位(侧面铸有压力空气进入方向的箭头)一端,为分配阀侧,不得装反。

(五)风　　缸

1. 副风缸

(1)用途

用于在车辆上储存压缩空气。在制动时,借助分配阀的作用将其压缩空气送入制动缸,发挥制动作用。

(2)构造

副风缸结构如图 4-20 所示。其用钢板焊制成圆筒形,两端都焊以凸状或半凸状的端板,采用钢管连接和分配阀相通。副风缸体的下方设有一个直径 13 mm 的小螺丝孔,以便安装排水塞门,能及时排出缸内的污物和凝结水,也可代替缓解阀的作用。

2. 工作风缸

工作风缸结构如图 4-21 所示。其用钢板焊制成,端部设安装连管的管接头,中部有安装排水塞门的管接头。其容积为 11 L。

图 4-20　副风缸实物

图 4-21　工作风缸实物

(六)制 动 缸

1. 用途

用于通过分配阀的作用,接受副风缸送来的压缩空气,把空气压力变为杠杆推力。

2. 构造

目前,客车用制动缸主要有旋压密封式和普通铸铁式两种。旋压密封式制动缸结构如图 4-22 所示。

图 4-22　旋压密封式制动缸实物

制动缸主要由制动缸体、制动缸盖、活塞、活塞杆及缓解弹簧等组成。

普通铸铁制动缸后盖进风口处的缸壁的顶端设有漏风沟，用于当制动管有轻微漏泄或制动阀有故障时可避免产生自然制动。

3. 作用过程

制动时，副风缸通过制动机送入制动缸的压缩空气，进入制动缸后盖及活塞之间，推动活塞，发生制动作用。缓解时，制动缸压缩空气由分配阀排气口排向大气后，活塞借缓解弹簧的弹力推回原位，发生缓解作用。

（七）单元制动缸

单元制动缸也称制动单元，与传统制动缸的主要区别是采用了小行程的橡胶膜板式或皮碗活塞式，同时把闸片间隙调整器装于制动缸内，使其结构更小巧紧凑。目前，我国客车上使用的单元制动缸有膜板式和皮碗活塞式两种。膜板式单元制动缸为 SP 系列；皮碗活塞式单元制动缸有 SYSZ（PDZ）系列和 STG 系列。这里重点介绍 SP13 型单元制动缸。

1. 用途

（1）安装于有盘形制动的车辆上，起到制动、缓解和保压的作用。

（2）能够自动地调节闸片与制动盘之间缓解时的间隙，使其保持在正常范围。

2. 构造

SP13 型单元制动缸由制动缸和间隙调整器两部分组成，如图 4-23 所示。

（八）紧急制动阀

1. 用途

在列车运行途中，遇有紧急情况，需要立即停车时，可由行车工作人员在客车内拉动紧急制动阀，使列车停车。

2. 构造

客车紧急制动阀安装在客车车厢内的支管上，由阀座、阀体、手把、偏心轴、阀（带杆）等组成，如图 4-24 所示。

图 4-23　SP13 型单元制动缸实物

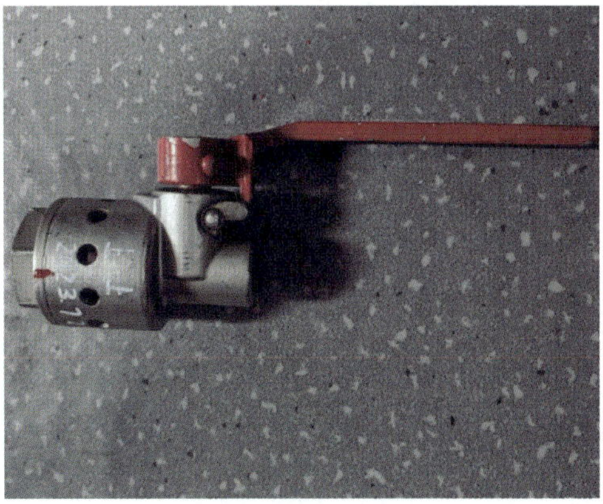

图 4-24　紧急制动阀实物

(九)空气压力表

1. 用途

用于显示制动管内的风压。

2. 安装与构造

空气压力表(又称风表)安装在客车内,一般都和紧急制动阀连接在一起,如图 4-25 所示。压力表与支管间装有一个小塞门(又称压力表塞门),以便修换压力表时可切断空气通路。压力表内部为一条圆弧形的扁铜管,一端和制动支管连接,另一端扁管尖端连接连杆、杠杆和扇形齿轮。表中央部分安装一个小齿轮,和扇形齿轮吻合。小齿轮中央有固定轴,轴上安装压力表指针,指针和小齿轮间设有一块带有刻度和字码的表盘。

(十)制动缓解显示器

装用盘形制动的客车,在其空气制动机制动时,因其单元制动缸活塞杆最大伸出量(行程)仅 15 mm 左右,加之单元制动缸的位置也不便于检查,为此一般在客车的底架的侧梁中央部分两侧附近下方,各安设有制动缓解指示器。

制动缓解指示器由安装座、护罩、下体、护罩玻璃、膜板、弹簧、标志座等组成,如图 4-26 所示。

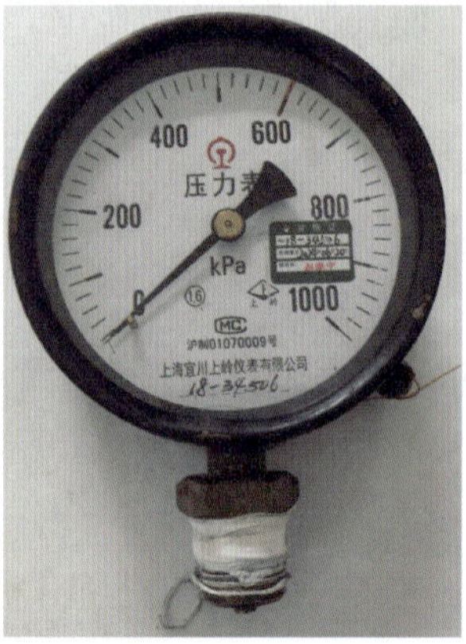

图 4-25　空气压力表实物

图 4-26　制动缓解指示器实物

(十一)双侧排风缓解阀

1. 用途

用于缓解已制动的车辆。

2. 构造

双侧排风缓解阀其构造如图 4-27 所示,分别将分配阀和制动缸内的压缩空气排大气。若列车中存在提起未复位的缓解阀,在制动保压过程中能够发现列车管压力的持续下降,便于及时采取措施,确保行车安全。

(十二)分 配 阀

分配阀是空气制动机最主要的部件之一。制动管的压缩空气充入副风缸,副风缸的压缩空气送进制动缸,制动缸的压缩空气排至大气,都要经过它并依靠它的动作来实现。客车常用的分配阀分为 104 型(104E、104F)和 F8 型两种。

1. 104 型分配阀

(1)104 型分配阀的构造

104 型分配阀由中间体、主阀和紧急阀三部分组成，如图 4-28 所示。

图 4-27 双侧排风缓解阀实物

图 4-28 104 型分配阀实物

①中间体

a. 用途

用于安装其他零件和把分配阀装于车体底架。

b. 构造

中间体作为分配阀的主要部件之一，采用铸铁制成长方体结构，如图 4-29 所示。中间体内有三个空腔，靠紧急阀安装座侧的上角部为容积 1.5 L 的紧急室 J，下角部为容积 0.6 L 的局减室 ju，另一个是占中间体很大容积 3.8 L 的容积室 R。

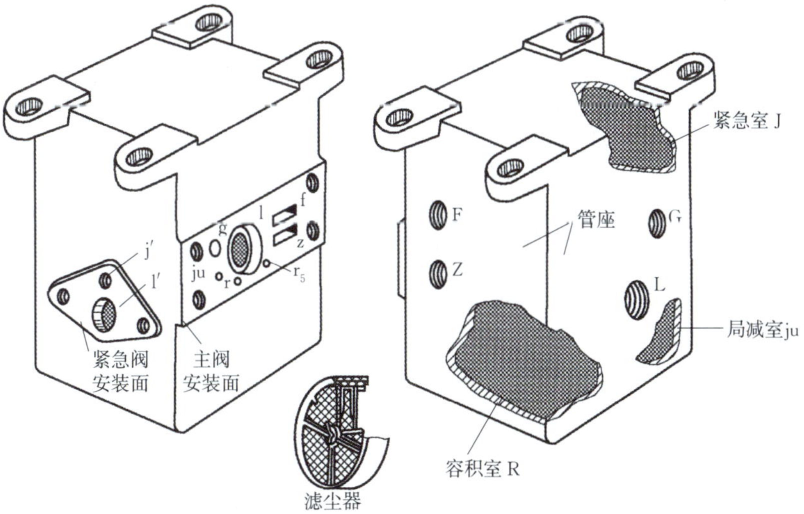

图 4-29 中间体示意

②主阀

a. 用途

用于根据制动管的压力变化来控制制动机的充气、缓解、制动、保压等作用。

b. 构造

主阀由充气部、作用部、均衡部、局减阀和增压阀等五部分组成，如图 4-30 所示。

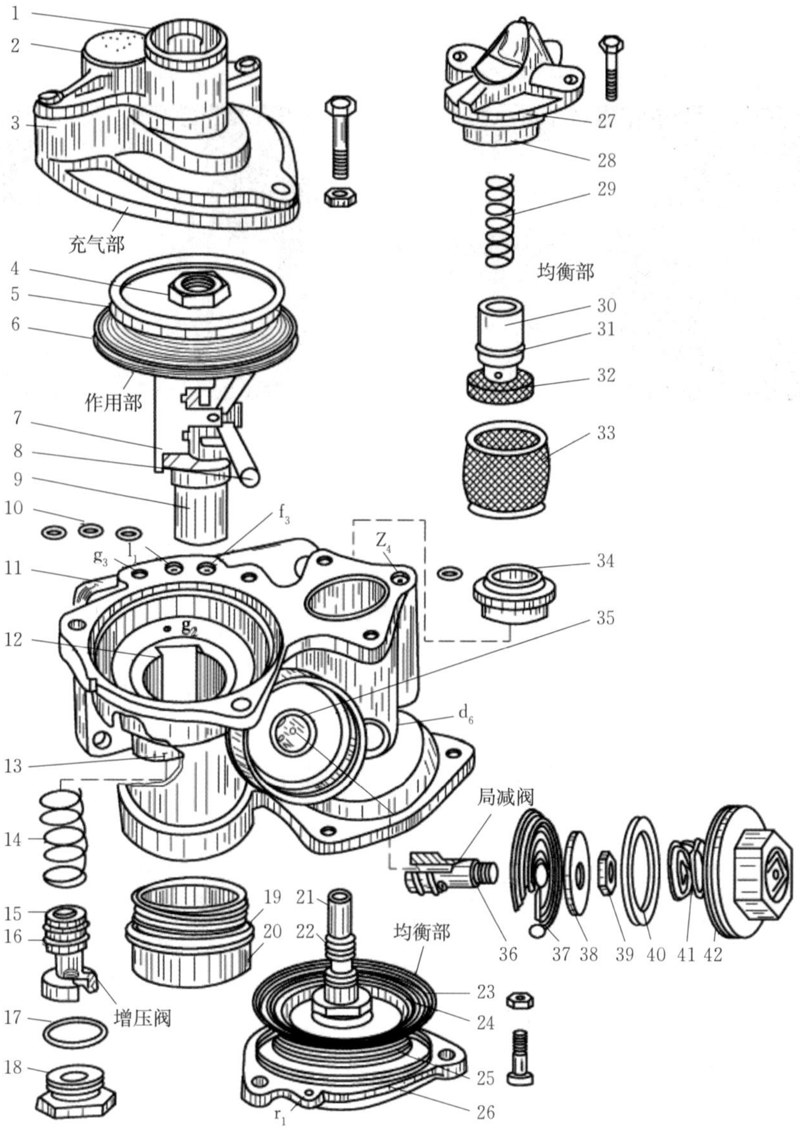

1—止回阀盖；2—充气阀体；3—主阀上盖；4—主活塞压板螺母；5—主活塞压板；6—主活塞模板；7—滑阀；8—滑阀弹簧；9—主活塞杆；10、16、17、19、22、31—O形密封圈；11—主阀体；12—滑阀套；13—增压阀套；14—增压阀弹簧；15—增压阀；18—增压阀盖；20—主阀下盖；21—均衡活塞杆；23—均衡膜板；24—均衡活塞；25—均衡活塞压板；26—均衡部下盖；27—均衡部上盖；28—均衡阀套；29—弹簧；30—均衡阀弹簧杆；32—均衡阀；33—滤尘套；34—均衡阀座；35—局减阀套；36—局减阀；37—局减膜板；38—局减活塞；39—螺母；40—压圈；41—局减阀弹簧；42—局减阀盖；g_2、g_3—通工作风缸；l_1—通制动主管（制动主管）；f_3—通副风缸；d_6—均衡部排气口；r_1—通容积室；Z_4—通制动缸。

图4-30　104型分配阀主阀示意

③紧急阀

a. 用途

用于在紧急制动时加快制动管的排风，使紧急制动作用可靠，提高紧急制动灵敏度和紧急制动波速。

b. 构造

紧急阀由上部的紧急活塞、安定弹簧、下部的放风阀部以及紧急阀盖和密封圈等组成，如图 4-31 所示。

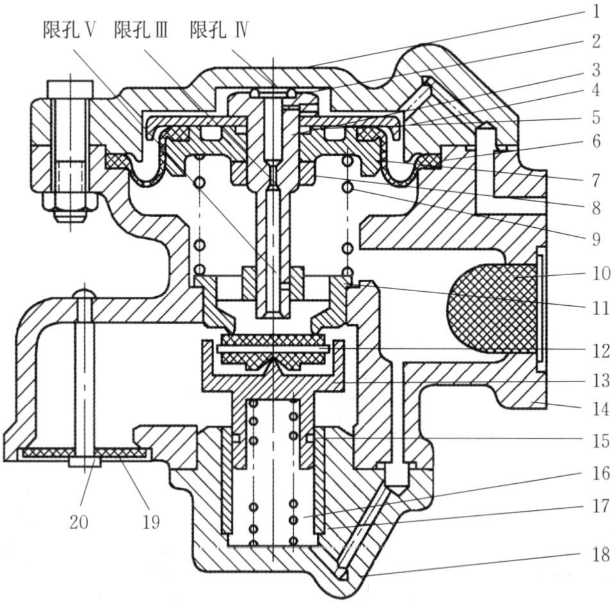

1—紧急阀上盖；2—16 密封圈；3—紧急活塞杆；4—紧急活塞；5、15—O 形密封圈；6—紧急活塞膜板；7—紧急活塞压板；8—压板螺母；9—安定弹簧；10—滤尘网；11—放风阀座；12—放风阀；13—放风阀导向杆；14—紧急阀体；16—放风阀弹簧；17—放风阀套；18—紧急阀下盖；19—排气保护罩垫；20—排气垫铆钉；限孔Ⅲ—ϕ1.6 mm 限孔；限孔Ⅳ—ϕ0.5 mm 限孔；限孔Ⅴ—ϕ1.2 mm 限孔。

图 4-31 紧急阀示意

(2)104 型分配阀的作用

104 型分配阀具有充气缓解位、常用制动位、制动保压位和紧急制动位等四个作用位置。

①充气缓解位

列车编组完毕并挂上机车后，机车开始向列车的制动管进行充气。此时，车辆制动机的压力风缸、副风缸、紧急室中都无压缩空气，制动管向这三方面充气，同时制动缸向大气排气，达到缓解的作用。

②常用制动位

列车制动管施以常用制动减压，使主活塞先带动节制阀、后带动滑阀向上移动到制动位置，向制动缸充风，产生制动作用。

③制动保压位

在施行常用制动后，当压力表(风表)显示出制动管达到所要求的减压量时，将自动制动阀或单车试验器手把移到保压位置，停止制动管减压，这时分配阀就处在保压位置。

④紧急制动位

列车制动管施以紧急制动减压，104 型分配阀即相应地发生紧急制动作用，使制动波速加快，在极短的时间内，使全列车发生最大的制动力，以缩短制动距离。

2. F8 型分配阀

(1)F8 型分配阀的构造

F8 型分配阀现有旧型(铸铁)和新型(铝合金)两种,这里主要介绍新型 F8 型(铝合金)分配阀。F8 型(铝合金)分配阀由中间体、主阀、辅助阀等三部分组成,如图 4-32 所示。

①中间体

a. 用途

用于安装其他零件和把分配阀装于车体底架。

b. 构造

中间体用铝合金制成长方体结构,如图 4-33 所示。其有两个气室,一个 0.8 L 的局减室,一个 3 L 的辅助室,内装有滤尘器,主阀安装面选装制动缸限制堵。

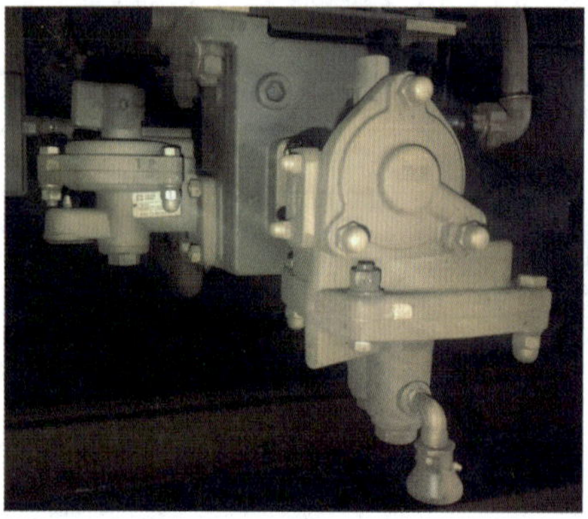

图 4-32 F8 型(铝合金)分配阀实物

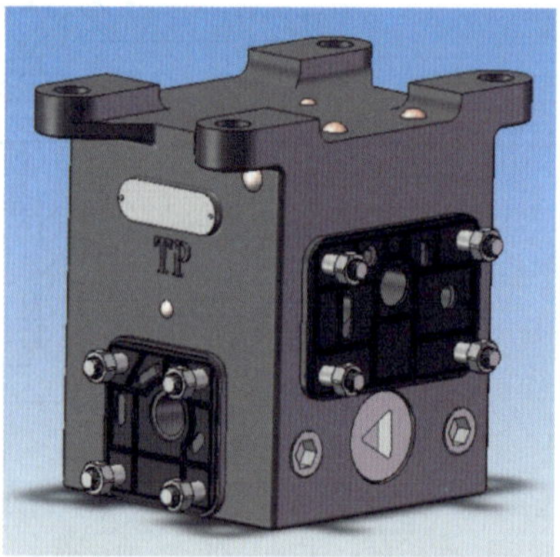

图 4-33 F8 型(铝合金)分配阀中间体示意

②主阀

a. 用途

用于根据制动管的压力变化来控制制动机的充气、缓解、制动、保压等作用。

b. 构造

主阀由主阀体、充气阀、限压阀、平衡阀、副风缸充气止回阀、局减阀、缓解阀、转换盖板、工作风缸限制堵等组成。

③辅助阀

a. 用途

用于根据制动管和辅助室的压力差使辅助活塞上下移动,在充气时压力风缸向辅助室充气。在常用制动时,辅助室的压缩空气从常用排风堵排气。在紧急制动时,打开放风阀使制动管排气及辅助室的压缩空气从常用和紧急排风堵排气。

b. 构造

辅助阀由辅助阀体、辅助阀上盖、辅助阀活塞、辅助阀套、放风阀、常用排风堵、紧急排风堵、滤尘网以及各种 O 形密封圈、胶垫等组成。

(2)F8 型分配阀的作用

F8 型分配阀有充气缓解位、常用制动位、制动保压位、阶段缓解保压位、紧急制动位、局部减压位等六个作用位置。

①充气缓解位

列车编组完毕并挂上机车后，机车通过列车的制动管向压力风缸、副风缸、辅助室中充气，同时制动缸和局减室向大气排气，达到缓解的作用。

②常用制动位

制动管施以常用制动减压，使活塞移动制动缸充气，产生制动作用。

③制动保压位

在常用制动过程中，制动管停止减压后，副风缸停止向制动缸供气。如果制动缸发生漏泄或持续制动使制动缸活塞行程伸长时，通过“自动补风作用”，可以在制动保压过程中使制动缸的空气压力维持不变，实现车辆的制动力不衰减。

④阶段缓解保压位

当转换盖板置于阶段缓解位置(即箭头向下)时，在充气缓解时制动管停止增压，制动缸压力也相应地停止向大气排气，实现制动机的阶段性缓解动作。

⑤紧急制动位

紧急制动时，主阀的动作与常用制动时相同，只是由于制动管的减压速度比常用制动时快，主阀的动作更迅速。

⑥局部减压位

制动管部分压力空气向局减室充气，部分压力空气经充气阀向大气排气，起到一定的制动作用。

(十三)电子防滑器

电子防滑器是制动系统中的重要组成部分，主要用于装有盘形制动装置的客车，防止制动过程中车轮与钢轨之间发生相对滑动，从而避免车轮踏面损伤。目前，我国客车使用的电子防滑器主要有 TFX1 型、SAB 型和 KNORR 型等三种。本部分以 TFX1 型为例来介绍电子防滑器的主要功能和组成。

1. 主要功能

(1)制动时能有效地防止轮对因滑行而造成的踏面擦伤。

(2)制动时能根据轮轨间黏着的变化调节制动力，以充分利用轮轨间的黏着，得到较短的制动距离。

2. 组成

TFX1 型电子防滑器主要由速度传感器、防滑器主机、防滑器充排电磁阀和压力开关及连接、电源等部分组成，如图 4-34 所示。

(1)速度传感器

速度传感器是一个速度脉冲信号发生器，由传感器及感应齿轮所组成。感应齿轮安装于车轴端部，传感器安装轴箱盖上，其端部与齿轮顶部保持(1±0.2)mm 的间隙。当齿轮旋转时，齿顶齿谷交替通过传感器，切割磁力线，即在传感器输出线圈上感应出相应的脉冲信号。

(2)防滑器主机

主机作为防滑器的控制中心，接收四路速度传感器的脉冲信号，通过对该信号的调理、计算、比较，作出各种决策，控制各防滑器电磁阀发生相应的动作，使相应的制动缸排气或充气，正常状态下代码显示“88”。

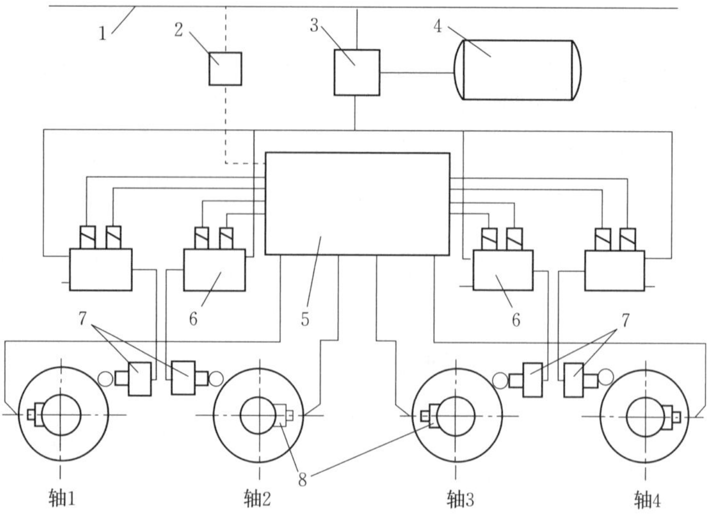

1—制动主管；2—压力继电器；3—空气分配阀；4—副风缸；5—防滑器主机；
6—防滑排风阀；7—制动缸；8—速度传感器。

图 4-34 TFX1 型电子防滑器组成示意

防滑器主机安装于车辆上部电气综合控制柜内(部分在乘务员室内)，其电源由车辆蓄电池 DC 48 V 提供，设有极性保护，瞬态干扰滤波网络及自动通断环节。在 34～62 V 电压变化范围内，系统能稳定可靠地工作。

主机面板如图 4-35 所示，上设三个功能按钮，即“诊断”、“显示”和“清除”；一个电源灯，一个两位 LED 显示器。

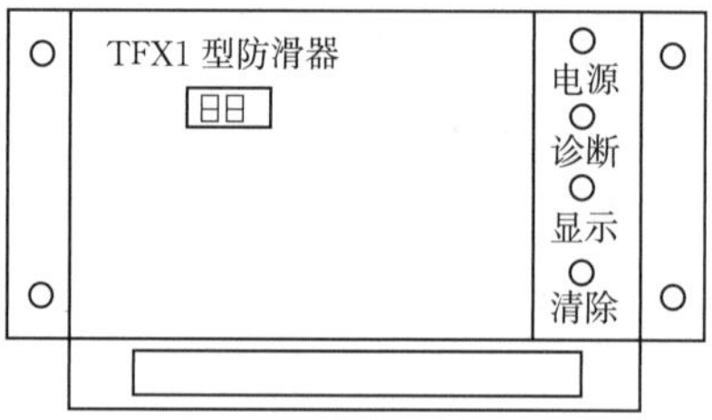

图 4-35 TFX1 型防滑器主机面板示意

(3)防滑器充排电磁阀

防滑器充排电磁阀是防滑器的执行机构。防滑器充排电磁阀采用双电磁铁间接作用的结构原理，安装于空气分配阀与制动缸的连接管上，根据主机的指令，控制相应的制动缸的排气和再充气。

(4)压力开关

压力开关装在车内的制动支管上，能根据制动主管压力的大小，自动关闭和接通 TFX1 型防滑器的电源，以达到节能的目的。当制动主管压力大于 200 kPa 时，压力开关使防滑器电源接通；当制动主管压力小于 160 kPa 时，经(30±2)min 后电源自动关闭。

第三节 客车电空制动机

客车电空制动机是在空气制动机的基础上加装电磁阀，来提高列车制动波速，缩短制动距离，适应快速客车的制动要求，主要用于 25T 型客车。

一、客车电空制动机组成

目前，我国快速客车上采用的是 104 型电空制动机和 F8 型电空制动机。

104 型电空制动机的双管供风制动系统如图 4-36 所示。

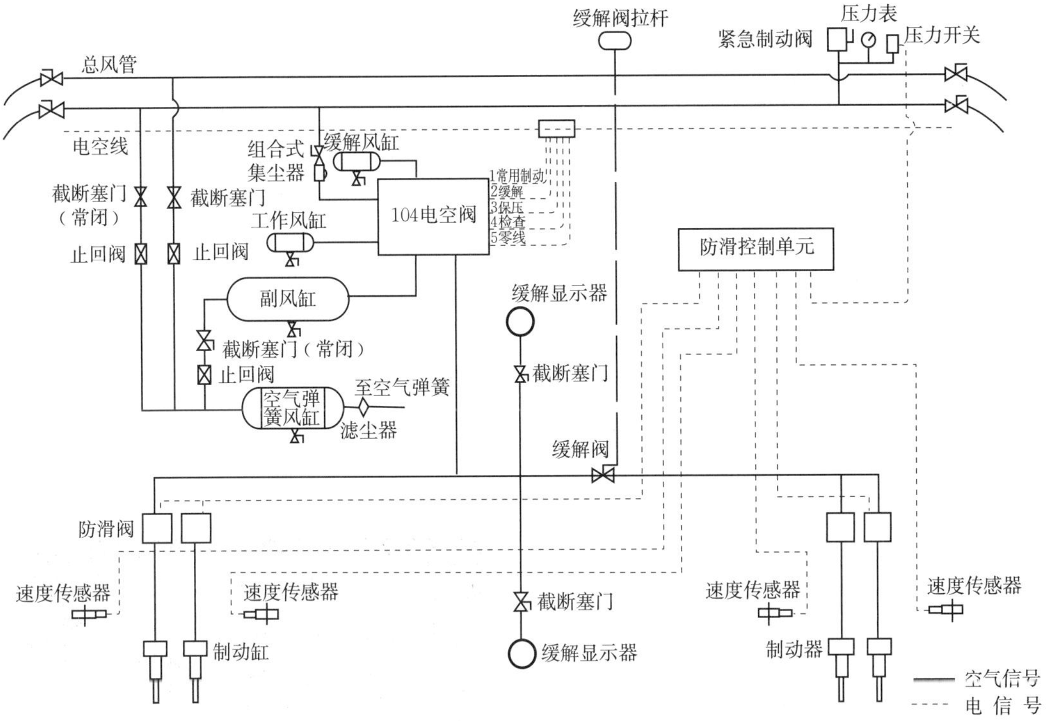

图 4-36　104 型电空制动机的双管供风制动系统示意

F8 电空制动机的双管供风制动系统如图 4-37 所示。

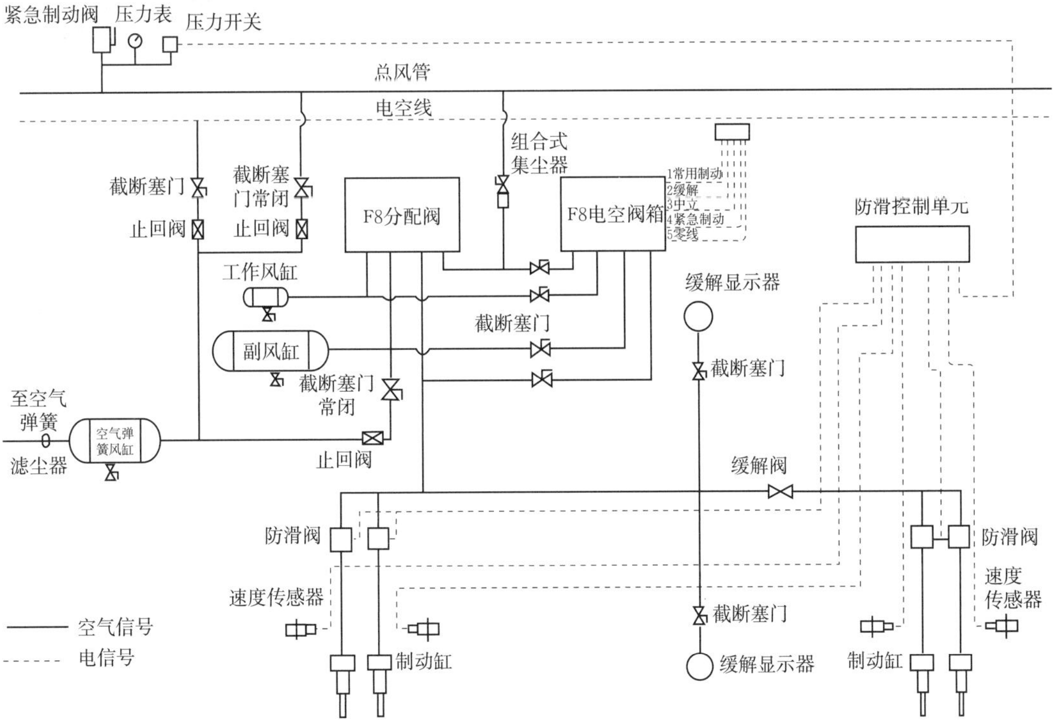

图 4-37　F8 型电空制动机的双管供风制动系统示意

二、客车电空制动机作用

电空制动机是以压缩空气为动力来源，采用电器来操纵控制的，也就是在空气制动机的基础上，加装电器控制元件而构成的。由于电波的波速接近光速，通过电气连线与机车自动制动阀实行联控，可使全列车实现同时制动或缓解，从而减小列车在制动或缓解时的纵向冲动，缩短制动距离。

(一)104 型电空制动机

1. 性能特点

(1)在制动时可使列车中各车辆同时产生制动作用。

(2)可提高缓解波速。

(3)可实现阶段缓解作用。

2. 构造

104 型电空制动机是在 104 型空气制动机的基础上设计而成的，如图 4-38 所示。其在 104 型空气制动机的基础上增加了电磁阀安装座、制动电磁阀、缓解电磁阀、保压电磁阀、缓解风缸充气止回阀、保压管、缓解风缸、五芯电缆及电缆连接器等零部件。

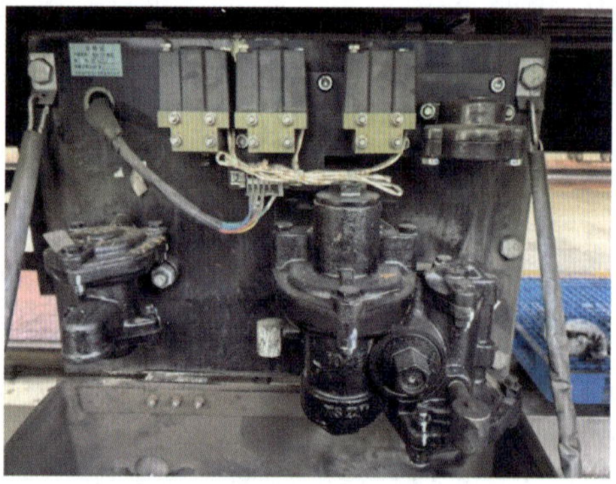

图 4-38　104 型电空阀箱实物

(1)电磁阀安装座

电磁阀安装座用于安装其他零件及作为空气的通道。

(2)制动电磁阀

制动电磁阀装在制动管与大气的通路上，平时制动电磁阀失电关闭，遮断制动管与大气的通路。在制动时，制动电磁阀得电打开，开通制动管与大气的通路，使制动管排气而产生制动作用。

(3)缓解电磁阀

缓解电磁阀装于缓解风缸与制动管的通路上，平时缓解电磁阀失电关闭，遮断缓解风缸与制动管的通路。在制动后的充气缓解位时，缓解电磁阀得电打开，开通缓解风缸与制动管的通路，使缓解风缸内的压缩空气流向制动管，可提高制动机的缓解灵敏度与波速。

(4)保压电磁阀

保压电磁阀装于 104 主阀作用部排气孔(即容积室排气孔)与大气之间的通路上，平时保压电磁阀失电打开。开通主阀作用部排气孔与大气的通路。在制动后的保压位时，保压电磁阀得电关闭，遮断主阀作用部排气孔到大气的通路，可防止因制动管压力波动及分配阀的故障而引起自然缓解；在缓解位时保压电磁阀间断得失电，可使容积室内的压缩空气分几次排向大气而使制动机实现阶段缓解作用。

(5)缓解风缸充气止回阀

缓解风缸充气止回阀可防止缓解风缸内的压缩空气向副风缸回流。

(6)五芯电缆

五芯电缆由制动线、缓解线、保压线、检查线、负线所组成。

3. 作用

104 型电空制动机作用与 104 型空气制动机作用的主要不同是三个电磁阀的作用。104 型电空制动机电空部分有初充风和充气缓解位、常用制动位、保压位、阶段缓解位、紧急制动位等五个作用位置。各作用位置时电磁阀的得失电见表 4-2。

表 4-2　电磁阀得失电

电磁阀	运转位	充气缓解位	常用制动位	保压位	阶段缓解位			紧急制动位
制动	失电	失电	得电	失电	失电			得电
保压	失电	失电	失电	得电	失电	得电	失电	失电
缓解	失电	得电	失电	失电	得电	失电	得电	失电

(二)F8 型电空制动机

1. 构造

F8 型电空制动机在 F8 型空气制动机的基础上增设了电空阀箱和截断塞门。电空阀箱内有常用制动电空阀、缓解电空阀、紧急电空阀、放大阀、紧急限压阀、过渡板及连接电路。F8 型电空制动机的电空制动采用五线制，即常用制动线、缓解线、保压线(备用)、紧急制动线和零线。F8 型电空制动机电空阀箱如图 4-39 所示。

图 4-39　F8 型电空制动机电空阀箱实物

2. 作用

F8 型电空制动机电空部分有初充风和充气缓解位、常用制动位、保压位、紧急制动位等四个作用位置。

(1)初充风和充气缓解位

①缓解电磁阀励磁。

②初充风：制动管→缓解电磁阀→限制堵 A→工作风缸。

③充气缓解：与初充风相反，降低工作风缸压力，加速缓解。

④制动管→放大阀套下排孔→放大阀杆沟槽处。

⑤副风缸→限制堵 C→放大阀口周围以及紧急制动电磁阀下方。

(2)常用制动位

①常用制动电磁阀励磁。

②制动管→常用制动电磁阀→限制堵 B→排大气。

③制动缸→紧急限压阀阀口→放大阀下体腔内(止回阀上部)。

(3)保压位

①三个电磁阀均不励磁。

②制动管、工作风缸、副风缸、制动缸压力不变，相互间通路被切断。

③若此时缓解电磁阀间歇励磁,可获得阶段缓解效果。

④若此时常用制动电磁阀间歇励磁,可获得阶段制动效果。

(4)紧急制动位

①常用和紧急电磁阀同时励磁。

②制动管→常用制动电磁阀→限制堵 B→大气。

③副风缸→紧急电磁阀→放大阀杆上部气室→放大阀杆下移,完成如下动作:

a. 连通制动管与大气的通路。

b. 制动管→放大阀杆和阀套之间的间隙→大气(不受限制堵限制)。

c. 开放副风缸到制动缸的通路:放大阀杆下移→打开止回阀。

d. 副风缸→限制堵 C→放大阀止回阀→限压阀止回阀→制动缸(第二通路)。

e. 制动缸→限压阀杆和阀套之间的间隙→限压阀。

f. 当达到限压阀弹簧力时,限压阀同下方止回阀上移。

g. 关闭止回阀,切断副风缸与制动缸之间的联络通路,停止从该通路向制动缸增压。

h. 可通过调整限压阀螺钉,调整制动缸限压值的大小。

三、空重车调整阀

目前,我国客车使用的空重车调整阀主要是 U5A 型空重车自动调整阀。

(一)用　途

用于在制动时能根据车辆载重自动、无级地调整制动缸的空气压力,明显缩小车辆不同载重下的制动率变化,从而有效地改善车辆的制动性能。

(二)结　构

U5A 型空重车自动调整阀的阀体为铸铝合金材质,用 4 个 M12 螺栓紧固在安装阀座上。安装阀座与阀体之间有带滤尘网的橡胶垫。

(三)组　成

U5A 型空重车自动调整阀由测重部、杠杆部、压力作用部和空气压力调整部等四部分组成,如图 4-40 所示。

图 4-40　U5A 型空重车自动调整阀实物

(四)安装位置

U5A 型空重车调整阀装于车底,用管路分别与两个空气弹簧(取同侧)、分配阀制动缸接口(或先导风缸)、副风缸、单元制动缸相连接。

第四节　人力制动机

人力制动机是客车制动装置中的一种备用制动系统,制动力相对较小,只适用于列车低速或紧急情况(如空气制动机和基础制动装置失效)下的制动。目前人力制动机有蜗轮蜗杆式人力制动机和伞齿丝杠式人力制动机两种。

一、蜗轮蜗杆式人力制动机

1. 用途

蜗轮蜗杆式人力制动机采用人力转动手轮或手把，用以代替空气制动机的作用，带动基础制动装置，使闸瓦（片）压紧车轮（制动盘）产生制动作用。

2. 安装与构造

蜗轮蜗杆式人力制动机整体构造与安装如图 4-41 所示。

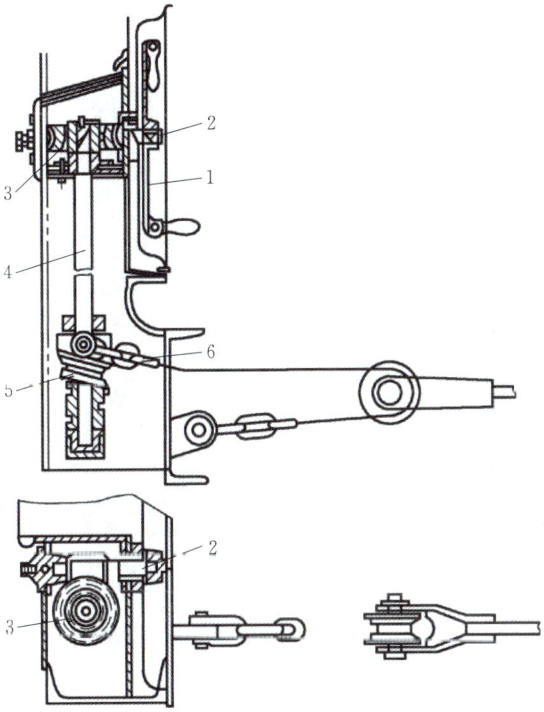

1—摇把；2—蜗杆；3—蜗轮；
4—主轴；5—锥形链轮；6—制动链。

（a）示意

（b）实物

图 4-41　蜗轮蜗杆式人力制动机

为了提高人力制动机防反转功能，特对制动链进行了改造，如图 4-42 所示。

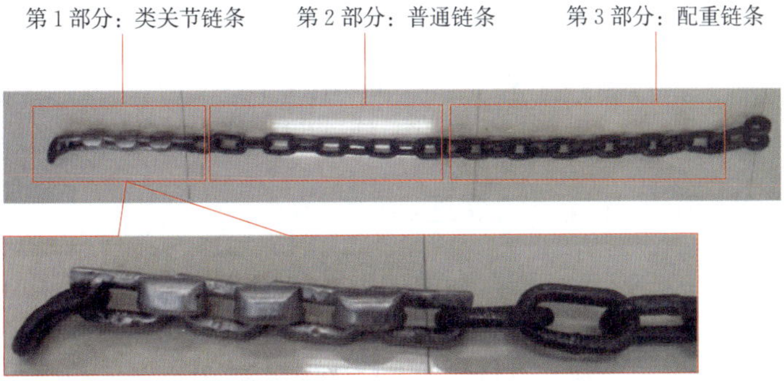

图 4-42　制动链条改造

3. 作用过程

转动摇把即带动蜗轮、主轴、锥形链轮转动，把链条卷绕在锥形链轮上，拉动人力制动拉杆，带动基础制动装置发生制动作用。停止转动摇把时，依据蜗杆的自锁作用，使人力制动机保持制动而不会自动缓解。反向转动摇把时，锥形链轮也反向转动，使链条松开，并借转向架缓解弹簧的作用，使基础制动装置缓解。

二、伞齿丝杠式人力制动装置

部分装有盘形制动装置的客车和动集动车组拖车安装了伞齿丝杠式人力制动装置，如图 4-43 所示。

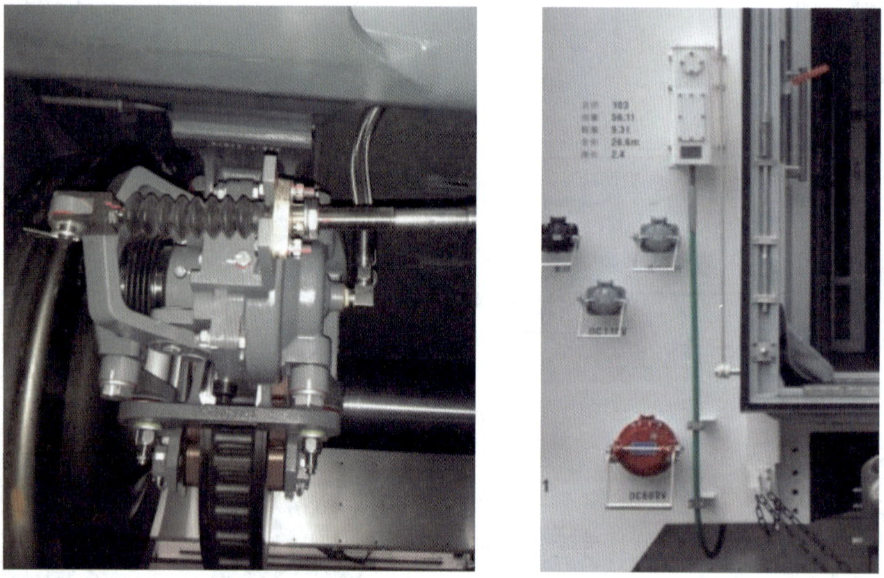

(a)　　　　(b)

图 4-43　伞齿丝杠式人力制动装置实物

人力制动装置通过柔性钢缆连接到转向架的人力制动夹钳。人力制动装置是放大制动力并进行操纵和控制的部分；柔性钢缆基于滚珠轴承的原理设计，可对伞齿丝杠式人力制动装置放大的制动力，在拉伸和压缩两个方向进行平稳、同步、同比例地传输；人力制动夹钳对柔性钢缆传输来的力进行放大并施加在制动盘上，是人力制动的最终执行机构。

第五节　故障排查处理

一、列车制动管系漏泄故障的处理

1. 确认

(1)机车自动制动阀放在运转位后，向列车管充风达到定压后，将手把移至保压位。若列车尾部风表压力下降达每分钟 20 kPa 以上时，为漏风现象，低于 20 kPa 者为正常现象。

(2)确认为漏风时，应要求司机充风，达到定压后，关闭机后第一辆车前端折角塞门。若尾部风表漏风量超过每分钟 20 kPa 为车辆漏风，否则为机车漏风。

2. 查找

(1)车辆列车管系漏风时，应详细检查制动管系、软管连接处，并应检查 104 阀或 F8 阀排风口，安装座胶垫、各风缸、缓解阀等处是否漏风。

(2)由于车辆制动漏泄故障的复杂性和具有隐蔽性等特点，以及工作环境等因素的影响，在通过逐辆查找没有发现故障车辆或处所时，就必须采用分段方法进行查找。

(3)为了便于确定位置，两名作业者分别在车下从列车首尾向中部查找，确认车下是否有漏泄声音(双管供风列车需排除生活供风装置用风声音)。到达中部后一人车上、一人车下，关闭某辆车折角塞门将列车分段，查看分段后列车前后部风管风压下降量，逐步缩小范围，最后确认漏风车辆、漏风位置。

(4)一号检车员比照上面步骤，按 1/2、1/4 分段查找的方法，指挥故障查找(一号检车员负责关闭和恢复折角塞门及安装开口销，二号检车员负责查看车辆制动管风表指示并向车辆乘务员通报故障信息，要求客运人员配合车门的开、关)，逐步缩小故障车辆查找范围，并最终发现故障车辆。

(5)一号检车员根据故障情况以及客车运用要求(在运行途中如遇自动制动机临时故障，在停车时间内不能修复时，准许关闭一辆，但列车最后一辆不得为关门车)。

(6)按照应急预案进行应急处置，120 km/h 速度等级及编组小于 8 辆的 140 km/h、160 km/h 速度等级列车按照规定正确计算列车换算闸瓦压力，填发限速证明书，根据闸瓦压力计算数据和该列车运行区段向司机提出限速要求。

3. 处理方法及注意事项

(1)确认漏风处所后，应立即彻底处理，该更换的一定要更换，以防途中抱闸。

(2)符合关门条件的，可以关门排风运行。

(3)经处理后，要检查确认符合标准，关闭的折角塞门要打开。

(4)要进行制动机全部试验。

二、列车常用制动起紧急制动故障的处理

1. 确认

(1)旅客列车运行途中在无客列检作业试风时，常用制动过程中发生紧急制动，机车自动制动阀放在运转位后，向列车管充风达到定压(600 kPa)后，将手把移于常用制动位减压 170 kPa，若列车发生紧急制动为起非常现象。

(2)确认为起非常时，应要求司机充风，达到定压后，关闭机后第一辆车前端折角塞门，减压 170 kPa。若列车发生紧急制动，为机车故障，否则为车辆故障。

(3)一号检车员检查机车与车辆间软管连接无漏泄后，会同司机、车站值班员共同登上机车，由司机按规定实施最大减压量(减压 170 kPa)，如发生紧急制动，则为机车故障，由司机处理。

(4)属于车辆紧急制动，由一号检车员打开折角塞门，通知司机充风至定压。由司机按规定实施最大减压量(减压 170 kPa)，对车辆实施分段查找。

2. 查找

(1)按规定正确牢固插设安全防护号志，由一号检车员报告司机和车站值班员。

(2)为了便于确定位置,一号检车员下车从列车运行方向左侧(非站台侧),到达列车中部,关闭中部车辆折角塞门,通知司机充风缓解,实行分段查找。二号检车员下车,从列车尾部到达列车中部。检车员、车站值班员共同查看列车前部车辆的制动管风表,确认列车缓解。

(3)二号检车员待列车充风至定压稳定后,联系一号检车员,由其通知司机实施最大减压量。检车员、车站值班员共同查看列车前部车辆的制动管风表,确认是否发生紧急制动。

(4)一、二号检车员比照此程序,按 1/2、1/4 分段查找的方法,指挥故障查找(一号检车员负责关闭和恢复折角塞门及安装开口销,二号检车员负责查看车辆制动管风表指示,要求客运人员配合车门的开、关),逐步缩小故障车辆查找范围,并最终发现故障车辆。列车发生紧急制动后,15 s 内禁止充风缓解。

3. 处理方法及注意事项

(1)确认起非常处所后,应立即彻底处理,该更换的一定要更换,以防途中抱闸。

(2)符合关门条件的,可以关门排风运行。

(3)经处理后,要检查确认符合标准,关闭的折角塞门要打开。

(4)检车员根据故障情况,按照客车运用要求及应急预案进行应急处置。在运行途中如遇自动制动机临时故障,在停车时间内不能修复时,准许关闭一辆,但列车最后一辆不得为关门车。

(5)列车缓解后,一号检车员通知司机进行列车自动制动机简略试验,确认制动机性能良好。

(6)开车后一号检车员向车辆段调度科汇报故障处理情况。

三、104(F8)型分配阀的更换

1. 工具及材料

防护号志,200 mm、250 mm 活动扳手各 1 把,肥皂水及刷子 1 套,棉布若干,手锤 1 把,104 型分配阀的主阀和紧急阀各 1 个,主阀、紧急阀胶垫各 1 个(或 F8 型分配阀的主阀和辅助阀各 1 个,主阀、辅助阀胶垫各 1 个),螺母 6 只等。

2. 作业流程

插设防护号志→关闭截断塞门→排尽副风缸、工作风缸余风→卸下主阀排风管、卸下主阀安装螺母→卸下主阀、主阀胶垫→卸下紧急阀(或辅助阀)螺母→卸下紧急阀(或辅助阀)、紧急阀(或辅助阀)胶垫→按住滤尘器、开截断塞门吹尘三次→检查清扫各安装座面→更换胶垫→安装新主阀、主阀排风管,装上螺母→安装新紧急阀(或辅助阀),装上螺母→关工作风缸、副风缸排水塞门→开截断塞门通风→检查主阀、紧急阀(或辅助阀)螺母是否紧固→涂肥皂水检查有无漏泄→落成检查完毕→收拾工具→撤除防护号志。

3. 质量标准

(1)主阀、紧急阀安装面上不沾尘土,轻拿轻放。

(2)安装主阀、紧急阀螺母要对角拧紧。

(3)胶垫安装位置正确。

(4)主阀、紧急阀移出钢轨更换。

4. 注意事项

(1)防护号志须按规定插撤。

(2)作业前按规定穿戴好防护用品。

(3)吹尘时头部要避开。

四、辅助管的更换

1. 工具及材料

防护号志,450 mm、350 mm 管子钳各 1 把,200 mm 活动扳手 2 把,辅助管 1 根,生料带若干,肥皂水及刷子 1 套。

2. 作业流程

插设防护号志→放工具材料→关闭截断塞门→关另一端折角塞门→手扶软管,开折角塞门排风(更换端)→拆下软管→拆下折角塞门→松管卡→拆下辅助管→新辅助管两端缠生料带→装辅助管→装折角塞门→软管丝扣缠生料带→装上软管→卡上软管堵→开两端折角塞门通风→辅助管两头、软管丝扣端涂肥皂水→检查有无漏泄(如有漏泄应及时处理)→辅助管卡处包上布→紧管卡→关折角塞门→拆下软管堵→开截断塞门→收工具材料→撤除防护号志。

3. 质量标准

(1)缠生料带为逆时针方向。

(2)各丝扣处旋紧后不得反转。

(3)折角塞门、软管角度要正确。

(4)卡子螺丝不得松动。

4. 注意事项

(1)防护号志须按规定插撤。

(2)作业前按规定穿戴好防护用品。

(3)卸辅助管前应先把主管风排尽。

五、远心集尘器的分解

1. 工具及材料

防护号志,工具材料盒、白棉布、黄油、肥皂水(检漏液)、400 mm 开口扳手 1 把、300 mm 活动扳手 1 把、钢丝刷、毛刷、三角钥匙、剪刀、手电筒、记号笔等。

2. 作业流程

插设防护号志→关本车两端折角塞门(单车作业可不关)→关闭截断塞门→排尽副风缸(或工作风缸)余风→远心集尘器表面除垢、除锈→清扫远心集尘器→分解远心集尘器→取下集尘器的集尘盒、集尘伞,与橡胶垫圈、螺栓螺母放用在材料盒内→检查集尘器配件→组装集尘器→关副风缸(或工作风缸)排水塞门,打开截断塞门,捆绑截断塞门手把→开两端折角塞门(单车作业时关,一端开一端并接单车试验器)→通风后在远心集尘器周围处涂肥皂水,检查是否漏泄→收工具(单车作业时拆除单车试验器)→撤除防护号志。

3. 质量标准

(1)远心集尘器螺母应均匀紧固,扭矩符合规定要求。

(2)集尘器分解后再组装不能漏风。

(3)达克罗螺栓的紧固螺母在下端,镀锌螺栓的紧固螺母在上端。

4. 注意事项

(1)防护号志须按规定插撤。

(2)作业前穿戴好防护用品。

(3)单车作业,应采取止轮措施。

典型案例

(一)列车车辆抱闸事故

1. 事故概况

某客车机后8位车辆疑似抱闸被拦停后,车辆乘务员将缓解阀提开后呼叫司机开车,列车运行到车站,客列检人员检查发现该车闸瓦磨耗严重,对该车关门处理后限速开行。

2. 原因分析

(1)104阀在分解检修过程中,滑阀与滑阀座研磨质量不高,车辆制动后充风缓解时滑阀与滑阀座间摩擦力增大,瞬间出现卡滞现象。

(2)发现阀体内有水,列车运行中环境温度较低造成阀体内水珠冻结,增加了阀体的阻力。两种因素叠加造成滑阀与滑阀座出现偶发卡滞缓解不良,致使车辆抱闸。

(3)列车因车辆抱闸被拦停后,车辆乘务员应急处置不当,未进行关门处理,也未向司机递交"旅客列车制动关门限速证明书",盲目带故障车辆超速运行。构成铁路交通一般C25类事故。

(二)列车车辆单元缸漏泄事故

1. 事故概况

某客车在车站换挂机车后进行制动机试验时,司机反映列车在制动保压位有漏泄,车辆乘务员检查发现机后16位车第5位单元制动缸压盖螺栓及活塞护套处有漏风,用丝堵将通向该单元制动缸的支管接头封堵处理后开车,晚点1 h 23 min。构成铁路交通一般D21类事故。

2. 原因分析

经调查,故障车第5位单元制动缸橡胶模板从缸体与压板结合部内边沿处出现不规则破裂,因该车单元制动缸的模板是段修时装用的新橡胶模板。

(三)列车车辆制动管漏泄超标事故

1. 事故概况

某客车到站停车办客。司机汇报车站列车管漏泄超标,经车辆乘务员检查,发现机后5位车制动主管活接处漏风。经处理后列车超停3 h 37 min。

2. 原因分析

经事故调查组调查,制动主管活接处因管系抗劲挤裂密封胶垫,导致活接漏泄是构成此次事故的直接原因;车辆乘务员处置程序混乱,未能及时发现故障点并处理,车辆乘务员违章处置,故障未能及时发现是此次事故发生的又一重要原因。

复习思考题

1. 如何进行列车制动漏泄分段查找？
2. 什么情况下可以使用紧急制动阀？
3. 为什么要用闸调器调整制动缸活塞行程？
4. 104 型分配阀由哪几部分组成？
5. 电子防滑器的作用是什么？

第五章　客车上部服务设施

随着经济发展和人们生活水平的提高，商务出行、旅游等需求日益增加，客车上部服务设施也随之得到不断优化和升级。为了进一步提升旅客出行的舒适度，客车内部改进并增设给水装置、电热开水器、真空集便系统、车门及车窗等设施，为旅客提供温馨舒适的出行环境。

第一节　客车给水装置

为了供给旅客和乘务人员饮水、用餐、盥洗、冲刷及温水循环取暖装置等提供用水，每辆客车上均设有给水装置。

一、给水装置的构造与作用

给水装置根据水箱在车体的安装方式可分为车下式、车上式及车上车下混合式。25T型软卧车、硬卧车及餐车均为车上式椭圆水箱。水箱材质为不锈钢，容量为 1 500 L，设在车顶未安装空调机组一端。

给水装置的工作过程：从车任意一侧上水管接口接入水源，水经上水管注入水箱。当水箱到达满水位时，水从另一侧上水口或车上溢水管流出，此时液位仪显示满水位。水箱通过供水管路对各供水点供水，在水箱最低处提供为电热开水器供水管路，仍能有最基本的饮用水的供给。当水箱水位过低时，液位仪显示缺水，此时应对水箱及时注水，以确保电热开水器、电热温水箱的正常工作及真空集便系统的正常使用。在供水管路上设有给水装置排水阀，当车辆停用时，根据具体车型，打开各处用水阀及排水阀，将水箱及管路内的水排空。

各车型给水装置示意如图 5-1～图 5-3 所示。

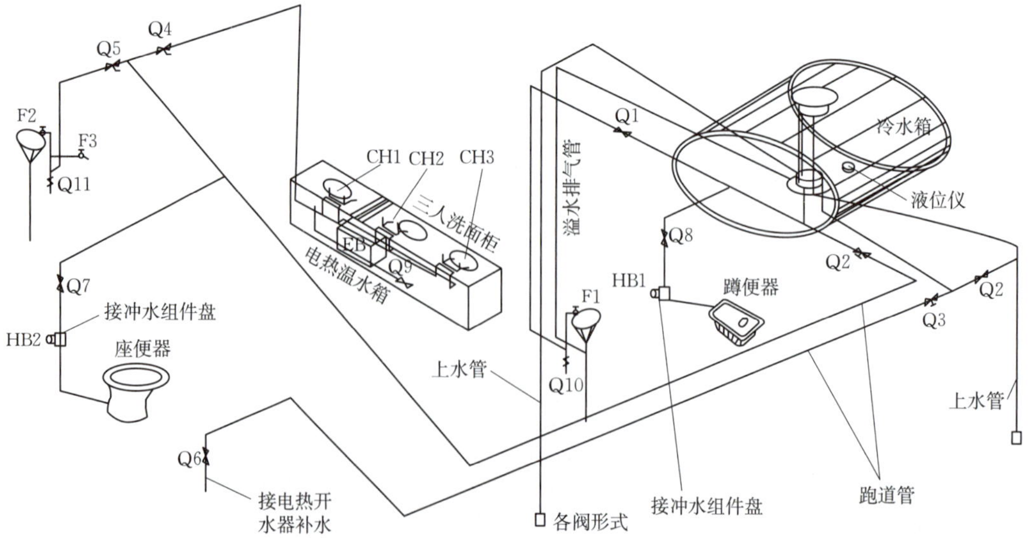

图 5-1　软卧车给水装置示意

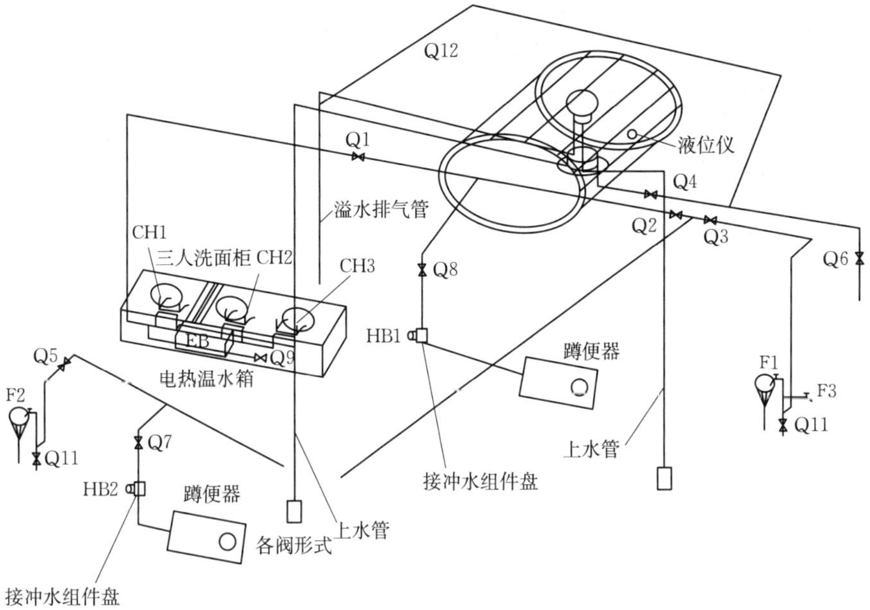

图 5-2 硬座车给水装置示意

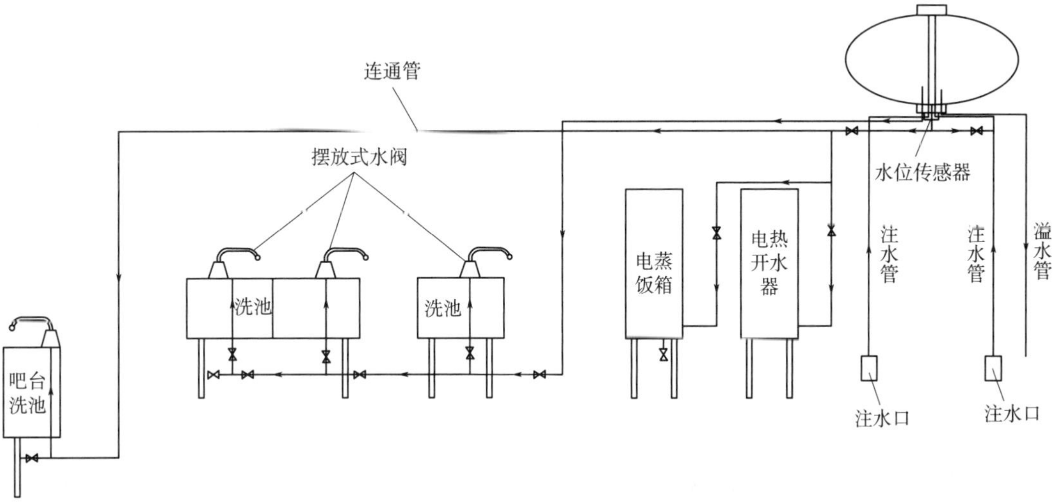

图 5-3 餐车给水装置示意

为方便旅客用水，客车上盥洗室、厕所等用水处，均装有各种水阀。水阀的形式较多，但其作用原理基本相同，下面介绍常见的几种给水阀和冲便阀。

(一)给 水 阀

1. 冷热给水阀

冷热给水阀是客车盥洗室洗脸器上使用较多的一种水阀，如图 5-4 所示。该阀的出水嘴设在阀体中间，两侧各有一个冷热水阀，通过活接箍分别与车上冷水管和热水管相连接。

（a） （b）

图 5-4 冷热给水阀实物

2. 下作用给水阀

下作用给水阀安装于厕所内的洗手盆上，如图 5-5 所示。

用水时，当抬起手把后，阀就随阀杆被顶起，阀垫离开阀座，水经阀座处开启的间隙流出。当松开手把时，阀弹簧将阀顶回，使阀垫与阀座密贴，从而切断水流，停止供水。该阀构造简单、使用方便，又能防止水的浪费，但当阀垫不良或破损时，以及弹簧过软或折断时，会造成水阀漏水，故要注意及时检修。

图 5-5 下作用给水阀实物

3. 脚踏式给水阀

脚踏式给水阀安装在用水器的下方，用水时踩下踏板，通过踏板杆的杠杆作用，使阀杆压缩弹簧带动阀离开阀座，水经阀与阀座的间隙流到用水器上的出水嘴。松开踏板后，阀杆被弹簧压下，阀垫与阀座密贴，切断水流。此阀不需用手开水阀，使用较为方便、卫生，被广泛采用，如图 5-6 所示。

(二)冲 便 阀

客车厕所便器使用的冲便阀均采用压式水阀，有手压式和脚踏式两种，其结构原理基本相似。图 5-7 为手压式冲便阀。

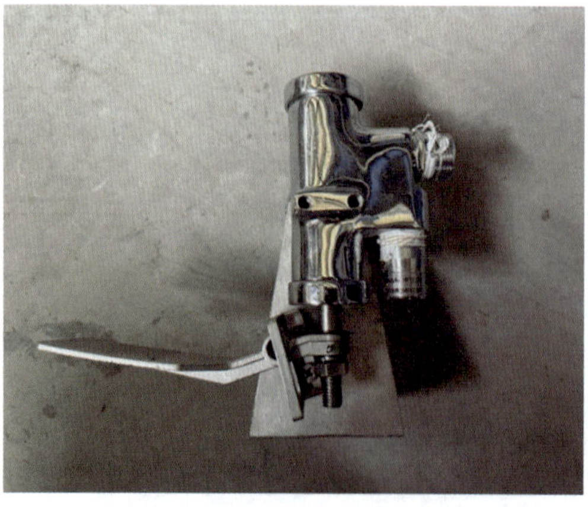

图 5-6 脚踏式给水阀实物

图 5-7 手压式冲便阀实物

二、给水装置的故障与检修

运用中的客车在列车技术检查作业过程中，规定各管路、大小止阀、止回阀、管卡等必须完整，不漏水，作用良好，保证给水装置处于良好状态。客车检修时，给水装置各阀芯及塞门、过滤器、水位浮子开关均需分解检修(车顶板以上各阀及塞门作用良好时可不分解)；上、下水箱须作外观检查，冲洗内部水垢。给水装置组装后须做注水试验，各部作用须良好，无漏水。下水箱外罩及门腐蚀、破损时修理，保温层须完整，门锁作用良好，涂刷防锈漆。

(一)水箱漏水故障及修理

水箱漏水是给水装置的常见故障，主要是由于水箱被腐蚀或水箱内残留水冻结而造成水箱裂损。水箱裂纹时要清除锈垢后进行焊修，腐蚀严重者可进行截换、挖补。截换、挖补所用材料应与原水箱材料厚度相同；检修后的水箱应进行水压试验。

(二)管系故障及修理

管系故障主要是水管及接头裂损、锈蚀漏水，管路卡子锈蚀、松动。检修时各管路、管接头、接箍有裂纹、锈蚀或漏水时修理或更换。各管路卡子裂纹、损坏时更换，松动时紧固；更换水管时，除排水管外均须使用不锈钢管，各配管组装后，须留一扣以上的完整丝扣；各管路卡子安装须牢固，各管不得松动。

第二节 电热开水器

电热开水器作为客车上部服务设施的重要组成部分，是旅客旅途生活必不可少的电器之一，也是体现客车人性化服务的重要方面。铁路客车的发展，对电热开水器设计要求不断提高，要求系统合理、结构可靠、功能完善、使用维修方便。本节主要介绍 KSQ 型沸腾翻水式电热开水器、TCL-12 型电热开水器、WSD-98 型电热开水器。

一、KSQ 型沸腾翻水式电热开水器

(一)主要技术参数(表 5-1)

表 5-1 KSQⅢF 型沸腾翻水式电热开水器主要技术参数

型　号	KSQⅢF	开水温度	≥95 ℃(海拔 1 000 m 以下)
名　称	沸腾翻水式电热开水器	绝缘电阻	≥2 MΩ
适合车型	硬座、硬卧车	电气强度	2 500 V 额定电压，1 min，无击穿或闪烙
加热电源	DC 600 V	适用水压	0.01～0.06 MPa
控制电源	DC 110 V	降温速率	≤5 ℃/h
功　率	4.5 kW	海拔高度	≤2 500 m
开水产量	40 L/h	环境温度	车外－40～＋40 ℃；车内＋5～＋40 ℃
外形尺寸	350 mm×356 mm×1 820 mm	相对湿度	≤90%

(二)主要结构部件及功能

KSQ 型沸腾翻水式电热开水器结构如图 5-8 所示。

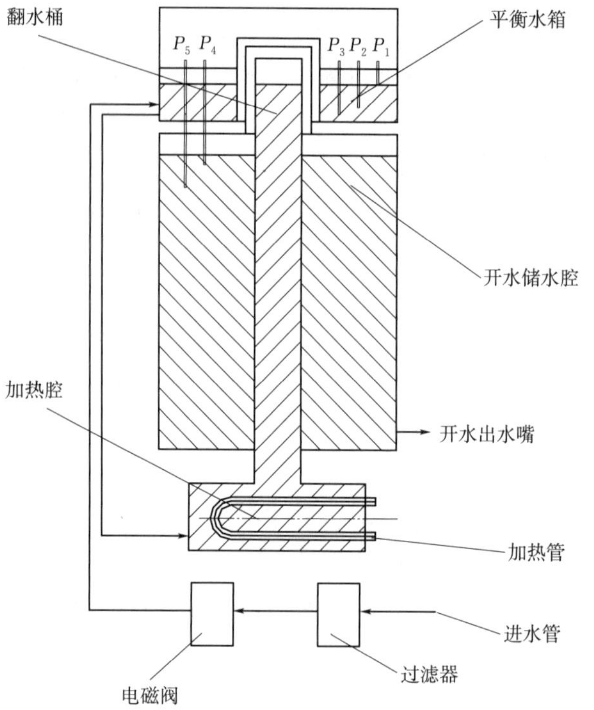

图 5-8　KSQ 型沸腾翻水式电热开水器结构

1. 浮子供水阀

浮子供水阀是电热开水器的关键部件，其好坏将直接影响电热开水器的使用。在正常情况下，浮子供水阀将自动地关闭和开通水路，使沸腾腔的水位保持规定的高度。

2. 冷水缺水保护器

冷水缺水保护器是由干簧管继电器和带磁环的小浮球组成。当电热开水器缺少冷水时，小浮球下落，磁环与干簧管对齐，从而使干簧管继电器动作，切断电源，停止加热。

3. 开水满水保护器

开水满水保护器组成和冷水缺水保护器原理相同。当开水储水箱水位至满水水位时，小浮球浮起，磁环与干簧管对齐，从而使干簧管继电器动作，切断电源，停止加热。

4. 磁化过滤器

磁化过滤器使进入电热开水器内的水保持清洁，并对水磁化。在水源较差的地区使用时，应经常清除污物，否则将影响进水。

5. 电热管

电热管采用进口不锈钢外壳，双层隔离。检修时，应注意其绝缘电阻大于 2 MΩ，且每相功率平衡。

(三)工作原理(图 5-9)

当电热开水器的水源和电源分别接好以后，来自客车水箱里的冷水就通过磁化过滤器、浮子供水阀进入电热开水器的加热腔，浮子供水阀和冷水缺水保护器内各自的浮球随水位而上升。当浮子供水阀内的浮球上升到规定水位时自动切断注水。冷水缺水保护器内的浮

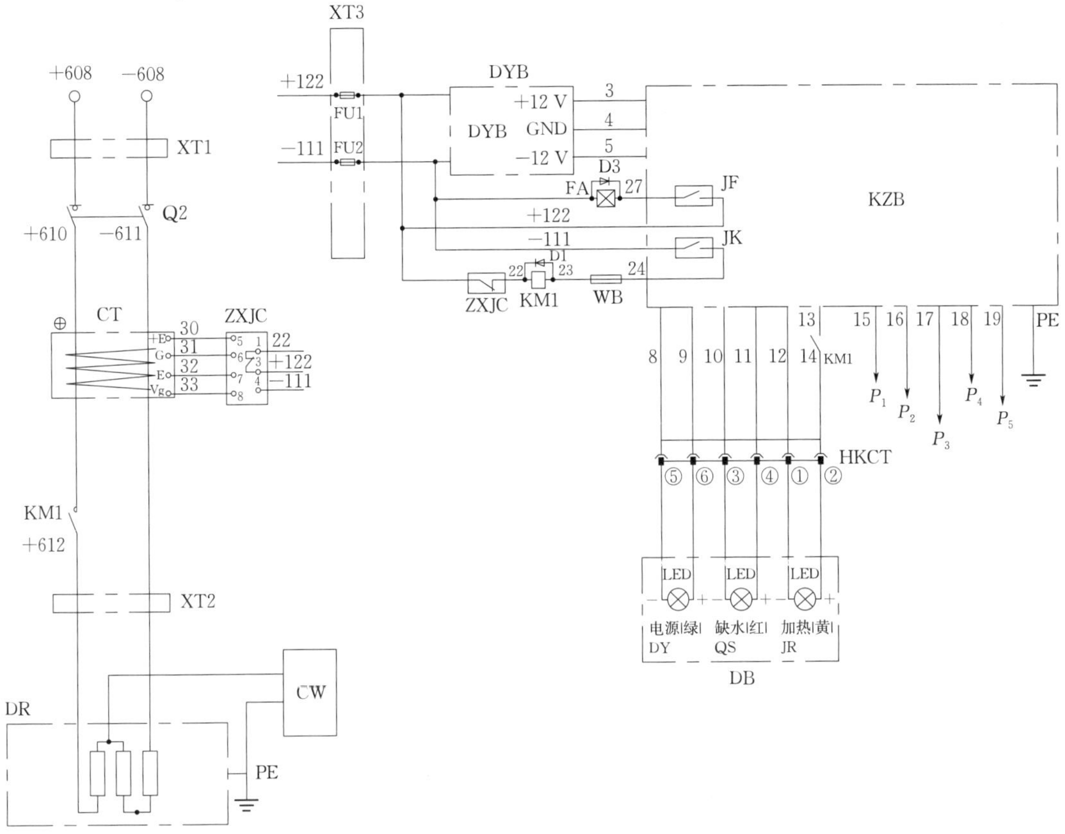

CW—超温保护器；CT—直流漏电传感器；ZXJC—漏电保护器；D1、D3—二极管；FU1、FU3—熔断器；HKCT—航空插头；WB—温度熔断器；XT3、XT2、XT1—接线端子；DYB—电源板；DB—灯板；KZB—控制板；DF—电磁阀；QF—隔离开关；DR—电热管；KM1—接触器。

图 5-9　KSQ 型电热开水器工作原理

球上升到规定位置时，自动接通电热控制电路。首次注水完成后，将控制箱上的开关置于"通"位，加热开始，此后，随着加热腔内水温上升，体积膨胀，水开始沸腾。沸腾的水翻入储水腔，致使加热腔水位下降，浮子供水阀内浮球随之下降，且自动打开水路，水箱内的水又自动经磁化过滤器、浮子供水阀再次补入加热腔，继续加热、翻水循环。如此重复上述过程，直至烧满。

如果客车水箱里缺水或进水水路被切断时，随着加热，加热腔里的水被翻出和蒸发，水位进一步降低，冷水缺水保护器内的水位和浮球也随之下降。当低到规定的高度时，冷水缺水保护器的控制电路就会切断加热回路停止加热，同时发出缺水报警。如果这一级保护失控，加热管继续加热，加热腔将被烧干。当电热管露出水面时，加热腔内的温度进一步提高、达到规定温度值时，装在加热管上的温度保险器动作，切断加热回路，确保安全。

如果电热开水器工作正常，储水腔内的水位将不断增高，直至储水腔被烧满，开水满水保护器动作，切断加热电路，停止加热。当储水腔内的开水被使用，水位下降到规定的高度时，控制电路将接通加热电路，电热管恢复加热，直至再次烧满。

(四)操作使用及维护

1. 检查

各部电气连接可靠，绝缘电阻大于或等于 2 MΩ。排气管应直通大气，不允许有堵塞现象。

电热开水器送电前各阀的状态为排冷水阀、排热水阀、热水嘴均关闭。

2. 使用

开启车上供水阀，合上配电室内电热开水器电源开关；电热开水器开始进水，此时有缺水报警，进水约 1 min 后，不再缺水，报警停止，并开始加热；当冷水腔内加满水后，停止加水。此过程说明电热开水器工作正常。

3. 过滤器保养

当过滤器中杂质较多时应进行清洗。清洗时关闭过滤器前球阀，旋松玻璃罩上部螺纹，取下玻璃罩，旋松滤网组件上部螺纹，取下滤网组件，用水清洗后按拆解的逆顺序复原。

4. 除垢

电热开水器应定期除垢(三个月进行一次)。烧水过程中，凡与水直接接触表面都会结垢。电热管表面结垢后会使电热开水器热效率降低，开水产量下降，甚至使电热管过热而烧损。

(五)常见故障处理(表 5-2)

表 5-2 KSQⅢF 型沸腾翻水式电热开水器常见故障处理

故障现象	故障原因	处理方法
缺水指示灯亮 报警装置报警	车上水箱无水	补水，若无水停止加热
	过滤器堵塞	拆下过滤器清理
	进水管堵塞	清除管路内的堵塞
磁化过滤器罩损坏	机械损坏	更换，必要时更换密封垫
接通电源后加热和缺水 指示灯均不亮，接触器不吸合	熔丝熔断	控制电路短路，检查处理后更换熔丝
	冷水缺水保护器电源线断开或接触不良	接好电源线，处理接触不良点
	开关损坏	更换开关
	控制电路板故障	更换电路板
接通电源后加热指示灯亮， 但接触器不吸合	接触器线圈损坏或铁芯卡死 缺水保护器断线	检修接触器或更换线圈接好断线
开关置于“通”位后接触器吸合时， 配电室空气开关跳闸	电热管对地短路	更换电热管
	电热管电源线有对地短路点	查找短路点并处理
开水产量下降	电热管烧损	更换电热管
	电热管严重结垢	清除水垢
进水指示灯亮但不进水	电磁阀损坏	更换电磁阀
	控制板故障	更换控制板

二、TCL-12 型电热开水器

(一)主要技术参数(表 5-3)

表 5-3　TCL-12 型电热开水器主要技术参数

型　　号	TCL-12 型电热开水器	绝缘电阻	冷态≥20 MΩ,热态≥2 MΩ
主 电 源	AC 380×(1±10%)V/(50±1)Hz,三相三线制	补水装置	0.01～0.06 MPa
控制电源	DC 110 V(DC 77～137.5 V)	降温速率	≤5 ℃/h
功　　率	4.5 kW	海拔高度	≤1 500 m
开水产量	≥40 L/h (出水温度≥95 ℃)	电气强度	(1)主回路:AC 2 000 V/50 Hz 状态下,历时 1 min,无击穿、闪络现象。 (2)控制回路:AC 1 000 V/50 Hz 状态下,历时 1 min,无击穿、闪络现象
储水箱容积	≥18 L		

(二)主要结构

TCL-12 型电热开水器由柜体、电气控制箱、产水箱、储水箱、加热腔、水位传感器、电磁阀等器件组成,如图 5-10 所示。

电气控制箱是电热开水器的功能控制部分,决定功率输出,与水位传感器配合,具有电热开水器过热、过流、缺水保护等多种功能。产水箱用于存放生水,与加热腔相连。加热腔中装入加热线圈,在交变电场作用下,产生磁场,进而产生涡流,是产生开水的热源。储水箱用于存储存放开水,外接水位传感器,产生水位信号,从而控制电热开水器的加热与关闭,如图 5-11 所示。

图 5-10　TCL-12 型电热开水器实物

图 5-11　TCL-12 型电热开水器控制箱

(三)工作原理

1. 电气原理(图 5-12)

TCL-12 型电热开水器电气主回路主要由断路器、漏电保护器、逆变器和感应线圈等部件组成。DC 600 V 电源经断路器、漏电保护器进入电控箱,由功率模块组成的全桥逆变器把直流电转变成 25 kHz 左右的高频交流电，供给感应线圈，在产水箱腔体中产生涡流并使之发热将水烧开。辅助电源 DC 110 V 供给开关电源输入端，开关电源输出 DC 24 V 电源，一路供给电磁阀使用，另一路供给 LM7815，使 LM7815 输出 DC 15 V 电源给控制板使用。电热开水器控制电路主要由 8 位单片微处理器及外围数字电路、脉冲驱动电路、水位传感器、温度传感器、稳压电源、指示灯、继电器及控制进水的电磁阀等部分组成；在微处理器的程序作用下，能根据产水箱水位的变化，控制电磁阀的开/关、逆变器的启/停，具有断水保护、缺水自动进水、水位显示等功能。当逆变器发生过流、过热等异常情况时，自动保护停机，等恢复正常且延时一定时间后再启动逆变器。另外微处理器能根据逆变器输出的电流电压相位信号调整工作频率，使逆变器工作在最佳谐振状态。

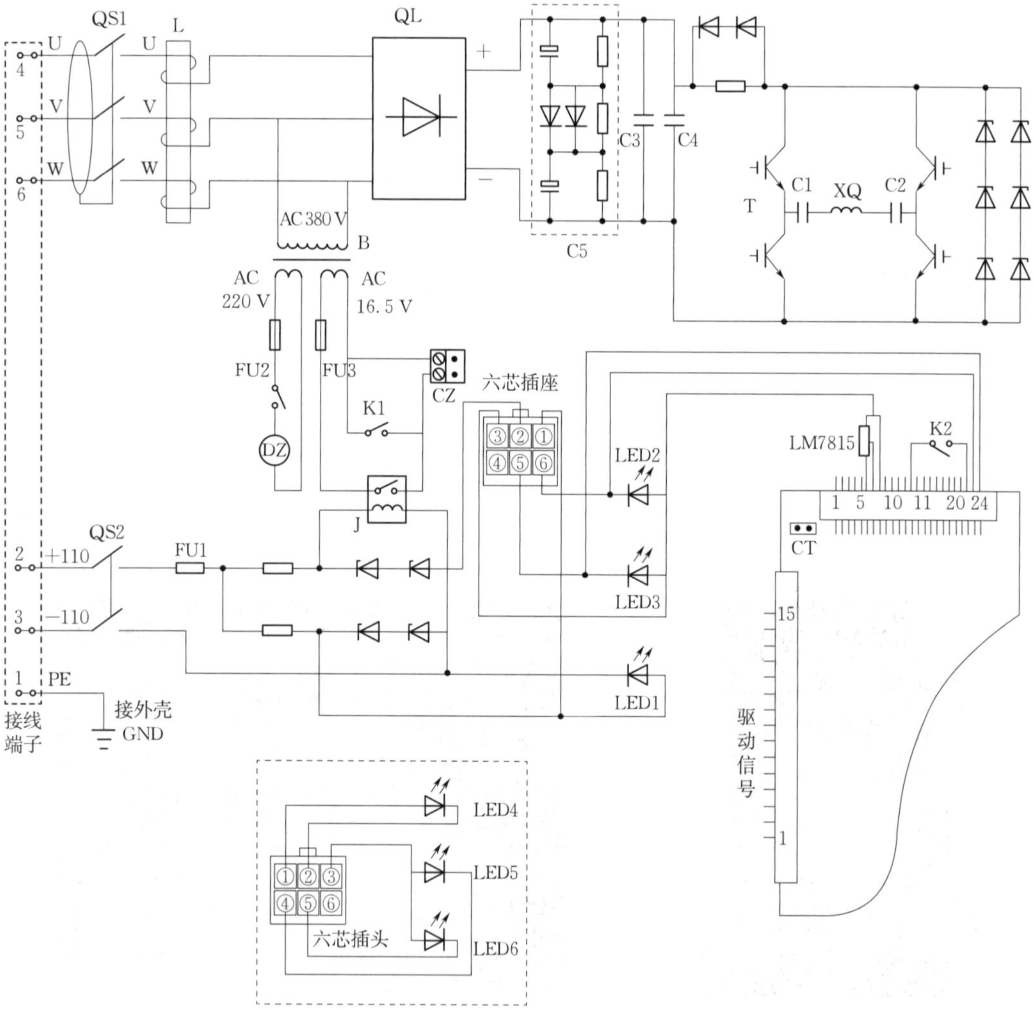

○-○—接线对子；QS1—空气开关；QS2—空气开关；QL—三相整流桥；XQ—线圈；T—功率模块；FU1—DC 110 V 熔断器；FU2—AC 220 V 熔断器；FU3—防干烧熔断器；C1、C2—谐振电容；C3、C4—滤波电容；C5—吸收电容；DZ—进水电磁阀；K1—压力传感器；K2—温控开关；B—变压器；L—电感；LED1、LED4—发光二极管(绿色)；LED2、LED5—发光二极管(黄色)；LED3、LED6—发光二极管(红色)；U、V、W—电源进线；+110、−110—DC 110 V 正负极进线；PE—接地线进线。

图 5-12　TCL-12 型电热开水器电气原理

2. 自动保温原理

TCL-12 型电热开水器由单片微处理器设置自动保温程序，在储水箱满水位时能自动进入保温状态，即能自动在关断 3 min 后，自行开启加热 8 s，这样保证储水箱中水温达到 95 ℃以上。

3. 水位控制原理(图 5-13)

电磁阀通电后，冷水经过滤器、电磁阀、电气箱冷却管注入产水箱。当达到产水箱上水位时电磁阀关闭，停止进水并开始加热，水沸腾后从翻水膨胀筒上端跃出，进入储水箱，使产水箱水位下降，当降至产水箱中水位时电磁阀打开补水，至上水位时停止补水。当储水箱内开水水位升至上水位时，停止加热，自动进入保温状态。当取用开水使储水箱内开水水位降至中水位时，再次开始加热。如此即可连续不断地供应开水。

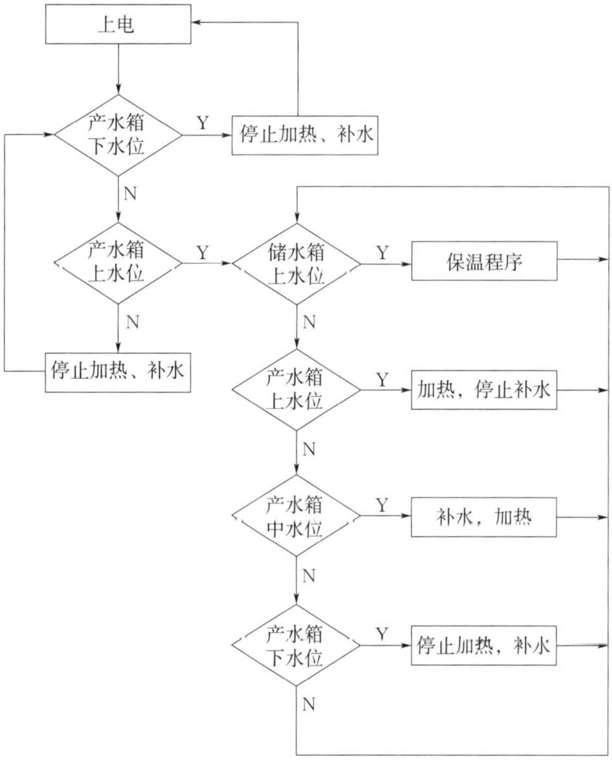

图 5-13 水位控制原理

4. 二次保护(防干烧)原理

TCL-12 型电热开水器具有二次缺水保护装置，即当产水箱水位下降至中水位时，电热开水器迅速进入补水状态，停止加热。电热开水器内部安装了压力温度控制器，可以防止在水位传感器失灵或发生器件损坏等突发情况下(产水箱内缺水或无水)电热开水器进入干烧状态。当产水箱内缺水或者无水时，电热开水器进入干烧状态，此时装在加热腔内部的压力温度控制器能立即进入保护状态，把控制箱面板上防干烧熔丝熔断，有效防止加热线圈的损坏。

5. 漏电保护原理

TCL-12 型电热开水器内设置漏电保护开关，当电热开水器的对地漏电流超过 30 mA

时，空气开关立即动作，切断交流电源，电热开水器脱离列车供电系统，避免电热开水器影响其他设备的正常工作。

(四)操作使用及维护

开机前后检查供电电压是否正常，保护接地线是否牢固、可靠，供水压力是否正常。打开产水箱、储水箱的排污阀，排除积水，然后关上排污阀，并关闭放水嘴。

合上电源开关，绿灯亮，电热开水器进入自动控制状态。红灯亮，表示电热开水器冷水处于规定的冷水下水位，电热开水器处于冷水补水状态。此时电热开水器会自动停止加热，电磁阀打开进水。红灯灭，表示电热开水器冷水水位(产水箱水位)到达规定的冷水下水位以上。黄灯亮，表示电热开水器正处在加热状态。黄灯灭，表示电热开水器停止加热。黄灯灭、红灯灭表示储水箱开水水位处于上水位(满开水状态)，电热开水器自动进入保温状态。

工作 20 min 左右，打开放水嘴即可供应开水。

电热开水器停用后应切断电源，并打开产水箱、储水箱的排污阀，排除积水，冲去水垢。如果环境温度<0 ℃时，还应把过滤器内积水排尽，并让电热开水器通电 1 min 以排除电磁阀内积水，防止冻结。

定期 6 个月打开产水箱和加热腔，清除内部水垢，用毛刷或软布擦拭并用清水冲洗。定期一周打开产、储水箱排水阀除垢一次，如需整车排水，则需打开排水球阀，排尽管道中的存水。

电控箱、加热线圈禁止用水冲洗。

定期一个月打开排污阀进行排水，冲洗进水电磁阀前端滤网上的杂质。

电热开水器内各种水管如发生漏水，应及时排除，严禁有水滴入加热腔或加热线圈上。

电控箱或加热线圈有故障时，可更换整个部件。

(五)常见故障处理

当发现电热开水器工作异常时，应首先检查供电电源是否正常，进水管、过滤器是否脏堵，水压是否正常。排除上述情况后，可参照表 5-4 检查处理。

表 5-4 TCL-12 型电热开水器故障处理

故障现象	故障原因	检查方法	处理方法
出水温度低，排气管溢水多	电磁阀关闭不严	断电后是否仍进水	清除阀芯内异物或换电磁阀
	水位传感器失效	虽然产水箱水位在上水位但电磁阀指示灯仍常亮	更换水位传感器
工作指示灯连续闪	加热线圈与加热腔绝缘击穿	拔下通往线圈的插头，用1 000 V兆欧表检查	更换加热线圈
工作指示灯亮但不加热	加热线圈开路	拔下通往线圈的插头用万用表检查	更换加热线圈
空气开关自动跳闸	电控箱损坏	合上空气开关后又立即跳闸	更换电控箱
工作指示灯连续闪烁		拔下通往线圈的插头，用1 000 V兆欧表检查加热线圈与腔体绝缘良好	

三、WSD-98 型电热开水器

(一)主要结构

1. 电气线路组成

外部三相四线的 AC 380 V 电源,从进线 L 接入电控箱内的端子排上。U、V、W 三相线经过熔断器座后,由 JQX38F 型继电器向烧水电热管供电。同时 Y 相经电子线路板上的继电器 JZ6 向保温电热管提供 AC 220 V 的工作电源。进水电磁阀的工作电源,则由电子线路板上的断电器 JZ5 控制。另外端子排的 W 相,经过一只熔丝管盒,向电源变压器初级输入 AC 220 V。电源变压器的次级输出有供电子线路板工作的各种低电压。电控箱内驱动三个执行元件工作的电力线,经箱下的矩形插头座,安装到下部机身内的进水电磁阀、烧水电热管和保温电热管上。下部机身内烧水箱上的水位传感器信号线和限温保护传感信号线,储水箱上的水位传感信号线和温控传感信号线,也通过电控箱下的短形插头座,连接到箱内的电子线路板上。WSD-98 型电热开水器如图 5-14 所示。

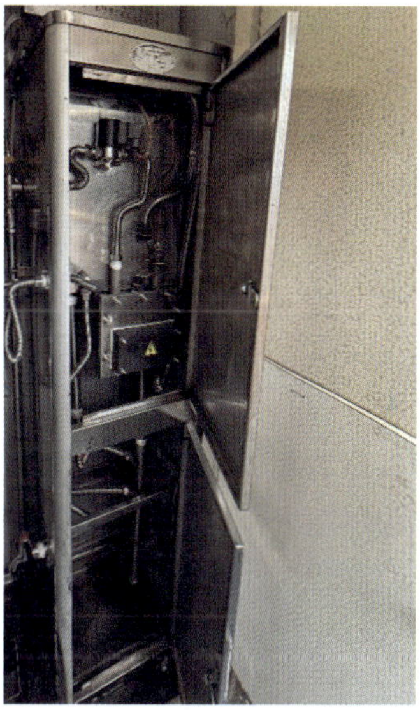

图 5-14 WSD-98 型电热开水器实物

2. 水位传感器的构成和作用

烧水箱和储水箱里都装有水位传感器,由 3 根金属电极通过镶件,固定在一个直径约 40 mm 的塑料绝缘圆柱体上面。绝缘圆柱体安装在水箱的上板上,电极朝下伸向水面。固定电极的每个镶件都是一根长的铜螺母,它的另一端从圆柱体里一直伸出到上面,信号连接线的 OT 端头通过螺钉固定于其上,使之与里面的水位电极相导通。每个水位传感器上的 3 根电极组成两对水位信号。其中任意有一根长的电极是公共端,它和另一根长电极组成一对下水位信号。还有一根短电极又和公共端组成一对上水位信号。水位电极在脱离水面而悬空时,处于开路状态(电阻值很大),当浸水时两根电极之间的电阻值随即变小。利用这种电阻值的变化,去改变电压比较器上的比较电压,可以使其输出状态发生翻转。这样,便能通过一定高度的水位电极来判断该位置是否"有水"。在烧水箱中,下水位电极被称为 A 信号,用以判断烧水箱中是否有水达到最低要求的高度。烧水箱的上水位电极被称为 B 信号,用以判断烧水箱的水是否装满。

在储水箱中,下水位电极被称作 D 信号,用以判断储水箱的下限位置是否有水;储水箱的上水位电极被称为 C 信号,用以判断储水箱的水是否装满。A、B、C、D 这四个水位信号的状态,可以使用万用表的交流挡进行检查(AT-2 型用直流挡)。具体方法是在水位传感器圆柱体的上面,用两根表棒分别接触两水位电极对应连接线的固定螺帽。当读数大于 AC 6 V 或 DC 6 V 时,表示"无水";当读数小于 AC 6 V 或 DC 2 V 时,表示"有水"。这 4 个水位信号,对控制电热开水器所处的工作状态起着关键性的作用。了解这 4 个水位信号的状态对于判断电热开水器的工作是否正常,也是非常重要的。

(二)工作过程及控制原理

1. 工作过程

当接通水源、电源之后,电热开水器开始工作。若烧水箱里的水位低于规定位置,即A电极脱离水面悬空时,在控制电路的作用下,烧水电热管被断电。而进水电磁阀通电开启,往烧水箱内注水。待水位漫到一定位置,即当A电极浸水时烧水电热管通电,开始加热烧水箱中的水,随后水位继续升高,一直等到烧水箱装满,即B电极也浸水时,电磁阀被关闭,停止进水。这时继续烧水,第一箱水大约在数分钟后开始沸腾,这时弹子阀中的钢球被托起,堵住排气孔,烧水箱内封闭的蒸气压力把箱内开水由喷水管压入储水箱,使烧水箱水位下降。待到A电极悬空时,烧水电热管被断电,电磁阀又开启进冷水,烧水箱内蒸气压力减少,弹子阀中的钢球下落复位,到水位又浸过A电极时,烧水电热管再次通电烧水。重复上述过程,这样每隔几分钟,由烧水箱喷出约1.2 L开水至储水箱。从烧水箱压入储水箱的开水,在水位浸过D电极时,电控箱上面的"供饮"灯即点亮,表示有水可供饮用。这时打开水龙头即可放出饮用开水。如果储水箱中的开水没有被饮用,随着烧开的水不断压入,储水箱中的水位逐渐升高。当储水箱装满,即C电极也被浸水时,控制电路会切断烧水箱电热管的供电而停止烧水。直到储水箱的开水被放出一部分,水位降低到C电极悬空时,才重新烧水,补满储水箱。储水箱的饮水如因时间过久而温度降低,箱内的温度传感器会给出信号,令控制电路对保温加热管供电来加热饮水,待温度达到规定值时,再自动切断保温加热管的供电。

2. 控制原理

全自动电热开水器工作中的所有动作,全部是由进水电磁网、烧水电热管、保温电热管这3个执行元件完成的。整个控制电路的控制即是该三个执行元件能正确、及时实现自动通电或断电。至于在什么情况下对哪个执行元件通电,又在何时要哪个元件断电,完全是由电热开水器运行状态的实际需要决定的。判定电热开水器所处的运行状态,可以通过6个输入传感信号的组合状态来确定。这6个传感信号便是四个水位信号A、B、C、D,加上烧水管限温信号a和储水温控信号b。它们连接到电控箱中的电子线路板的输入端上,电子线路板采用的数字逻辑电路,可以根据这6个输入信号的组合状态,自动判定并控制输出端3个继电器的吸合或释放,该3个继电器就对应控制着3个执行元件。

下面分别说明进水电磁阀、烧水电热管、保温电热管这3个执行元件和6个传感信号之间所对应的因果(受控)关系。

(1)进水电磁阀

只要水位电极A无水,进水电磁阀就被通电打开;只要水位电极B有水,进水电磁阀就被断电关闭;当A电极有水,B电极无水时,进水电磁阀保持原先的状态不变,即原先通电就继续通电,原先断电就一直断电。根据上述的因果关系,只要烧水箱的水位低于A电极时,进水电磁阀就必然被通电进水。在水位漫过A电极,但B电极尚无水时,进水电磁阀一直进水。一旦B电极有水,进水电磁阀就被立即断电,停止进水。在烧水箱的水沸腾后,随着开水压出而使水位降低,当水位低于B电极而高于A电极时,进水电磁阀这时保持原断电状态,并不进水,直到水位降到A电极以下,进水电磁阀才通电进水,见表5-5。

表 5-5　进水电磁阀工作判定

电磁阀	输入传感器信号	传感器信号测量结果	线路板断电器 JZ5	进水电磁阀
状态 1	A 无水	高电压(大于 6 V)	通电	断电
	B 无水	高电压(大于 6 V)		
状态 2	A 无水	高电压(大于 6 V)	断电	断电
	B 无水	高电压(大于 6 V)		
状态 3	A 无水	高电压(大于 6 V)	原状态	原状态
	B 无水	高电压(大于 6 V)		

(2)烧水电热管

烧水电热管的通电工作,同时要受到三个条件的控制。即只有在 A 电极有水、C 电极无水、a 不超温保护这三个条件都被满足时,才能通电工作,而且也一定通电工作。如果这三个条件有一个不被满足,烧水电热管就处于断电不工作的状态,即只要有一个条件不满足就能使烧水电热管断电停止工作。

这三种情况有一个出现,无论另外条件处于什么状况,烧水电热管就一定被断电,见表 5-6。

表 5-6　烧水电热管工作判定

烧水电热管状态	输入传感器信号及测量结果	继电器 JQX-38F	烧水电热管
状态 1	A 有水(电压小于 2 V)	通电	通电
	C 无水(电压大于 6 V)		
	a 不超温保护(电阻大于 10 kΩ)		
状态 2	A 无水(电压大于 6 V),C、a 任何状态	断电	断电
状态 3	C 有水(电压小于 2 V),A、a 任何状态	断电	断电
	a 超温保护(电阻小于 2.2 kΩ),A、C 任何状态	断电	断电

(3)保温电热管

保温电热管在 D 电极有水、b 信号传感温度低这两个条件同时满足时,通电工作。如果两个条件中有一个不被满足,比如 D 电极无水或者 b 信号传感温度高,那么不管另一条件是什么状态,保温电热管都被断电停止工作。

(三)常见故障处理(表 5-7)

表 5-7　WSD-98 型电热开水器常见故障处理

故障现象	故障原因	处理方法
电源灯不亮,电热开水器不工作	电源线未接	接上电源线
	熔丝断开	更换熔丝
	线路断开或插座未插好	接线或插好插座
"电源"灯不亮,"缺水"灯长时间亮,机器不工作	水源未通或水压低于 0.01 MPa	接通水源,调整水压
	电磁阀的插片脱落	接通电磁阀电源
	储水箱传感器电极短路	更换储水箱传感器
	控制盒内插头脱落	重新插好插头
	控制电路板损坏	更换控制板

续上表

故障现象	故障原因	处理方法
开机后从“烧水”灯亮超过 7 min,冬天超过 10 min 水不开	熔丝熔断	检查并更换熔丝
	电热管电源线断路	接通电源线
	电热管被烧坏	检查传感器电极是否断路,短路:更换传感器后更换电热管;不短路:更换控制板后更换电热管
	电热管表面良好,但内部已断	更换电热管
“烧水”灯与“缺水”灯交替发亮,周期少于 1 min	水源缺水与水压太低	给水源加水
	烧水箱传感器电极短路	更换烧水箱传感器
储水箱烧满后不停机,同时溢流管有热水	储水箱传感器插头脱落	打开上盖插上传感器插头
	储水箱传感器线路断开	接通线路或更换传感器
	储水箱传感器损坏	更换传感器
	控制板损坏	更换控制板
	传感器电极严重结垢	清除传感器电极水垢
“电源”灯亮后长时间不烧水,同时水龙头有水放出	烧水箱传感器插头脱落	打开机器前门借号传感器插头
	控制箱控制板上 5 芯插头脱落	打开控制箱插上 5 芯插头
	烧水箱传感器线路断开	接通线路或更换传感器
	烧水箱传感器损坏	更换传感器
	传感器电极严重结垢	拧下传感器并除垢
“烧水”灯和“缺水”灯均熄灭,机器不工作	储水箱内的开水已烧满	属正常,放掉冷开水即可
	储水箱水位电极短路	更换传感器
“烧水”灯闪烁	储水箱内开水已满,无人用开水	属正常,放掉冷开水即可

第三节　客车真空集便系统

随着车辆速度的提高和人们环保意识的增强,为了保护铁路沿线环境以及列车自身的清洁,在客车上安装了真空集便系统。该系统主要包括便器单元、气水操作盘、控制模块、冲洗按钮、污物箱等。

真空集便系统利用车上压缩空气流过真空发生器在封闭的污物箱内产生的真空,收集来自集便器内的污物。由于污物箱内真空系统的建立,系统会保持此真空度在设定的范围内,以便随时收集污物,并减少真空发生器的空气消耗,因此又称为真空保持式系统。

一、真空集便系统组成及技术参数

(一)真空集便系统组成

真空集便系统由污物箱、便器、水增压器、冲洗控制单元、冲水按钮及状态显示灯等组成。

1. 污物箱

污物箱用于收集和存放列车污物,由内箱体(不锈钢)、真空发生器箱、系统控制器箱、水分离器、两个液位开关(80%和100%)、2个排空阀、2个通气阀、2个冲洗阀、手动排放装置和防冻系统等组成。

2. 便器

便器用于接收并冲洗污物，分蹲式便器和坐式便器两种。

3. 水增压器

水增压器(ROU)将水增压，为冲洗便器提供增压过的水增强冲洗效果。

4. 冲洗控制单元

冲洗控制单元(FCU)用于控制便器的整个冲洗动作。

5. 冲水按钮

冲水按钮用于启动一次冲洗循环。

6. 其他部件

(1)水管路为系统提供水源，以供冲洗便器用。

(2)气管路为系统提供气源，以供真空发生器抽真空、开启排污阀和为冲洗便器用水增压。

(3)电气部分用于控制便器系统的工作。

(4)状态显示灯(乘务员室电气柜)用于显示系统的工作状态。

(二)技术参数

(1)一个冲洗过程(从按下冲洗按钮到便器内污物冲洗干净)：≤6 s。

(2)所需压缩空气为410～900 kPa。

(3)电源：控制电源DC 110 V(变化范围：77～130 V)；防冻电源三相，AC 220×(1±15%)V/50 Hz。

(4)每次冲洗过程所耗水量：蹲式便器0.295～0.473 L；坐式便器0.177～0.236 L。

(5)每次冲洗耗气量：70 NL(1标准大气压)。

(6)空气连接管路：3/8英寸①管、阀。

(7)水连接管路：1/2英寸管、阀。

(8)污物箱的技术参数

①真空度：－20～－35 kPa。

②容积：200 L、300 L和400 L。

③电加热系统功率(不含管路系统保温)：1 500 W(采用自控温电伴热线)。

④污物箱采用2.5英寸快速排空接头、1英寸冲洗阀和1英寸排气阀。

⑤动排放装置为3英寸气动球阀。

(9)排污管和排污阀防冻功率根据现车情况定。

(10)污物可运行的最大距离(便器—污物箱)：6 m。

二、真空集便系统工作原理

真空集便系统工作原理如图5-15所示。

污物箱悬挂在列车底架上，当所有阀门关闭时，和与之相连的真空发生器管路和污物收

① 1英寸=2.54 cm。

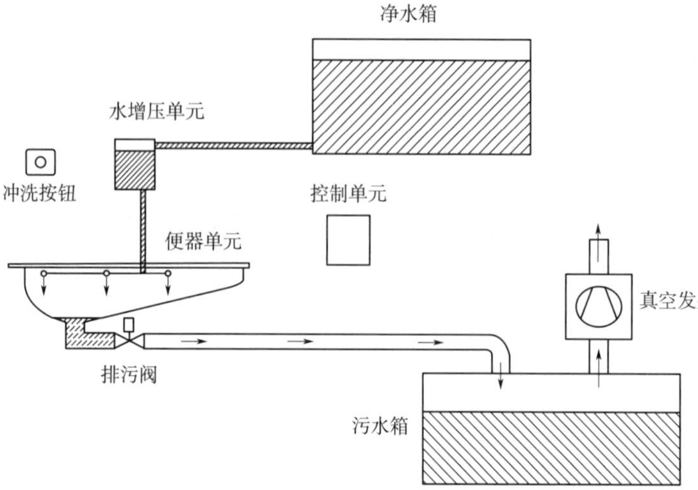

图 5-15　真空集便系统工作原理

集箱形成一个封闭的空间。真空发生器气源打开后，高速流动的压缩空气会从真空发生器带走封闭空间内的空气，形成负压，即真空。当负压值达到系统设定值(－25±3)kPa 时，真空发生器气源关闭，与真空发生器连接的摆门止回阀会阻止空气回流，真空将保持在此封闭空间内。

便器排泄阀在待命状态下是关闭的，系统在冲洗按钮按压后，指示便器排泄阀打开，便盆内的污物和水在外界大气压力的推动下沿排污管向污物箱运行(污物和水运行时像柱塞一样隔离着真空和外界大气，压力差将一直推动污物前进，直到污物进入污物箱)。

污物进入污物箱后，便器排泄阀关闭。由于污物和部分空气已经进入了污物箱，负压值减小，系统重新启动真空发生器气源。系统再次建立足够的真空，待命进入下一次冲洗循环。

三、主要部件

(一)污物箱组成

污物箱组成是用于收集和存放污物直到污物箱在站段上排空的容器，采用 M20 的螺栓吊装在车下。

1. 内箱

污物箱内箱采用不锈钢板焊接制成，为了保证整个箱体的刚度、强度及易冲洗，采用箱体外面焊补强铁的形式。

2. 真空发生器箱

真空发生器箱安装在箱体上，内有真空发生器、真空开关、压力开关、电磁阀、真空度表及温度传感器和伴热线等。

真空发生器不含任何活动零件，采用文丘里管原理由压缩空气流过真空发生器时，通过相应管路带走污物箱体中的空气在箱体中产生真空，其工作原理如图 5-16 所示。

真空开关控制真空发生器的开启和关闭。电磁阀开启时有压缩空气进入真空发生器，控制发生器工作启停。压力开关用于保护真空发生器，以免压缩空气压力低时造成真空发

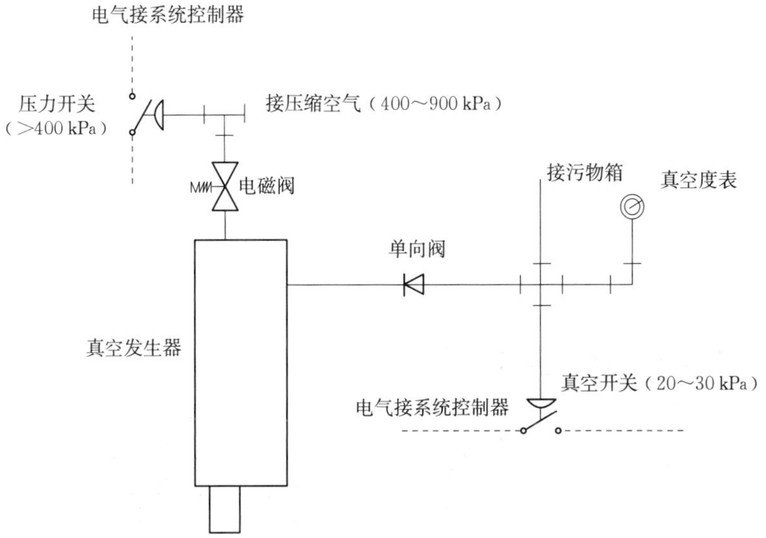

图 5-16 真空发生器原理

生器损坏。单向阀保证空气不能倒流，使污物箱中保持有一定真空度。为保证真空发生器和电磁阀在冬季正常工作，在真空发生器箱内设温度控制器和伴热线，保证真空发生器和电磁阀不结冰造成管路堵塞。

3. 系统控制器箱

系统控制器箱安装在污物箱箱体上，内有继电器、延时器、温度控制器和接线排等。主要作用包括：

(1)控制真空发生器的抽真空动作，保证污物箱的真空度在设定范围内。

(2)控制冬季污物箱防冻系统的正常工作。

(3)提供系统工作状态的显示信号。

4. 水分离器

水分离器用于分离空气中的水分，保证进入电磁阀和真空发生器的空气干燥，以免冬季结冰造成管路堵塞。

5. 液位开水

液位显示仪用于显示污物箱的液位(80%和 100%)，当污物达到 100%时，整套系统停止工作。

6. 阀

污物箱两端设排污阀、通气阀和冲洗阀，可在客车任一侧排空和冲洗污物箱时使用。

7. 手动排放装置

手动排放装置设在污物箱一端，保证客车在低速运行时可以排放一定量污物，由排放阀、电磁阀、通气阀组成。当打开位于乘务员室的排放开关后，排放阀和通气阀打开，同时切断集便系统的电源以保护系统，污物箱中污物便可排到车外，排放量和排放地点由乘务员控制。

8. 防冻系统

污物箱的外部缠有自控温电伴热线，保证污物箱冬季能正常工作。排污阀及排污管路加伴热线保证冬季污物可正常排空。

(二)蹲式便器

蹲式便器分左、右件,镶在玻璃钢地板上,由蹲便盆、喷嘴和排污阀等组成,如图 5-17 所示。便盆造型的设计原则是用最小的耗水量达到最佳的冲洗效果,耗水量为 0.295～0.473 L。便盆排出口的口径比系统其他部分小,并与一个 90°弯管连接,防止污物堵塞管路。

排污阀安装在便盆出口的 90°弯管上,是由气缸带动的蝶形阀连接,如图 5-18 所示。当排污阀处于关闭状态时,将便器和系统的其他部分隔离开,足够的密封能力保证了在污物箱和排污管路中形成真空。当排污阀处于打开状态时,便器中的污物和冲洗水便可沿着排污管路进入到污物箱中。

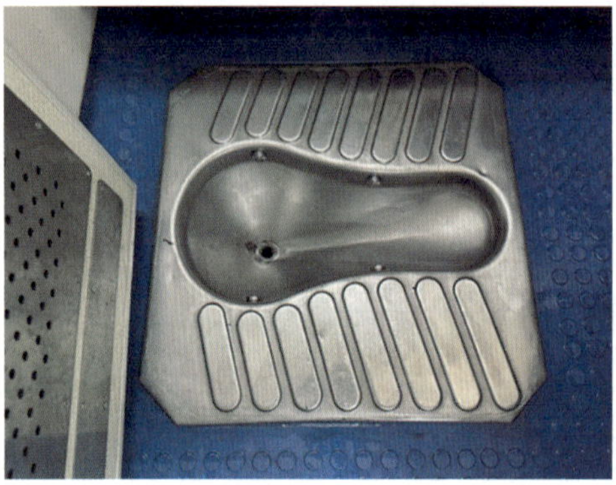

图 5-17　蹲式便器实物

图 5-18　蝶形阀实物

(三)坐 便 器

坐便器用螺栓固定在玻璃钢地板上,由便盆、冲洗环、排污阀组成、玻璃钢外壳和便器盖等组成,如图 5-19 所示。

(四)水增压器

水增压器是采用压缩空气为冲洗水增压,以保证用最小的耗水量达到最佳的冲洗效果,并为冲便阀开启提供压缩空气,如图 5-20 所示。

图 5-19　坐便器实物

图 5-20　水增压器实物

(五)冲洗控制单元

冲洗控制单元和按钮、气阀连在一起,用于控制冲洗循环持续时间和气阀开启的时间。

(六)逆变器

逆变器是将客车提供的直流电 DC 110 V(变化范围:77～130 V)逆变为 AC 220×(1±10%)V 供集便系统电气控制使用,并具有输入极性保护及输出短路、过热、过流、过压保护等功能。

第四节　车门及车窗

客车塞拉门是铁路客车车门的一种典型形式,具有安全性高、密闭性良好、不占车内空间等优点。塞拉门广泛用于客车上,主要采用外摆塞拉门。门关闭后,外表面与车体表面平行,具有美观、实用、阻力小、易控制等特点。客车车窗可分为活动车窗和固定车窗。活动车窗开启后用于通风换气;固定车窗无法活动,只提供自然采光。

一、客车塞拉门

塞拉门在关闭的过程中有塞拉的动作,并且门关闭时门外面与车体外表面齐平,门打开时车门车体部分重叠。塞拉门从功能上分为手动、半自动、全自动等。我国铁路客车上装有的塞拉门为电控或手控气动塞拉门。本节主要以 MS730CP50 型电控气动塞拉门为例介绍塞拉门的基本结构与工作原理,其他型号塞拉门结构、原理与之基本相同。

(一)结构组成

塞拉门由门体、门框、驱动机构、承重机构、传动机构、导向机构、闭锁装置、门锁及操纵装置、密封和防挤压装置、翻转脚蹬、气动元件和电控系统组成。塞拉门主要由以下 6 个部件和系统组成。

1. 基础部件

(1)基础部件包括上、前、后压条,上、下滑道,带防冻装置的防护罩,防护罩胶条,门框胶条等零件。其主要作用是引导门扇的运动及实现门扇与车体的密封。

(2)翻转脚蹬,主要由转轴箱、支承架及脚踏板等组成。

(3)翻转脚蹬传动杆,主要由下拉杆、接杆、套、气缸支架及气缸等组成。

2. 门扇部件

门扇部件主要由门扇(下部带防冻装置)、锁扣、保险锁(隔离锁)、下支架、携门架组成。

3. 驱动部件

(1)移动承载部件,主要由支架、挂架、长导柱、短导柱及直线轴承组成。

(2)气动机构及气路系统,由无杆气缸、气缸支架、球阀(作气源开关用)、快排气阀、过滤减压阀组件、消音器、节流阀、气管、管接头等组成。

4. 操作部件

操作部件主要由内操作装置(电控锁)、外操作装置(手动、电控双功能锁)、联动机构、紧急解锁装置(手动锁)等四个部分组成。

5. 门锁部件

门锁部件主要由开、闭锁气缸和锁体、锁叉定位套及锁扣等零件组成。

6. 电控系统

电控系统主要由 PLC、电源开关及指示灯、蜂鸣器、电磁阀、压力继电器、压力波开关、磁感应开关、电气箱及其附件组成。

(二)工作原理

1. 门控系统

驱动装置为气缸式结构,一般开门时间单程为 3～6 s,门的运动速度由气缸两端的节流阀调整。门的导向由上、下导轨实现。闭锁装置产生的机械闭锁力能保证在压缩空气发生故障时车门不会自动开启。防挤压装置是为防止车门在关闭时压挤乘客而设置的,其防挤压力不大于 150 N。防挤压功能在关门全行程的 98%范围内具有门遇障碍物可自动返回,10 s 后再自动关闭。

车门内、外操纵装置用于车门的开关操作。塞拉门可实现列车集中控制和本车控制,紧急情况下亦可进行手动解锁。通过集中控制箱、本车三角钥匙开关或车门的按钮、电子钥匙来实现列车各车门的操作。

2. 气动系统

塞拉门不仅主要组成相同,而且气动系统也基本一致,一般由车辆风源、空气过滤器、调压阀、风缸、气路控制阀及空气管等组成。车辆风源由车下储风缸提供,供气压力为 450～900 kPa。

3. 电控系统

整列车塞拉门的电控系统主要由一个集控箱和各车厢的单车电控系统组成。一个车厢总共有四套车门,两套门控器,每端一左一右两个门,共用一个门控器。当车速小于 5 km/h 时,判定"车辆静止",门控系统处于"安全"状态,门可以打开;当车速大于或等于 5 km/h 时,判定"车辆不静止",门控系统处于"非安全"状态,除了紧急锁外,其他方式不能将门打开。

(三)门控操作

门控操作有手动、电控气动、集控气动三种操作方式。

1. 手动操作

当门系统无电无气时,可用下述方法实现门的开启与关闭。

(1)开门

用专用三角钥匙按紧急解锁装置(或外操作装置)标记上箭头所指方向(顺时针)转动装置上的三角头转轴约 45°实现解锁后,用手拉动门扇即可实现开门。在操作过程中如遇非正常情况松开钥匙后仍不能拉动门扇,此时操作者可一手进行解锁操作,同时另一手拉动门扇即可将门打开。

(2)关门

用手拉动门扇直至关闭位,当听到锁的二级闭锁动作发出声响,即认定门已被可靠锁闭;若只听到一级闭锁动作声响则应开门重新关门,直到实现二级锁闭。

2. 电控气动操作

(1)开门

集控系统未开或没有集控关门信号且有电有气时,外操作装置与内操作装置具有相同的功能，用三角钥匙按箭头所示操作方向操作，如图 5-21 所示。蜂鸣器响 2 s 以后车门打开，翻转脚蹬翻下呈水平状。

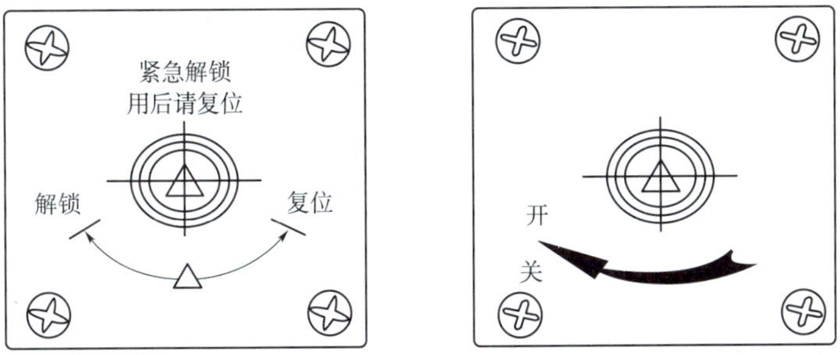

图 5-21　门控操作

在有集控关门信号且有电有气时：

a. 内操作装置不能开门。

b. 操作外操作装置压下微动开关，系统将关门电磁阀电源切断，这时可以手动开门，10 s 后门将自动关闭。

在遇到紧急情况时，用三角钥匙按箭头所示方向顺时针操作紧急解锁装置，系统将电磁阀电源切断，报警蜂鸣器报警，此时可以手动开门；如果手动操作未复位，有电时报警蜂鸣器将持续报警，塞拉门也将失去所有自动控制开关门的功能。

(2)关门

车门处于开启状态，用三角钥匙按箭头所示操作，蜂鸣器响 2 s 后，车门关闭，同时翻转脚蹬向上翻起。若车门在关闭过程中遇到障碍会自动返回，2～5 s 后再自动关闭。若关闭途中障碍仍存在，则车门会重复上述动作，直到障碍排除。车门关闭至离门框胶条小于 30 mm 时，无防挤压功能。

车速≥5 km/h 时(5 km/h 信号由车辆防滑器提供)，车门将自动关闭，且没有防挤压功能。

3. 集控气动操作

(1)开左侧门。将集控箱里的开左、右侧门信号选择开关旋至开左侧门位置，按开门按钮，各车厢门系统得到信号后，蜂鸣器响 2 s 后，左侧车门执行打开功能。

(2)开右侧门。将选择开关旋至开右侧门位置，其他操作与上相同。

(3)关门。无论选择开关在何位置，按关门按钮，各车厢得到信号后，蜂鸣器响 2 s 后，车门关闭。如果状态指示灯不熄灭，则表示有门没有关到位，可重新按下关门按钮，此时关到位的门不动作，没有关到位的门重新打开后自动关闭。

(4)集控操作注意事项

①集控处在关门状态时，各车厢单门系统的内操作不能电控开门，外操作只能实现手动开门，10 s 后自动关门。

②当车速≥5 km/h 信号产生后，集控的各种操作不起作用。

③保险锁锁闭时，单门控制系统将不接收任何信号，并且该门的“门关到位”信号正常供给集控系统。

④紧急解锁装置解锁后，系统将电磁阀电源切断，各类操作无效。

二、客车车窗

客车车窗为铝合金组合车窗，分为活动车窗和固定车窗两种，以下主要介绍车窗的结构和操作方法。

(一)结　　构

1. 活动车窗

活动车窗由上活扇及下固扇两部分组成，上活扇采用内翻式，向车内翻转角度约为30°。上活扇上部有左右两个开启把手，把手上带有三角锁，如图5-22所示。

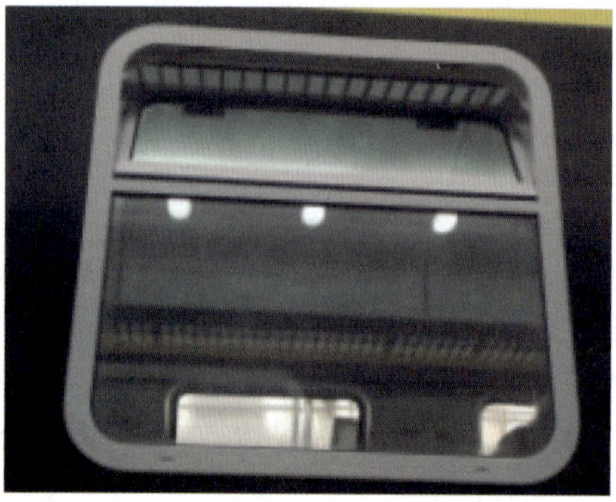

(a)

(b)

图5-22　活动车窗实物

2. 固定车窗

固定车窗分为两种，一种为胶合板墙板所用的带有内饰框组成，另一种为整体墙板所用的不带内饰框。窗由铝合金框、窗玻璃、胶条及拉紧滑块组成，通过转动拉紧滑块上的内六角紧固螺钉将车窗与车体钢结构拉紧，如图5-23所示。

图5-23　固定车窗实物

(二)操作方法

1. 活动车窗开启

首先观察车窗状态，如果车窗三角锁芯红点与锁把上的红点对应表示车窗已经锁死，应用三角钥匙套入锁芯中(左边锁为顺时针、右边锁为逆时针方向)旋转90°，如图5-24和图5-25所示。当锁芯红点与锁把绿点相对应时取出三角钥匙，用手扣住锁把往上轻轻一抬(此时锁机构已经为打开状态)，车窗活动部分就打开了；如果车窗左右两侧开启手把三角锁芯红点与锁把上的绿点对应，表示车窗没有锁死，则直接进行开启就可以了。

开启时手不要松开，在开启过程中要用手扶着活动部分，顺势往内旋转，感觉到活动部分靠实后再将手放开，否则活动部分自由旋转掉下的冲击力会对车窗造成损坏。

（a）

（b）

图 5-24　活动车窗锁芯标识

图 5-25　活动车窗窗锁状态检查

2. 活动车窗关闭

将手放在车窗锁机构下方处，沿斜上方用力一推，车窗依靠惯性力自行锁上，用三角钥匙套入锁芯中（左边锁为逆时针、右边锁为顺时针方向）旋转 90°。当锁芯红点与锁把红点相对应时取出三角钥匙，车窗关闭完成。

典型案例

(一)塞拉门无法关闭事故

1. 事故概况

某次客车运行至车站,车站值班员发现5号车厢三位塞拉门未关闭,经车辆乘务员检查电动关门无反应,手动对塞拉门二级锁复位后关闭,列车晚点开车12 min,构成行车设备故障。

2. 原因分析

经调查,造成塞拉门无法关闭事故的主要原因为关门操作时关门信号未传递给门控器,更换塞拉门常用锁芯后塞拉门开关门各项功能良好。

(二)电热开水器冒烟事故

1. 事故概况

某次客车运行途中,车辆乘务员对机后3车电热开水器故障进行处理后,漏开进水阀,加之电热开水器缺水保护功能失效,导致电热开水器出现体内异响、炉体发烫并发出焦糊味,后被及时发现并妥善处理,耽误本列9 min,构成铁路交通一般D10类事故。

2. 原因分析

经调查,车底出库时,该辆客车电热开水器进水阀处于开启状态。车辆乘务员进行途中作业巡视至本辆时,接到旅客反映电热开水器无热水的问题后,遂将进水阀关闭,打开冷、热水排水阀进行排水处理,发现电热开水器工作指示灯亮后,关闭冷、热水排水阀,但漏开进水阀。事故电热开水器在客车新造出厂时装用,具有缺水保护功能,但无防干烧功能。后经实施专项检修,库列检进行功能试验时,没有发现因浮子开关作用不良导致的缺水保护功能失效故障,导致电热开水器“带病”使用将近一个月。

(三)车辆集便器吸污口盖途中开放事故

1. 事故概况

某次客车列车临停于车站。车辆乘务员接司机通知,机后某位车辆二位集便器吸污口盖开放,请立即处理。接到通知后,车辆乘务员立即赶往故障位置处,确认故障属实。车辆乘务员接到段客车调度应急指挥中心询问电话,车辆乘务员向客车调度应急指挥中心进行了汇报,并按要求将吸污口盖关闭,并使用铁丝捆扎。故障处理完毕,通知司机开车,停车28 min。

2. 原因分析

检查该车集便器专项修情况,该车做过集便器专项修。检查发现该集便器污物箱二位吸污口盖把手分别用两根铁丝捆扎在吸污口盖铰链上;清除捆绑铁丝后,检查发现吸污口盖把手弹簧松软变形,弹簧未扣在弹簧座上,多次关盖试验发现该车二位集便器吸污口盖把手因弹簧弹力失效,易造成吸污口盖脱扣、开放。经分析判断某次客车车辆二位集便器吸污口盖途中开放的原因是:该车二位集便器吸污口盖把手弹簧失效,列车运行过程中因车辆震动使吸污口盖与座间的搭扣脱开,导致吸污口盖敞开运行。

复习思考题

1. 车顶水箱给水装置是如何进行注水和排水的?
2. 客车电热开水器工作过程是怎么样的?
3. 满水保护器的工作原理是什么?
4. 集便器的工作原理是什么?
5. 集便器如何进行应急排放?

第六章　客车供电及空调装置

铁路客车供电装置是铁路客车的重要组成部分。在早期，铁路客车主要采用 DC 48 V 的供电方式。随着铁路客车技术的进步和乘客对旅行舒适度的日益增长的需求，出现了配备独立发电机组的单车供电模式。随后，为了满足更高的供电需求，发展出了采用发电车 AC 380 V 集中供电。随着铁路运行速度的提升和电气化铁路的普及，目前铁路客车供电系统已经发展为 DC 600 V 的机车供电方式。

客车空调装置是现代客车基本部件之一，用于调节客室内温度和湿度，改善客室内空气质量。客车空调装置主要由电源柜、空调控制柜、空调机组、送风系统等组成，现有客车空调送风系统一般采用客室顶部送风，车端平顶回风。

第一节　客车供电方式及附属装置

客车的供电方式多种多样，主要可根据列车的具体条件和需求来选择，主要有单车独立供电、集中供电、DC 600 V 供电等方式。客车附属装置包括蓄电池、轴温报警器等部件。客车的供电方式及附属装置对于列车的正常运行和乘客的舒适度至关重要。随着科技的不断发展和进步，客车供电方式将更加多样化和高效化，其附属装置也将更加数字化和智能化。

一、单车独立供电

单车独立供电（分散式供电）是在每辆客车上安装一套独立的供电系统，当车辆用电量较小时，也可以每 2 辆或 3 辆车共用一套独立供电装置。此时安装有发电设备的客车称为母车，不带发电设备的车称为子车，子母车之间通过车端电力连接器沟通车内输电干线。客车单独供电有下述三种类型：

1. 蓄电池组供电

此供电方式是把若干个蓄电池组结合起来向负载供电。这种供电方式仅适用于用电量不大的客车，在国内使用的客车上不易见到。

2. 车轴发电机供电

此供电方式是采用车轴驱动的发电机与蓄电池组并联向负载供电，普通 22 型、23 型、25B 型客车就是采用这种供电方式。轴驱式发电机的工作电压，当功率小于 3 kW 时用 24 V，功率为 3～10 kW 时用 48 V，功率在 10 kW 以上时用 110 V。

3. 小型柴油发电机组供电

此供电方式是在客车底部装设小型柴油发电机组向负载供电，这种供电方式适用于单独或分开连挂且装有空调装置的软卧车、宿营车和其他类型的客车。

二、集中供电

集中供电是由专门的供电装置向整列车的负载进行供电，这种供电方式适用于用电量较大并且是固定编组的列车(如全列空调客车)。列车集中供电的电源可以由列车中的发电车柴油发电机组提供，也可以由接触网通过电力机车主变压器提供。

1. 发电车柴油发电机组供电

这种供电方式由发电车的柴油发电机组集中供电，供电电压一般为三相线电压 AC 380 V，相电压 AC 220 V，频率 50 Hz，通过车端电力连接器分两路向客车送电。

2. 机车供电

这种供电方式取消了客车编组中的发电车，改由机车集中供电。供电电压一般为三相线电压 AC 380 V，相电压 AC 220 V，频率 50 Hz，通过车端电力连接器分两路向客车送电。

三、DC 600 V 供电

为了满足客车用电量的日益增加，其供电设备的容量和质量也不断加大，这就使发电车的轴重不断增加，不能完全满足提速列车轴重的要求。因此加速发展电网供电列车，才能适合客车今后高速发展的需要，DC 600 V 供电就是结合我国国情生产的。

1. 供电系统

机车受电弓接收由电网输送过来的 25 kV 单相交流高压电，经降压后，采用 2 套独立工作的单相半控整流装置将单相交流电整流成两路直流电，每路额定输出电压 DC 600 V，电流 670 A，容量 400 kW，通过机车两端 KC20D 型供电输出插座分别向列车供电。DC 600 V 供电有以下优点：

(1)机车采用整流方式提供 DC 600 V 电源，技术成熟，可靠性高。

(2)采用两路供电方式，具有一定冗余，一路电源故障时，另一路仍可向客车供电。

(3)各车厢逆变器设置在车下，不占用车上有效空间。

(4)取消了发电车。

(5)各车厢独立性强，列车编组灵活。

(6)DC 110 V 全列贯通，各车厢 DC 110 V 供电系统互补性强、可靠性高。

(7)供电系统可集中控制，操作简单，可实现 DC 600 V/AC 380 V 兼容供电。

2. 客车供电装置

客车供电装置由车端连接器、列车供电干线、配电柜、逆变器、蓄电池组、充电器、空调控制柜、照明控制柜等部件组成。供电系统主电路工作原理如图 6-1 所示。

机车提供的两路 DC 600 V 电源通过车端连接器引入配电柜，配电柜将其中一路输入逆变器及充电器。逆变器将 DC 600 V 变换成三相 AC 380 V，频率 50 Hz 的交流电，通过配电柜向电热开水器、电热温水箱、废排风机等用电负载供电，并通过空调控制柜向空调机组供电。

充电器将 DC 600 V 直流电变换为 DC 110 V 直流电，向蓄电池组充电，同时通过照明控制柜向车内照明及供电装置控制系统等负载供电。每辆车设蓄电池组，蓄电池组与 DC 110 V 干线间采用二极管隔离。

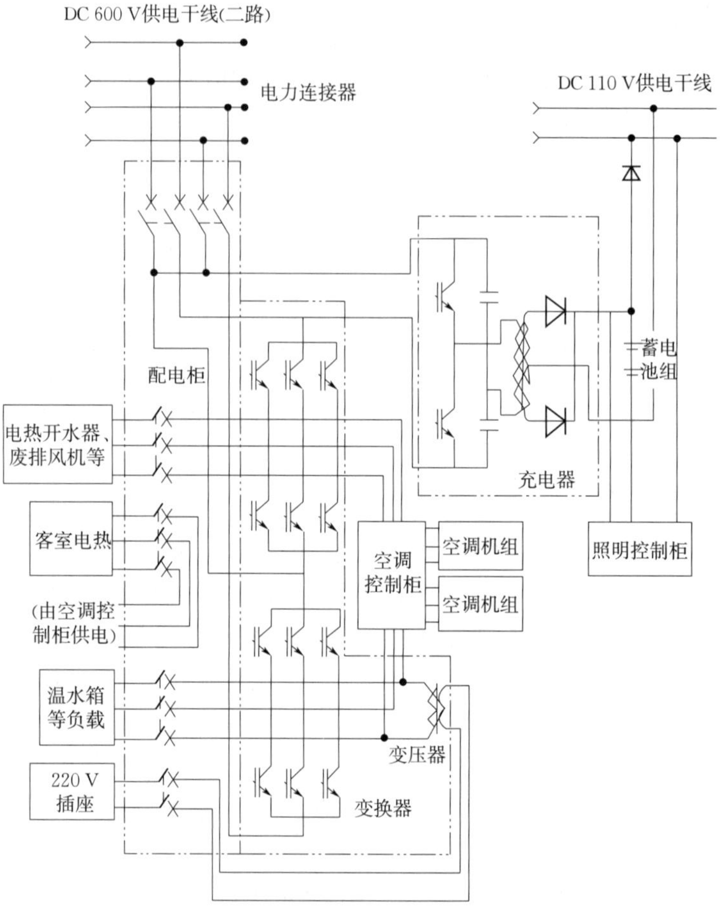

图 6-1 供电系统主电路原理

空调控制柜、逆变器、充电器的控制电源均受配电柜控制，配电柜控制电源受机(动)车控制。

3. 车端连接器

车端连接 DC 600 V 采用 KC20D 型电力连接器，外形及安装尺寸与 KC20A 型电力连接器相同，4 对接触对的容量相同，2 对作为 DC 600 V 正线连接，2 对作为 DC 600 V 负线连接。DC 110 V 采用 SL21 型电力连接器，2 对接触对的容量相同，1 对作为 DC 110 V 正线连接，1 对作为 DC 110 V 负线连接。集控线通过集控连接器中 2 对接触对相连。

4. 配电柜

配电柜设有 DC 600 V 的Ⅰ路、Ⅱ路供电选择电路，可以方便地选择其中一路向逆变器、充电器供电。设有多路 AC 380 V、AC 220 V 交流供电电路，将逆变器输出的交流电分别向空调机组、电热开水器及其他负载供电。

配电柜内设有本车漏电检测，检测本车 DC 600 V 供电线路及三相交流负载的对地绝缘电阻，当对地绝缘阻值小于 2 kΩ 时，漏电检测输出继电器不闭合，DC 600 V 供电接触器不吸合，DC 600 V 停止向本车厢供电。

5. 逆变器

逆变器将 DC 600 V 变换成三相 AC 380 V/50 Hz 交流电，以满足车辆设备用电需要。变换器采用电压型桥式逆变电路，其功率开关器件为 IGBT 元件；控制电路采用微机控制，具有贯穿短路、过压、欠压、过流、散热器过热等保护功能以及 IGBT 元件故障和电子控制故障检测功能。为解决散热及防雨雪、防风、防脏物、防飞石碰撞问题，逆变器采用整体密封、整体散热的箱体结构。

为避免变换器工作在空载状态及冬季采暖工况时输出电压降低，由空调控制柜提供"系统工作信号""电热信号"。控制系统内部有故障诊断和记忆功能，检测到故障信号时自动将逆变器切除。双逆电源中 2 台逆变器的控制相互独立，其中一台变换器有故障不能正常工作时，另一变换器正常工作，面板上有工作状态、故障状态指示灯。

6. DC 110 V 供电装置

DC 110 V 供电装置由蓄电池组、充电器等部件组成。

(1)蓄电池组

采用 78 节中倍率碱性蓄电池，额定电压 93.6 V，容量为 100 A·h，额定充电电压为 DC 115 V，最大允许充电电流为 25 A。

(2)充电器

充电器将 DC 600 V 变换成 DC 110 V，向蓄电池充电的同时向 DC 110 V 用电负载供电。充电器采用高频 DC-DC 变换技术，其功率开关器件为 IGBT 元件。控制电路具有短路、过压、过流、散热器过热、蓄电池反接等保护措施。

充电器具有限流恒压充电功能，符合蓄电池充电特性要求(最大充电电流为 25 A)，具有蓄电池低压保护功能。当电池电压低于 92 V 时，自动切断大电流负载。电网供电中断后再恢复时，能够自动投入正常运行。

7. 空调控制柜

空调控制柜与发电供电列车用空调控制柜的控制功能大体相同。其不同点为 DC 600 V 系统中空调控制柜采用 DC 110 V 电源；增加了对变换器的控制信号线；1T2 控制柜中 AC 380 V 交流电源分 2 路，分别由 2 台逆变器供电。

8. 照明控制柜

照明控制柜将 DC 110 V 用电负载实行分级控制。车厢应急照明、供电设备控制用电、轴报及电子防滑器用电由 DC 110 V 列车干线提供，客室照明等其他负载由本车蓄电池供电。

四、蓄 电 池

蓄电池是一种化学电源，可以把电能转变为化学能储存起来(充电)，使用时再把化学能转变为电能释放出去(放电)。蓄电池的充、放电是可逆的，可以反复使用。蓄电池根据极板所用材料和电解液性质的不同，一般可分为酸性(铅)蓄电池和碱性(铁镍或镉镍)蓄电池两种，分别如图 6-2 和图 6-3 所示。

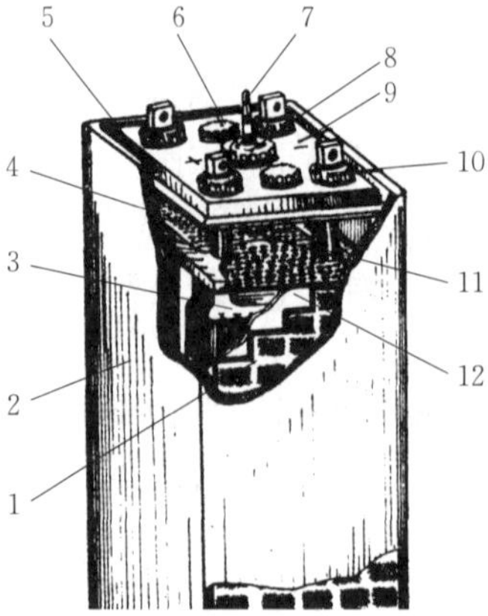

1—负极板;2—胶槽;3—正极板;4—防波板;
5—硬沥青封口;6—注液孔盖;7—浮标;8—浮标孔盖;
9—电池盖;10—极柱卡;11—浮标套;12—隔板。
图 6-2 TG 型铅酸蓄电池构造

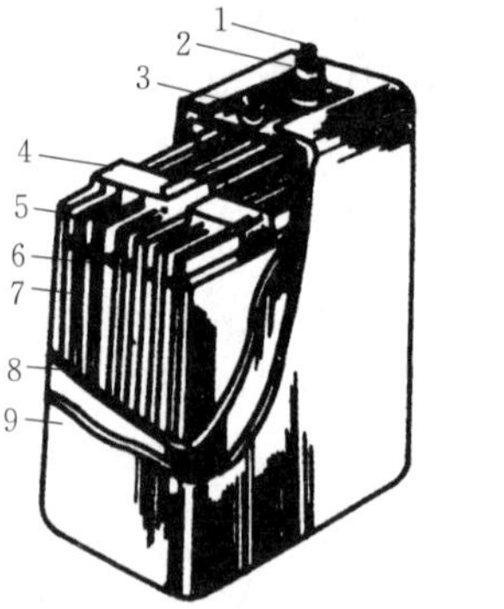

1—极柱;2—螺母;3—注液泄气装置;
4—极耳;5—隔离物(隔膜);6—正极;
7—负极;8—壳体;9—绝缘套。
图 6-3 镉镍蓄电池构造

(一)酸性(铅)蓄电池

常用蓄电池有 TG-450 型酸性铅蓄电池。铅蓄电池成本较低,单位重量较小但使用稀硫酸作为电解液易腐蚀电池池箱,造成车体漏电;碱性镉镍电池使用寿命长,结构牢固,耐高温及大电流充电。

TG-450 型酸性铅蓄电池电池容量为 450 A·h,蓄电池标称电压为 12 V,蓄电池组的标称电压为 12 V×n(n 为串联电池只数),是以稀硫酸作为电解液的电池。

1. 蓄电池使用注意事项

(1)蓄电池充电终期,充电电流不宜过大,否则产生强烈气泡,造成极板上的作用物质脱落,影响蓄电池的寿命。

(2)蓄电池补充水时,应补添纯净的水,不能随意添加补充其他天然水,以防危害电池。

(3)应用和维修保养工作中有氢气产生和硫酸污水,确保蓄电池箱通风口畅通,同时注意使用防护品防止铅中毒及电解液灼伤。

2. 铅酸蓄电池常见故障

电池常由于极板制作质量不佳、使用维护不当、自然衰老等原因而发生故障。常见的故障现象有极板硫化、短路、弯曲、自放电严重、作用物质过量脱落等。蓄电池在运用中除上述故障外,还经常发生因电池槽破裂漏液、极板折断、沥青封口开裂等故障,这些都应在维护中引起注意并及时处理。

(二)碱性(铁镍或镉镍)蓄电池

25T 型铁路客车按电压制式不同分为 AC 380 V 交流供电系统和 DC 600 V 直流供电系统两种类型。在交流 AC 380 V 供电正常时,充电整流装置向蓄电池组充电,当交流停电或故障断电时,蓄电池放电,向车上重要负载及应急照明供电。在直流 DC 600 V 供电正常时,充电机向蓄电池组充电。当 DC 600 V 停电或故障断电时,蓄电池放电,向车上重要负载及应急照明供电。

电池容量为 120 A·h,每车装有 78 节 GN-120 型袋式镍镉蓄电池,是以蒸馏水作为电解液的电池。

1. 蓄电池使用和维护

(1)使用前，要做外观检查和电压测量。有破裂、漏液应挑出，单只电压低于 0.5 V 应注入少量电解液。

(2)使用前，将气塞拧掉灌入电解液，调整液面，使液面高出极板 50～60 mm。

(3)镍镉电池使用的苛性碱能烧损皮肤和眼睛，操作人员应戴手套和眼镜，禁止明火和焚烧。

(4)蓄电池在正常使用情况下，应具有良好的免维护性，补水周期原则上不得短于 1 年。

2. 主要故障及排除方法(表 6-1)

表 6-1　主要故障及排除方法

故障现象	故障原因	排除方法
容量降低	电解液使用时间过长，碳酸盐含量太高	更换电解液
	采用电解液不当	更换适用的电解液
	电解液用量少，露出部分极板	补加纯水或体积质量低于 1.20 g/cm³ 的电解液，并调整体积质量然后过充电
	电解液中有害杂质过多	清洗后更换合格的电解液
	电池充放电不当	调整电池充放电
	蓄电池内部短路或微短路	细微检查原因，如系正负极物质脱落沉淀造成则更换电解液，并清洗干净，然后过充电
	使用仪表不正确	校验所用的电流表、电压表
电压不正常	蓄电池内部短路、断路或无电解液	仔细检查原因，清洗后更换新的电解液
	接触点的接触不良或断开	检查各接触点及连续线的各接触情况，相应处理
外壳膨胀	正极板膨胀	不易修复，以不影响使用为原则
	气塞孔堵塞	用清水洗气塞以便使微孔畅通或更换新气塞
	电池内部短路或电解液中有害杂质太多，产生大量气体气塞排除不及	更换故障蓄电池
	充电后短时便拧上气塞	充电后，开口搁置 2 h 再上塞
电池内部析出泡沫	电解液内部含有机杂质	更换电解液
爬碱严重	凡士林涂抹不良	及时处理保持干燥
	电解液面过高	使用吸管吸出多余电解液
	极柱、气塞密封不良	更换密封零件并拧紧
外壳漏液	焊缝胀开	更换破损电池

五、集中式轴温报警器

铁路客车 KZS/M-Ⅰ型集中式轴温报警器是用于铁路客车轴温监测和报警的电子产品。其采用微型计算机芯片，结构简单、工艺先进，具有可靠性高、抗干扰能力强等优点，实现全列车报警功能和单独报警功能。

(一)工作原理

列车上的KZS/M-Ⅰ型集中式轴温报警器网络包括若干台KZS/M型轴温报警器和1台KZS/M型轴温数据监测记录仪,具体网络结构如图6-4所示。

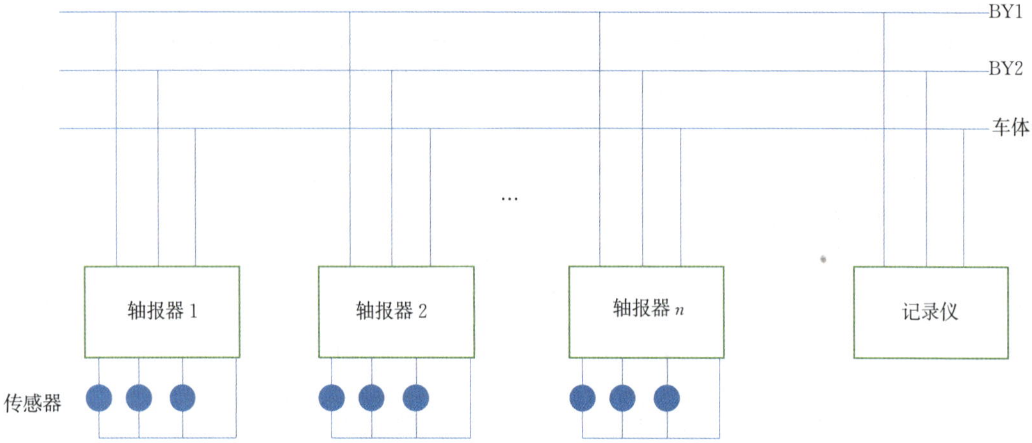

图6-4　KZS/M-Ⅰ型集中轴温报警器网络结构

KZS/M-Ⅰ型集中式轴温报警器没有主从机结构,每一台控制显示器既是主机,也是从机。它是通过顺序发送的方式来完成信息交换的。当某一台仪器发送信息时,其他机器都处于接收状态,发送完成后就转变成接收状态。即使某一台仪器发生故障,也不会使网络瘫痪。

KZS/M-Ⅰ型集中式轴温报警器采用高性能的微型计算机为核心,完成信号检测处理、温度数据的采集、显示数据及数据的传输与收发。KZS/M-Ⅰ型集中式轴温报警器的结构原理如图6-5所示。

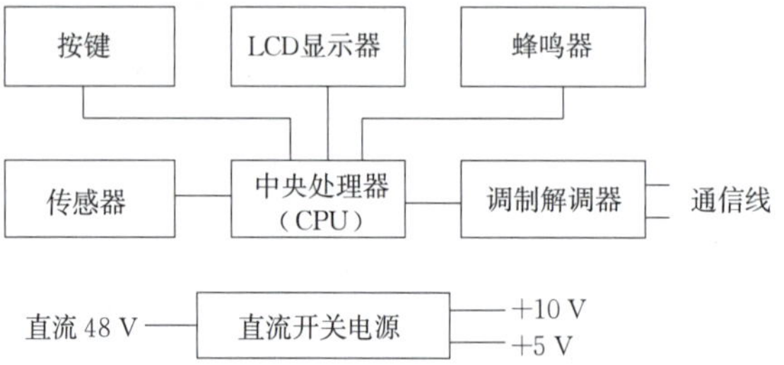

图6-5　集中式轴温报警器的结构原理

当使用数字传感器时,计算机不断地向数字传感器发出温度转换命令,然后检测传感器温度转换是否完成。当温度转换完成后,则把读取的温度值进行比较,如果不正确,则重新读取。

当使用模拟式传感器时,由传感器来的信号经微型计算机进行控制处理。首先,模拟传感器所产生的电压信号通过A/D转换为数字信号,计算机读取转换后的数字信号进行数字滤波,对经过数字滤波后的数值进行计算处理,转换为温度值。

(二)主要技术参数

测量温度范围:−45～+125 ℃。

温度测量精度：对于 20～90 ℃，精度为±1 ℃；对于＜20 ℃或＞90 ℃，精度为±2 ℃。

温度测定路数：8 路轴温，1 路环温。

定点延时：(30±2)s。

报警温度：定点报警，(90±2)℃。

跟踪报警：$C+\Delta t$(C 为环温，Δt 为温升，Δt 可以在 41～49 ℃设定)。

传感器：模拟传感器或数字传感器(DS1820、DS18S20、DS18B20)。

电源电压：KZS/M-Ⅰ型 DC 35～72 V(标准电压 48 V)。

载波车线：两根广播线或两根专用线及车体。

(三)使用方法

仪器的安装接线如图 6-6 所示，将仪器的引线按线号接到轴报端子排上。要注意传感器的极性，检查无误后，仪器即可正常工作。操作仪器前，必须先用钥匙拔出。

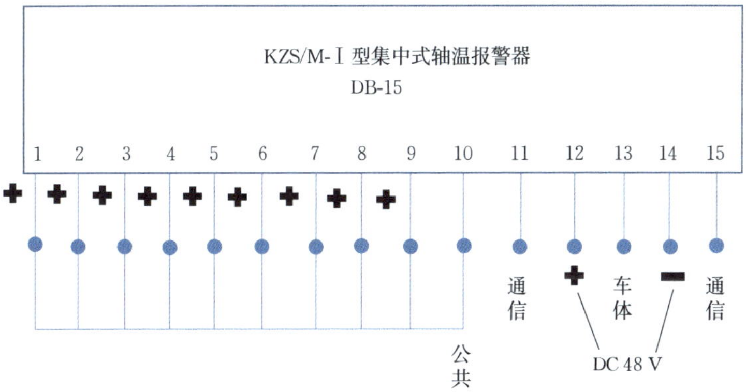

图 6-6 安装接线示意

仪器通电后首先自检，全屏点亮约 1 s，然后依次显示仪器电子身份号、产品型号、软件版本号，300 μA 恒流源检测值、跟踪报警设定值，车种车号，时间，然后显示所接传感器的类型，数字传感器 DS1820 显示“D”、DS18S20 显示“S”、DS18B20 显示“B”，模拟传感器显示“M”。最后进入本车轴温显示状态。

1. 进入功能选择状态

当按下“●”键后显示屏出现主菜单，如图 6-7 所示。

此时“1. ＊××＊”闪烁显示，用“▲”“▼”键选择需要的功能，再按“●”键确认。

(1)进入“1. ＊××＊”车厢顺位号设置状态后，仪器闪烁显示出本车车厢顺位号。用“▲”“▼”键进行选择本车厢顺位号，设置完毕后，用“●”键盘确认。

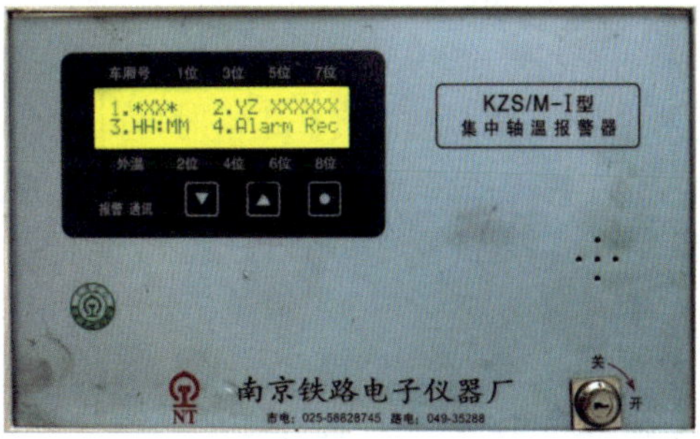

图 6-7 轴温报警外观及主菜单界面

(2)进入“2. YZ ××××××”车种车号设置状态后，仪器闪烁显示车种符号。用“▲”键选择和改变闪烁显示位的数字和符号，用“▼”键移动闪烁显示位。设置完毕后，用“●”键盘确认。仪器上表示的车型及其代号关系见表 6-2。

表 6-2 各车型及其代号

车　型	代　号	车　型	代　号
硬卧车	YW	行李车	XL
硬座车	YZ	空调车	KD

(3)进入“3. HH:MM”时钟设置状态后，仪器显示出当前的时间，并在年的第三位闪烁显示。用“▲”键校时，用“▼”键移动设置位。设置完毕后，用“●”键盘确认。仪器返回主菜单下显示。

2. 进入功能状态

若按下某一键，如果(10±1)s 内没有再操作任何键，则仪器自动返回到本车厢轴温显示状态。

3. 任意一台仪器轴温显示状态

如按下“▼”或“▲”键能够显示查阅全列车网络中任意一节车厢的 8 路轴温和环温。如果网络中没有的车厢，按下“▲”键则显示不切换。当选择到其他车厢后，不再操作任何键时，仪器进入定点显示状态，(30±2)s 内返回本车监测状态。

4. 仪器自带报警记录功能

同时按下“▲”和“●”键，则进入调阅本车报警的历史数据记录状态，并显示最新的报警数据，若没有报警记录，则显示“NoAlarm!”若有报警记录，此时可通过“▼”或“▲”键翻阅报警历史数据。若(10±1)s 内没有操作任何键，则仪器自动返回到本车监测状态。报警记录容量大于 500 组记录数据，每组报警数据为：报警时间(年、月、日、时、分)、报警轴位、轴温、环温。记录方式为先进先出，自动刷新，断电保护。

5. 特殊显示

传感器开路时，相应轴位显示“———”。传感器短路时，相应轴位显示“+++”。显示本车车厢顺位号时，在车厢号两边加“*”号以示区别。当仪器调阅另外车厢的数据时，如果未收到数据时，显示“×××”。

6. 查阅仪器的电子身份号

同时按下“▼”和“▲”键然后显示仪器传感器的类型。当某一车厢某一轴位的轴温超过环温 45 ℃(跟踪报警默认值)或轴温达到 90 ℃(定点报警)时，全列车的所有仪器都报警并显示超温的车厢号、轴位和轴温。蜂鸣器鸣叫且超温轴的轴温数据和报警指示灯闪烁。当环温传感器出现故障，导致温度非正常时，将自动转换为 90 ℃定点报警。车厢的仪器报警鸣叫 10 s 后停止鸣叫，但仍显示报警的车厢号、轴位和轴温，报警指示灯和超温车厢的仪器上可以通过按“●”键消音，但报警灯和超温的轴温数值仍闪烁，消音后其余车厢的仪器恢复正常监测本车状态。

7. 仪器提供 300 μA 恒流源定位测量功能

同时按下“▼”和“●”键，进入测试状态，此时可通过“▼”或“▲”键选择任意一轴位，通过轴报综合测试台，进行恒流源测试。

8. 模拟传感器和数字传感器选择

当使用模拟传感器时或数字传感器时，仪器自动判断、自动识别，无需调整仪器。

9. 仪器具有车厢顺位号重号自动识别功能

当后开机的仪器所设置的车厢号和先开机的仪器所设置的车厢号重号时，则后开机的仪器所设置的车厢号闪烁以作提示，但仍可监测本车轴温，不影响网络的工作。

10. 仪器具有外接 IC 卡轴温数据记录仪的接口

接口采用 DB-9 型孔形插座，可将任意一台仪器与 IC 卡轴温数据记录仪连接。

11. 仪器具有模拟温度精度调整及恒流源精度调整功能

按“●”键 5 s，进行温度 20 ℃精度调整，再按一次“●”键进行 90 ℃精度调整，再按一次“●”键进行 300 μA 调整。当选择要调整的内容后，通过“▼”或“▲”键调整所确定的精度值，最后，通过功能键“●”确认保存退出。

12. 跟踪报警(DTH)值的设置方法

按“●”键约 10 s，进入跟踪报警值调整状态。注意，在按“●”键 10 s 过程中，约 5 s 时有“嘀”一声，此时不要松开按键，直至再一次听到“嘀”声响时松开按键。跟踪报警温度值可设置范围为 41～49 ℃中的任一值。出厂默认设定值为 45 ℃。

第二节 客车空调装置

客车空调装置主要由电源控制柜、空调控制柜、综合控制柜和空调机组等组成。

一、电源控制柜

客车电源控制柜的主要作用是对来自发电车的Ⅰ路和Ⅱ路供电进行选择，并向空调机组控制柜、照明控制箱、电热开水器控制箱等电气设备提供电源，如图 6-8 所示。电源控制柜主回路电源为三相交流 AC 380 V/50 Hz，控制回路电源为单相交流 AC 220 V/50 Hz。电源柜原理如图 6-9 所示。

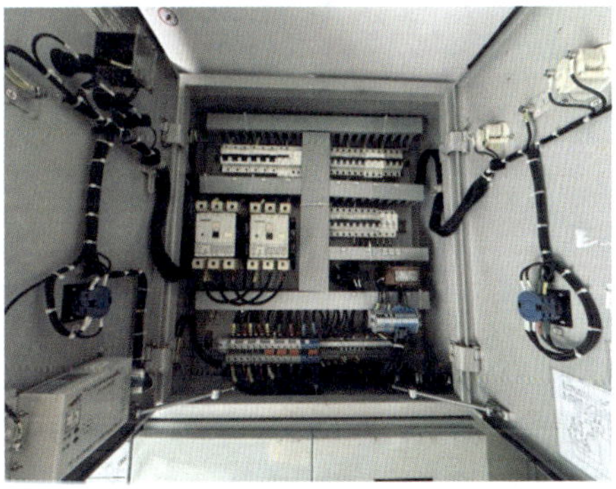

图 6-8 AC 380 V 电源柜元件布局

(1)闭合空气开关 Q1、Q2，将Ⅰ、Ⅱ路供电选择开关置Ⅰ路供电位或Ⅱ路供电位。Ⅰ路供电时，接触器 KM1 得电吸合，指示灯 HL1 点亮。Ⅱ路供电时，接触器 KM2 得电吸合，指示灯 HL2 点亮。

(2)当选择Ⅰ路或Ⅱ路供电时，将电压测量选择开关 KA2 打到相应位置，可实现Ⅰ路或Ⅱ路电压测量。

(3)闭合空气开关 Q3，Ⅰ路电热器工作；闭合空气开关 Q4，Ⅱ路电热器工作；Q3、Q4 同时闭合，Ⅰ、Ⅱ路电热器同时工作。配属北方铁路局集团公司的客车另外增加了一路电热器即电热Ⅲ路，闭合空气开关 Q9，Ⅲ路电热器工作。

(4)闭合空气开关 Q5，排风机工作；闭合空气开关 Q6，给应急电源提供交流电源；闭合空气开关 Q7，向电热开水器供电。

二、空调控制柜

空调控制柜安放在车厢的乘务员室或配电室中，主要由控制开关、温度控制器、接触器、继电器、计时器以及面板上的指示灯等组成，用于保护和控制电路。本部分主要介绍 KLC40C-1T1 型控制柜的结构与工作原理，其电气原理如图 6-10 所示。

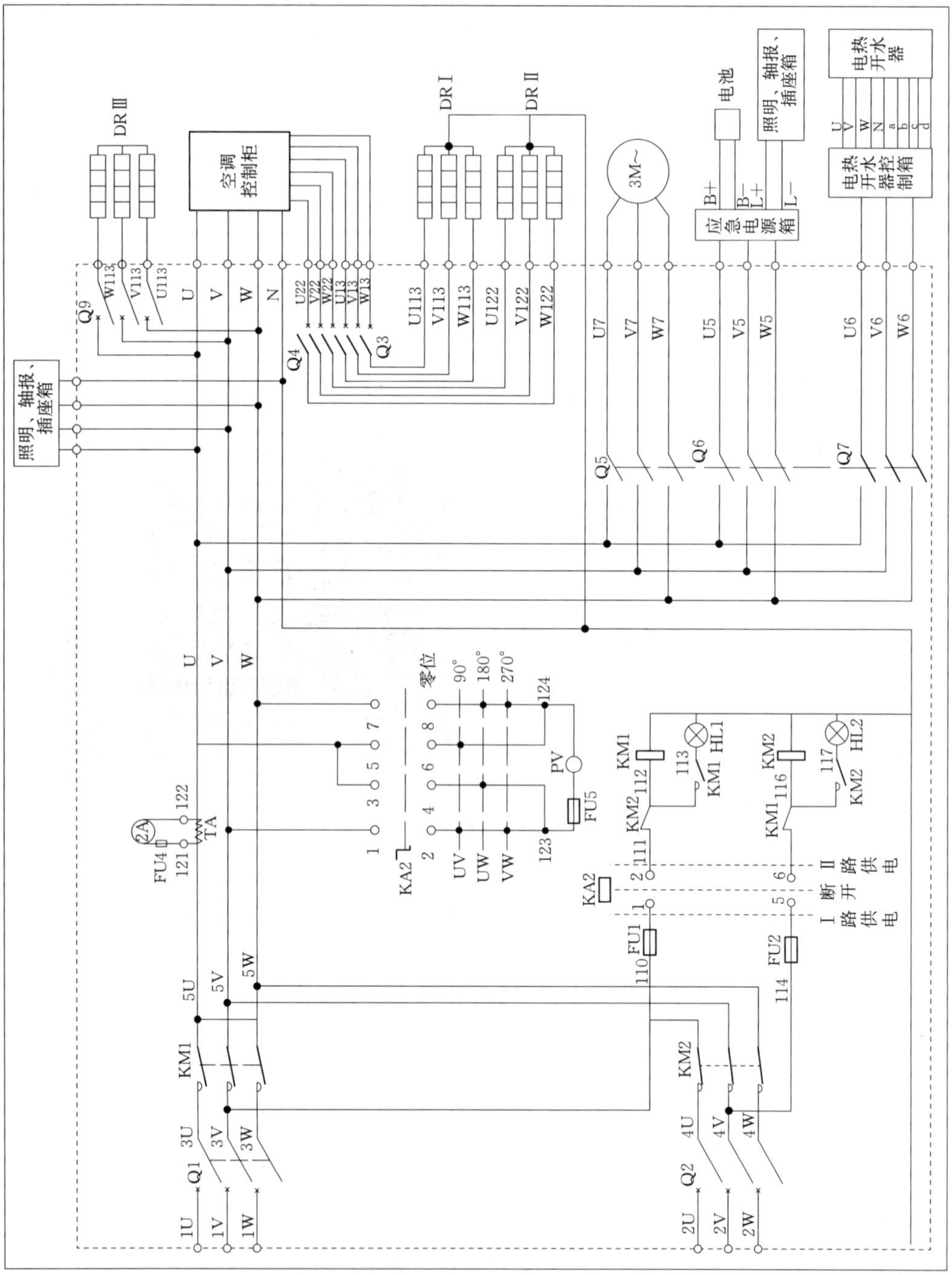

图 6-9 AC 380 V 电源柜原理

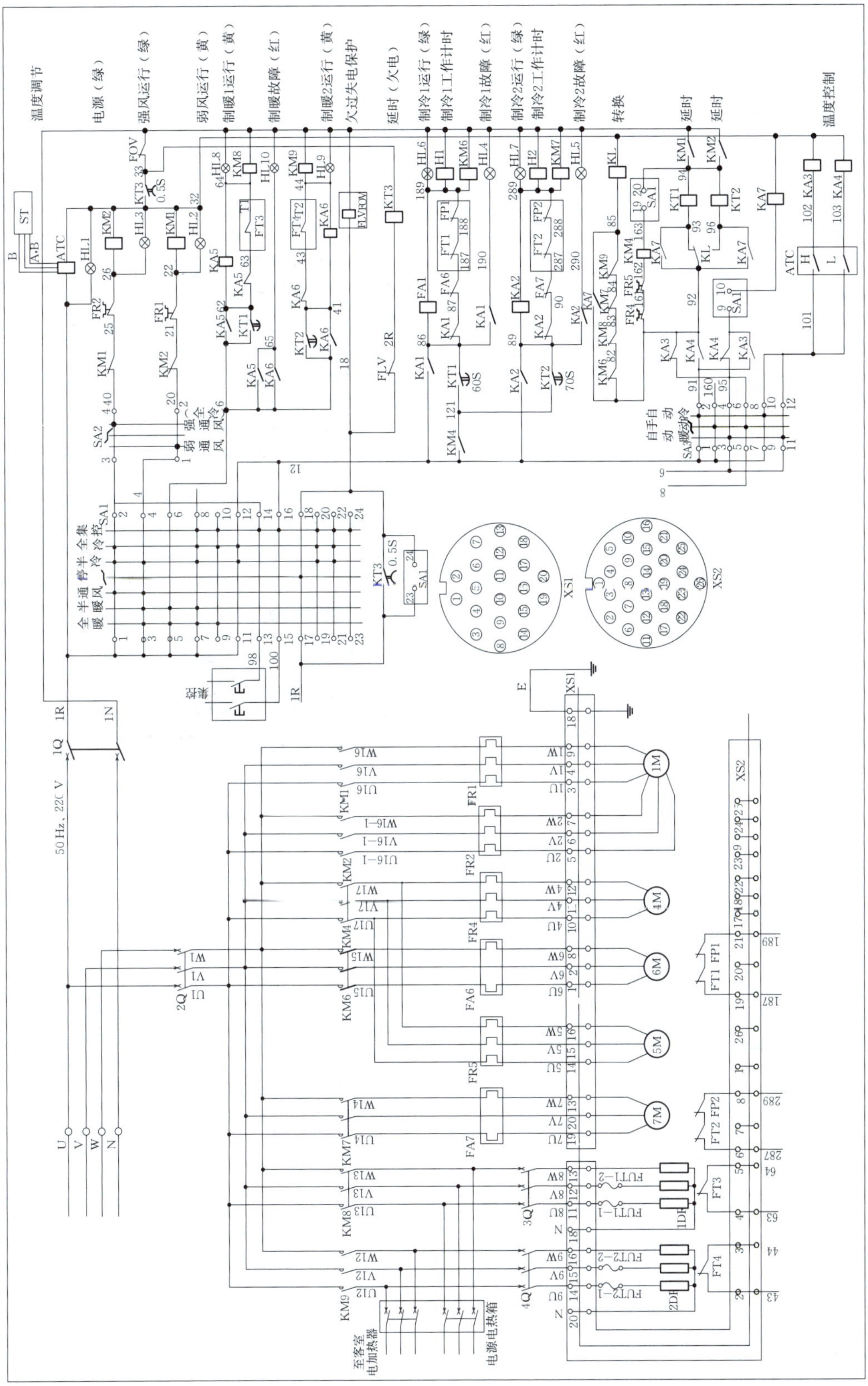

图 6-10　KLC 40 C-1T1 型空调机组电气原理

(一)空调机组的运行方式

如果合上空调机组电源总开关及空调控制柜中各空气开关(夏季使用时机组电加热器空气开关可以不合),操作控制面板或柜内的工况转换开关,控制柜内元件安装位置如图 6-11 所示,可实现空调机组的通风、制冷、制暖等多种工况运行。通风运行有强风和弱风两种工况,由转换开关 SA2 控制。空调机组运行工况选择开关 SA1 有 7 个位置,分别为半冷位、全冷位、集控位、通风位、半暖位、全暖位、停止位。车温手动、自动控制转换开关 SA3 有 3 个位置,即手动位、自动制冷位、自动制暖位。

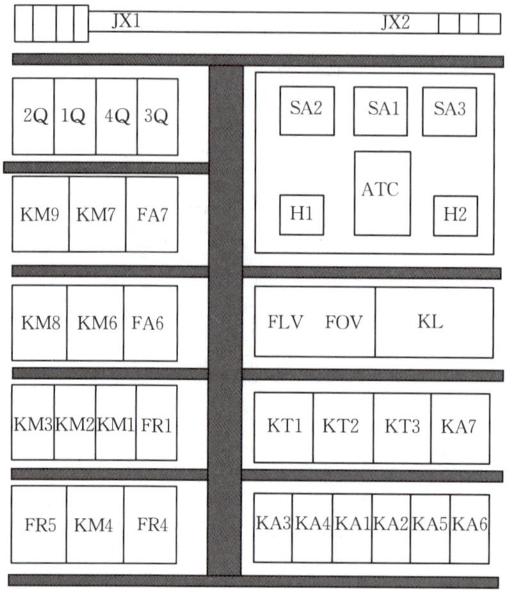

(a) 示意

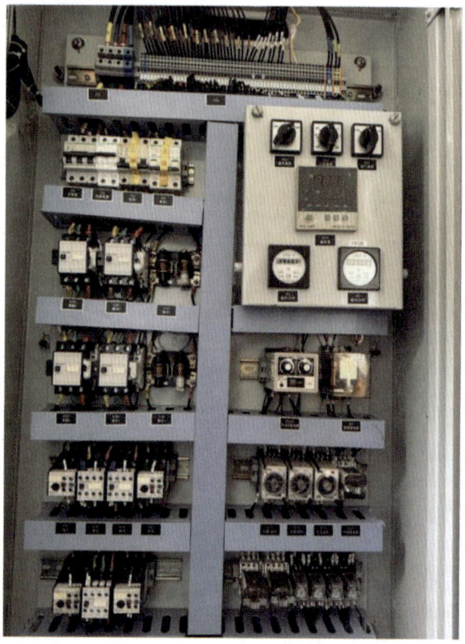

(b) 实物

图 6-11 KLC40C-1T1 型空调控制柜电器元件布置

制冷时有压缩机双机制冷(全冷)、单机制冷(半冷)、制冷自动控制、制冷手动控制(试验位)四种工况。各种型号的单元空调机组都是将上述制冷工况(加上通风)互相结合起来,定出一些不同的制冷控制挡位,通过开关来选择。手动位一般在试验时或在温度控制器失灵的情况下才使用。单元空调机组都设有压缩机单机交替工作电路,使单元机组两台压缩机累计工作时间基本一致,使用寿命均等,提高机组利用率。另外每台压缩机有各自的"工作"与"故障"显示灯。

制暖也有空气预热器两台工作(全暖)、单台工作(半暖)、制暖自动控制、制暖手动控制四种工况。同样,单个空气预热器工作也具有交替转换功能。

(二)电气负载主回路

空气开关 2Q 是主回路电源开关。空气开关 3Q 和 4Q 分别是两只电加热器的电源开关。空调机组的电气负载有五台电机和两只加热器。通风机双速电机 1M 在接触器 KM2 接通时,电机高速运转,而 KM1 接通时,电机低速运转。压缩机 6M 和 7M 分别由接触器 KM6 和 KM7 控制。冷凝风机电机 4M 和 5M 由接触器 KM4 控制。空气预热器 1DR 和 2DR 安装在空调机组内,分别由接触器 KM8 和 KM9 控制。另外安装在客室侧墙下端的电加热器也由接触器 KM8 和 KM9 控制。

(三)电源输送与监控回路

在进行开机检查后可以输送电源。空气开关1Q是控制回路电源开关。合上1Q,欠压和过压保护继电器FLV和FOV得电,欠压保护延时继电器KT3得电,其常开接点闭合,为开机作好准备,电源指示灯HL1(绿)亮,合上2Q、3Q、4Q为电气负载送电。

(四)通风控制

在气温适宜,只需对车室进行通风换气时,将SA1置通风位,SA1的1与2、3与4接点接通。强、弱风转换开关SA2有2个位置。SA2置强风位时,SA2的3与4接点接通,接触器KM2得电,通风机1M高速运转,空调机组进行强送风运行,显示灯HL3(黄)亮。SA2置弱风位时,SA2的1与2接点接通,使接触器KM1得电,空调机组进行弱送风运行,此时,弱送风运行显示灯HL2(绿)亮。

(五)空调手动控制

1. 全冷手动控制

将SA1置全冷位,SA2与1与2、7与8、9与10、11与12、19与20、21与22接点接通。机组全冷运行时必须将SA2置强通风位,通风机1M高速运行。将SA3置手动位,SA3的3与4、7与8接点接通,接触器KM4得电,冷凝风机电机4M、5M起动运行。全冷全暖中间继电器KA7得电,使时间继电器KT1(一般整定为60 s)、KT2(一般整定为70 s)得电,在延时60 s后,KT1通电延时闭合接点闭合,接触器KM6得电,压缩机6M启动运行,计时器H1开始计时,指示灯HL6亮,显示“制冷1”运行,KT2在通电后,延时70 s动作,其通电延时闭合接点闭合,接触器KM7得电,压缩机7M启动运行,计时器H2开始计时,指示灯HL7亮,显示“制冷2”运行。这样,空调机组两台压缩机都工作,进入全冷工况运行。

2. 半冷手动控制

将SA3置手动位,SA2置弱风位,SA1转至半冷位。由于SA1的1与2、3与4、7与8、11与12、19与20、21与22接点接通,此时1M低速运行,HL2亮。因为SA1的9与10接点断开,而KA7无电,机组为半冷工况运行,仅有一台压缩机工作。

图6-10中KL是空调机组单机运行转换继电器,它在每次通电时,接点通断状态变更一次,而在断电后接点通断状态不变。这样,可控制半冷工况时两台压缩机交替工作,使两台压缩机工作时间均衡,提高机组利用率。例如,假定上次是“制冷2”运行,则应有接触器KM7得电,KT2得电,KL的常开接点闭合。当停机后再次打开时,经SA1的7与8接点、SA3的7与8接点、SA3的7与8接点、KA3常闭接点,以及接触器KM6、KM8、KM7和KM9的常闭接点,使转换继电器KL的接点状况变更一次,KL的常闭接点闭合和常开接点断开,使KT1得电。在延时60 s后,KT1接点闭合,KM6得电,压缩机电机6M起动运行,计时器H1开始计时,指示灯HL6亮,显示“制冷1”运行。另外,由于KM6的常闭接点断开,使KL失电,但其触点状态不变,即保持常闭接点闭合常开接点断开,为下次单台压缩机工作的转换工作做好准备。

在半冷、弱通风的状态下,若将SA2由弱风位转至强送风位,那么KM1失电,KM2得电,通风机电机1M由低速运转转为高速运转,其他状态不变。

全采暖手动控制工作原理与全冷工况控制相似,半采暖手动控制工作原理与半冷工况控制相似。

(六)空调自动控制

空调自动控制由温度控制仪(ATC)控制。ATC有两对接点,ATC(H)为室温上限控制接点,ATC(L)为室温下限控制接点。

(1)通风控制如同手动控制时一样,不受SA3的影响。

(2)全冷自动控制 SA3置制冷自动位,SA2置强风位,SA1置全冷位。当车温≤24 ℃时,机组退出制冷状态运行。当车温≥25.5 ℃时,由于ATC(L)闭合,温度自动控制继电器KA4得电,机组经过延时后,机组的“制冷1”或“制冷2”其中一组运行。如果温度继续升高,超出27.5 ℃时,ATC(H)闭合,KA3得电,其常开接点闭合,使KA7得电,机组进入全冷工况运行。在经过时间继电器KT1或KT2整定时间后,以上没有工作的那一组也进入制冷工作,“制冷1”和“制冷2”运行指示灯都亮,机组进入了全冷运行状态。

(3)半冷自动控制将SA3置制冷自动位,SA2置弱风位,SA1置半冷位。当车温≤24 ℃时,机组退出制冷状态运行。当车温≥25.5 ℃时,由于ATC(L)闭合,温度自动控制继电器KA4得电动作,常闭接点断开,使KA7失电,机组仅能单机运行。因为KA4常开接点闭合,在进行单机运行转换控制后,机组经过延时控制进入单机制冷状态,“制冷1”和“制冷2”中有一组工作,相应的指示灯亮。这样随着环境温度的变化,由温控仪自动控制机组的运行,且“制冷1”或“制冷2”自动轮流运行。当SA2转至强送风时,机组在强送风状态下工作,相应的指示灯亮。

(4)半暖自动控制 SA3置制暖自动位,SA2置弱风位,SA1置半暖位。当车温≤18 ℃时,机组经过延时后,进入半暖状态,“制暖1”或“制暖2”两者之一运行,当车温≥19.5 ℃时,机组退出半暖状态。当车温又≤18 ℃时,机组在温度控制仪作用下再次启动运行时,则上一次没有运行的那一组工作在“制暖”状态。由于SA2置弱送风位置,以上两种半制暖均在弱送风状态下工作。

(5)全制暖自动控制 SA3置制暖自动位,SA2置弱风位置,SA1置全暖位置。当车温≤18 ℃时,经延时,机组进入半制暖状态,“制暖1”和“制暖2”中有一组运行。若车温≤16 ℃时,机组的另一组电加热器也投入运行,这时机组进入全制暖状态,并在弱风下工作。当车温≥19.5 ℃时,两组电加热器停止运行。

(七)机组保护与控制

客车空调机组采用空气开关作为电源开关,同时起到短路保护作用,每台电机也有热继电器作为过载保护。为使空调机组在安全可靠的状态下运行,还必须根据机组特点设置一些控制和保护装置。

1. 过、欠压保护

当供电电压低于额定电压的10%～15%时,欠电压保护器就切断电路,不允许空调机组运行,这样起到保护电机的作用。

欠压保护继电器FLV在电压正常时常开接点闭合,时间继电器KT3得电,KT3常开接点闭合,允许机组投入工作;在电压低于187 V时,FLV常开接点断开,KT3失电,KT3常开接点在延时0.5 s后断开,使机组停机,实现保护作用。KT3的作用是在出现瞬间欠电压时,不使机组停机。在电源电压过高时,有可能使电气设备绝缘击穿,损坏设备。过电压保护继电器FOV在电压高于253 V时动作,其常闭接点FOV断开,切断电路,不允许空调机组运行,这样起到过电压保护作用。

2. 压缩机启动时间控制保护

时间继电器 KT1 的整定时间为 60 s,KT2 的整定时间为 70 s,使压缩机在停机后再次开机时间大于 1 min,可防止压缩机背压启动。应当注意,在实际运用中手动操作时,启动时间间隔应大于 5 min。

两只时间继电器 KT1、KT2 整定时间相差 10 s,是为了使两台压缩机启动时间错开,避免两台压缩机同时启动引起线路中电流过大,造成电网电压波动过大。

3. 制冷、制暖与通风机的联锁保护

在时间继电器 KT1、KT2 控制回路中分别串入了 KM1、KM2 的常开接点,这样可保证只在通风机工作时,才允许机组进入制冷、制暖运行。在压缩机控制回路中,串入了冷凝风机接触器 KM4 的常开接点,这样可保证只能在冷凝机工作时,才允许压缩机启动运行。

4. 电加热器温度保护

装有电加热器的空调机组,为确保电加热器安全工作,避免发生火灾事故,一般在电采暖器的制线路上串联两只电热保护器。一旦加热温度超过设定值,电热保护器就切断电源,停止供电。客车空调机组所设置的电热保护器有两种:一种是温度开关,断开值是(70±5)℃;另一种是熔断熔丝,断开值是(139±5)℃。温度保护开关 FT3、FT4 与熔断器 FU1、FU2 的作用就是电加热器过热保护。例如当“制暖 1”电加热器过热时,FT3 接点断开或 FU1 熔断,制暖故障信号保持继电器 KA5 线圈串入“制暖 1”电气控制回路,接触器 KM8 线圈电流减小,衔铁释放,主触头断开,使电加热器停止工作,从而起到过热保护作用。KA5 得电后,其常开接点闭合,使 KA5 自锁,并且故障指示灯 HL10 亮。

5. 压缩机压力保护

当制冷机组的冷凝压力过高,会使压缩机电机超载运行,容易损坏压缩机零件。如果节流元件堵塞或调节不当,又会造成压缩机吸气压力过低,压缩机容易跑油,导致“咬坏”轴承。因此,制冷系统中配置了高低压压力继电器。一旦高压过高或低压过低,压力继电器接点断开,便切断电路,使压缩机停止工作。例如,当“制冷 1”系统压力过高或压力过低,压力继电器 FP1 接点断开,制冷系统故障信号保持继电器 KA1 线圈串入“制冷 1”电气控制回路,接触器 KM6 线圈电流减小,衔铁释放,主触头断开,使电机 6M 停止工作,从而起到压力保护作用,并且故障指示灯 HL4 亮。

6. 压缩机过负荷保护

压缩机过负荷保护继电器 FA6、FA7 是水银式过载保护继电器。其功能与热继电器相同,但结构不同,其控制精度较热继电器高,使用寿命长,性能可靠,触头与水银接触与脱离时不容易拉弧。

7. 压缩机低温保护

空调机组不宜在低温(18±1)℃以下启动,因为此时蒸发器的热负荷太小,有可能产生“液击”而损伤压缩机。压缩机电气控制回路中设置了低温保护开关 FT1,当温度过低时,FT1 接点断开,使压缩机不启动,且故障指示灯 HL4 亮。

三、综合控制柜

综合控制柜可分为电源转换与控制、空调控制、照明控制、蓄电池欠压保护功能、本车网络监视和全列网络监控等 6 大功能单元,如图 6-12 所示。

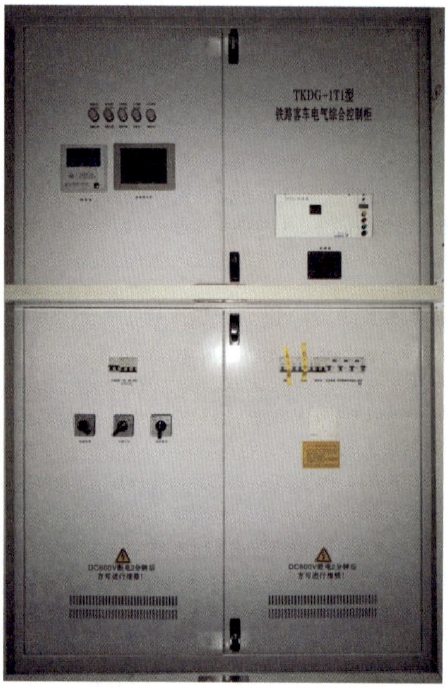

（a）外观

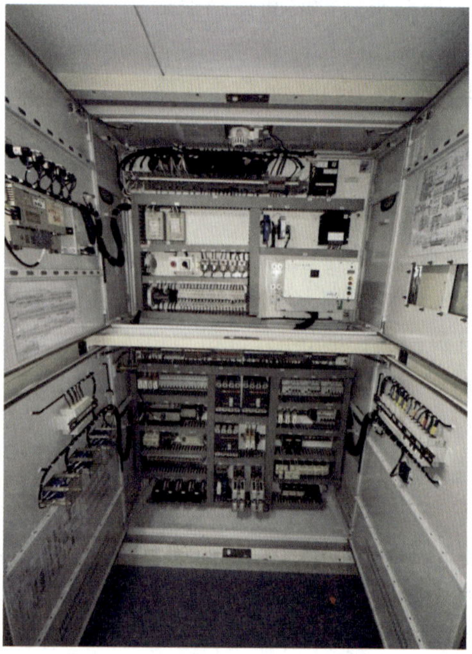

（b）内部

图 6-12 综合控制柜

(一)主要特点

(1)综合控制柜实现了客车电气控制系统的小型化、智能化、集成化和系统化。

(2)综合控制柜对整车电气系统参数进行实时监测,出现故障时及时进行保护动作,避免由于保护不及时而引起的严重后果。

(3)综合控制柜可对轴温、防滑器、烟火报警器、车门的状态进行监视和显示。

(4)综合控制柜的控制方案以自动为主,同时考虑控制系统故障的应急措施,包括极端情况下的手动应急措施。

(二)DC 600 V 供电客车的供电控制与转换

综合控制柜的电源有两路供电,电源控制可分为“自动”“试验Ⅰ路”“试验Ⅱ路”位。正常情况下,选择开关置于“自动”位,自动控制流程如下:

(1)Ⅰ路、Ⅱ路均有电,设定车厢号后,PLC 按照均衡供电原则,奇数号车厢选择Ⅰ路供电、偶数号车厢选择Ⅱ路供电,Ⅰ路和Ⅱ路在软件和硬件上互锁。

(2)如果Ⅰ路有电、Ⅱ路无电,所有车厢 PLC 通过检测可自动选择Ⅰ路供电,负载减半运行。如果Ⅱ路重新供电,则偶数车厢 PLC 通过检测可重新选择Ⅱ路供电。

(3)如果Ⅱ路有电、Ⅰ路无电,所有车厢 PLC 通过检测可自动选择Ⅱ路供电,负载减半运行。此时如果Ⅰ路重新供电,则奇数车厢 PLC 通过检测可重新选择Ⅰ路供电。可以通过触摸屏的电源控制菜单和提示选择或转换供电回路。

(4)在Ⅰ路、Ⅱ路都有电,奇数号车厢Ⅰ路供电、偶数号车厢Ⅱ路供电的情况下,如果Ⅰ路(Ⅱ路)电源出现故障(如过压),PLC 自动转换到另一路电源供电,同时负载减半运行。当故障恢复正常，通过触摸屏操作解除故障保护或电源重新供电，通过 PLC 检测后，PLC 自动转换回原供电回路，负载恢复全载运行。两路供电回路重新供电时，PLC 将自动解除保护，转换到原供电回路。两路供电自动控制流程如图 6-13 所示。

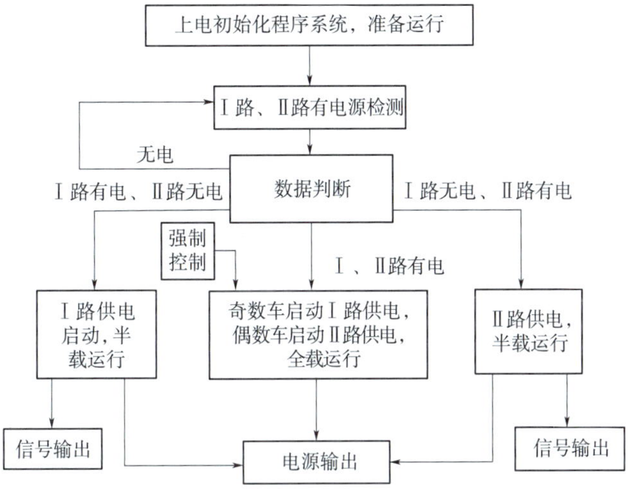

图 6-13　两路供电自动控制流程

(5)在一路有电，另一路无电，所有车厢都是同一路供电的情况下，如果供电回路出现故障，则 PLC 停止供电，不进行转换。

(6)在一路正常，另一路存在故障未消除，车厢供电已经进行了一次转换的情况下，如果供电回路再出现故障，则 PLC 停止供电，不进行转换。

(7)故障排除后，可以通过触摸屏上的“电源控制”菜单，按下“停止供电”或“自动供电”触摸开关解除故障保护。通过 PLC 检测后，PLC 自动转换回原供电回路，负载恢复全载运行。

(8)故障排除后也可以通过转换开关由“停止”位转换到“自动”位，PLC 自动解除保护，转换回原供电回路，通过 PLC 检测后，负载恢复全载运行。

(9)出现过压故障，恢复正常后，两路供电回路重新供电时，PLC 将自动解除保护转换到原供电回路，恢复全载运行。

(10)试验位时，可将转换开关置于“试验Ⅰ路”或“试验Ⅱ路”，人为选择Ⅰ路供电或Ⅱ路供电，此时 PLC 只进行检测报警，不能进行电源回路的转换。

(11)主电路中接有电流传感器、电压传感器，并设有在线绝缘检测装置(6～150 mA 可调)，显示触摸屏上可显示主电路的电压、电流、DC 110 V 母线电压、本车蓄电池电压、电源状态、逆变器输出电压等信息。当某路电源出现过压、绝缘等故障时，显示触摸屏显示故障提示，相应电源故障灯亮。

(12)正常供电时，DC 600 V 电源给电热温水箱、车下电源箱、客室电热供电，空调负载由一台 35 kV·A 逆变器供电，另一台 35 kV·A 逆变器向电热开水器、三相变压器等交流负载供电。两台逆变器互相热备份，当一台故障时，向 PLC 发出半载信号，PLC 切换到半载工况，负载由正常工作的逆变器供电。电伴热、交流插座、通风机、水泵、风口调节器等负载由 10 kV·A 隔离变压器供电。单相逆变器为影视系统供电。DC 110 V 电源向照明、车下电源箱控制、轴温报警器、防滑器、水位显示仪等供电。

(三)空调机组控制功能

空调机组控制功能通过空调工况转换开关 SA2 分为“自动”“停止”“试验暖”“试验冷”等四挡。

(1)电源供电开始后,PLC 控制空调机组自动进入自动运行,PLC 根据车厢里温度传感器检出值与预先设定的制冷、制暖温度值进行比较后,进行空调机组的自动运转,空调机组有强风、弱风、强风半冷、弱风半暖、强风全冷、弱风全暖六种工况。在制暖工况中,客室电加热器与空气预热器连动。制冷温度设定值为空调机组从强风半冷工况转入强风工况时的临界温度;制暖温度设定值为空调机组从弱风工况转入弱风半暖工况时的临界温度。

(2)可以根据显示触摸屏上的菜单和提示,强制选择强风、弱风、强风半冷、弱风半暖、强风全冷、弱风全暖等运行方式,此时空调机组不受温度控制。

(3)强通风机发生故障时,对应冷凝风机、压缩机停止工作;冷凝风机发生故障时,对应压缩机停止工作;弱通风机发生故障时,对应空气预热器、客室电加热器停止工作。

(4)在“强风半冷”或“弱风半暖”工况下,压缩机或空气预热器运行时发生故障,有故障的压缩机或空气预热器将停止运行,并自动切换到另一组压缩机或空气预热器启动运行;在“强风全冷”“弱风全暖”工况下,运行发生故障,有故障的压缩机或空气预热器停止运行,保持无故障压缩机或空气预热器继续运行。

(5)空调机组有故障时,按下显示触摸屏上的“停空调”停止空调运行,故障排除后,再按下显示触摸屏上的“启空调”后,PLC 通过检测可以重新启动空调机组。

(6)故障排除后通过按下显示触摸屏上的“启空调”使空调机组重新运行也可以通过空调转换开关由“停止”位转换到“自动”位,空调机组自动转换到“自动”运行状态,通过 PLC 检测后,空调机组恢复运行。

试验时,可将转换开关置于“试验冷”或“试验暖”,人为选择制冷工况,启动强风、冷凝风机或制暖工况启动弱风,在适当延时后再合上启动压缩机或启动加热。此时 PLC 只能对空调机组进行监测,不进行保护动作。

空调机组主回路中接有电流传感器,触摸屏上可以显示空调机组的运行工况、压缩机或空气预热器运行状况、累计运行时间及电流值,可以显示“制冷”“制暖”设定温度值。当机组出现过载、过流、缺相及三相不平衡故障时,显示触摸屏显示故障提示状态,相应空调故障灯亮。

空调机组的压缩机及空气预热器按照累计时间运行,半冷或半暖时累计时间少的机组启动运行,运行 2 h 后自动转换到另一机组交替运行。累计运行时间多的机组达到 9 997 h 后,同一空调两台机组运行时间同时减去一定时间,保证两台机组累计时间差不变。

(四)保护与故障诊断

综合控制柜具有完善的故障诊断、保护功能,热继电器、过流继电器与电子保护并存。热继电器用于通风机、冷凝风机的保护;过流继电器用于压缩机的保护;电子保护采用电流传感器对压缩机、空气预热器的各相电流进行采样,实时与设定电流值进行比较后,对空调机组出现的电流三相不平衡故障及缺相、过载、过流实时报警或保护。

1. PLC 对空调机组的保护原理

半冷(半热)工况空调机组主回路中三相电流传感器所测得的是压缩机 1 或压缩机 2(预

热器 1 或预热器 2)的三相电流值(即单合压缩机或单台空气颈热器的电流值),综合控制柜上触摸显示屏显示的电流为空调机组中单合压缩机或单台空气颈热器的电流值。

(1)压缩机(预热器)过载保护

电流传感器检测的压缩机(预热器)三相工作电流中某相电流为 PLC 中设定的压缩机(预热器)电流值的 1.5 倍并持续 1 min,将对压缩机(顶热器)进行过载保护,切断相应负载电源,触摸屏将显示相应压缩机(预热器)过载的故障信息并记录。

(2)压缩机(预热器)过流保护

当检测到压缩机(预热器)某相电流为 PLC 中设定电流值的 2.0 倍并持续 2 s,将对压缩机(预热器)进行过流保护,切断相应负载电源,触摸屏将显示相应压缩机(预热器)过流的故障信息并记录。

(3)压缩机(预热器)三相电流不平衡保护

当检测到压缩机三相电流值最大(或最小)值与平均值的偏差大于 15%时,将在 10 s 左右切断压缩机电源进行保护,触摸屏显示相应压缩机三相电流不平衡的故障信息并记录。

当检测到空气预热器(PTC)三相电流值最大(或最小)值与平均值的偏差大于 20%时,触摸显示屏显示出相应空气预热器三相电流偏载的报警提示,但空气预热器仍可继续工作;当偏差大于或等于 30%时,将在 10 s 内切断相应空气预热器电源进行保护,触摸显示屏显示出三相电流不平衡的故障信息并记录。

(4)压缩机(空气预热器)缺相保护

当实时监测的压缩机(空气预热器)三相工作电流中某一相电流小于 2 A,将在 2～5 s 内切断压缩机(空气预热器)电源进行缺相保护,触摸显示屏显示出相应压缩机(空气预热器)某相缺相的故障信息并记录。

(5)压缩机(空气预热器)工作电流的实时采集

压缩机(空气预热器)在启动时,启动电流较大且电流稳定时间较长(尤其是空气预热器),如果在机组启动时 PLC 将采集的工作电流与设定电流值进行比较判断,会造成 PLC 误报警,因此 PLC 在采集压缩机(空气预热器)工作电流进行故障判断时,避开了启动电流这段时间。

压缩机(空气预热器)启动时,延时 3 min 左右再进行过载、过流、三相电流不平衡故障判断。

2. 空调机组试验位半工况(“试验冷”或“试验暖”)运行

空调机组在“试验冷”或“试验暖”半工况运行时,PLC 只是通过电流传感器 JK4、JK5 监测压缩机(空气预热器)的三相工作电流,压缩机(空气预热器)过载、过流、三相不平衡、缺相故障的判断方法与空调机组全自动半工况运行故障判断方法相同。但当压缩机(空气预热器)发生上述故障时,触摸显示屏上只显示相应故障信息,PLC 不能进行自动切断故障负载电源。此时压缩机(空气预热器)由过流继电器和熔断器进行过流保护。

3. 空调机组全自动全工况(全冷或全暖)运行

空调机组在全工况运行时,机组主回路中三相电流传感器 JK4 所测得的是Ⅰ号空调机组中压缩机 1-1 和压缩机 1-2(空气预热器 1-1 和空气预热器 1-2)总的三相电流值(即两台压缩机或两台空气预热器的总电流值),JK5 所测得的是Ⅱ号空调机组中压缩机 2-1 和压缩机 2-2(空气预热器 2-1 和空气预热器 2-2),总的三相电流值(即两台压缩机或两台空气预热器的总电流值)。触摸显示屏上1号、2号电流为Ⅰ号空调机组和Ⅱ号空调机组中两台压缩机或两台空气预热器的总电流值。如此时空调机组发生过载、过流、三相电流不平衡、缺相故障时,PLC先要判断出Ⅰ/Ⅱ号空调机组中具体哪一台压缩机(空气预热器)发生故障。首先PLC通过程序控制将Ⅰ/Ⅱ号空调机组中的压缩机1-1/2-1(空气预热器1-1/2-1)停止工作,使空调机组处于半工况状态,然后对仍在运行的压缩机1-2/2-2(空气预热器1-2/2-2)工作电流进行检测判断。若此时工作电流正常,即可判断已停止工作的压缩机1-1/2-1(空气预热器1-1/2-1)发生故障;如此时工作电流仍不正常,则可判断正在运行的压缩机1-2/2-2(空气预热器1-2/2-2)发生故障,切断其工作电源,然后延时3 min重新启动前面停止工作的压缩机1-1/2-1(空气预热器1-1/2-1),如果这组压缩机(空气预热器)也存在故障,PLC即可检测判断。

(1)压缩机(空气预热器)过载保护

如果Ⅰ/Ⅱ号空调机组中只有其中一台压缩机(空气预热器)出现过载,那么此台压缩机(空气预热器)的工作电流将超过额定工作电流的1.5倍,也就是说电流传感器JK4、JK5实时监测的压缩机(空气预热器)三相工作电流中某相电流为PLC中设定的压缩机(空气预热器)电流值的2.5倍并持续1 min,将对压缩机(空气预热器)进行过载故障的判断。

如果Ⅰ/Ⅱ号空调机组中两台压缩机(空气预热器)均未出现过载,但同相工作电流之和达到设定电流值的2.5倍并持续1 min,此时先停止一台压缩机(空气预热器)工作进行故障判断。由于仍在运行的压缩机(空气预热器)工作电流未达到设定电流值的1.5倍,延时后将已停止运行的压缩机(空气预热器)重新启动,此时总工作电流又将达到设定电流值的2.5倍。为避免出现停止一台压缩机(空气预热器)工作→判断故障→延时重新启动压缩机(空气预热器)的情况,PLC将不再继续判断过载故障;当总电流增加到设定电流值的2.5倍+1 A左右时,PLC又重新开始判断,如此过程,判断出压缩机(空气预热器)的过载故障。

如果Ⅰ/Ⅱ号空调机组中两台压缩机(空气预热器)均出现过载,那么总电流至少达到设定电流值的3.0倍,PLC将很容易判断出过载故障。

(2)压缩机(空气预热器)过流保护

如果Ⅰ/Ⅱ号空调机组中其中一台压缩机(空气预热器)出现过流,电流传感器JK4、JK5将实时监测到压缩机(空气预热器)三相工作电流中某相电流至少为PLC中设定的压缩机(空气预热器)电流值的3.0倍并持续2 s,根据上述故障判断方法,PLC将很快确定故障压缩机(空气预热器)。

(3)压缩机(空气预热器)三相电流不平衡保护

当电流传感器JK4、JK5实时监测的压缩机三相电流值不平衡偏差达到10%,这时Ⅰ/Ⅱ号空调机组中其中一台压缩机有可能出现三相电流不平衡,PLC将停止一台压缩机工作,然后按照空调机组半工况运行的三相电流不平衡判断方法进行判断。

当电流传感器JK4、JK5实时监测的空气预热器三相电流值不平衡偏差达到15%,PLC将进行判断并在触摸显示屏上作空气预热器偏载的报警提示,但空气预热器并不停止运行;如果三相电流值不平衡偏差达到20%,PLC将停止一台空气预热器工作进行判断,触摸显示屏显示空气预热器三相电流不平衡信息,然后切断故障空气预热器的电源,无故障的空气预热器继续运行。

如果Ⅰ/Ⅱ号空调机组中两台压缩机(空气预热器)三相电流不平衡的相位不同,使得电流传感器 JK4、JK5 实时监测的压缩机(空气预热器)三相电流值趋于平衡，那么 PLC 将判断不出压缩机(空气预热器)三相电流不平衡故障。

(4)压缩机(空气预热器)缺相保护

电流传感器 JK4、JK5 实时监测的三相电流中某一相总电流小于单台压缩机(空气预热器)额定工作电流的 1.2 倍，PLC 开始进行判断，并进行缺相保护。

4. 空调机组试验位全工况(“试验冷”或“试验暖”)运行

空调机组在“试验冷”或“试验暖”全工况运行(全冷或全暖)时，因为Ⅰ/Ⅱ号空调机组中电流传感器 JK4、JK5 测得的总电流如果出现不正常，PLC 不能控制空调机组先停止其中一台压缩机(空气预热器)进行判断，所以判断故障的条件也就不能和空调机组自动全工况运行时判断故障的条件一样，而且 PLC 判断出故障后，只在触摸显示屏上进行故障信息提示，不能自动切断相应故障负载。

(1)压缩机(空气预热器)过载、过流保护

当电流传感器 JK4、JK5 测得的总电流为设定电流值的 3 倍，判断压缩机(空气预热器)出现过载故障；测得的总电流为设定电流值的 4 倍，判断压缩机(空气预热器)出现过流故障。

(2)压缩机(空气预热器)三相电流不平衡保护

电流传感器 JK4、JK5 测得的三相电流偏差为 15%时，判断压缩机出现三相电流不平衡故障。

电流传感器 JK4、JK5 测得的三相电流偏差为 20%时，判断空气预热器三相电流偏载；三相电流偏差为 30%时，判断空气预热器三相电流不平衡。

(3)压缩机(空气预热器)缺相保护

电流传感器 JK4、JK5 测得的三相电流中某一相总电流小于单台压缩机(空气预热器)额定工作电流的 1.2 倍时，PLC 进行缺相判断。

5. 压缩机(空气预热器)额定工作电流的设定

综合控制柜中，PLC 对压缩机(空气预热器)的过载、过流、三相电流不平衡和缺相的判断及保护电流动作值与压缩机(空气预热器)正常工作时的额定值是相关联的。由于空调客车硬座车、硬卧车、软卧车、餐车、行李车配套使用的空调机组型号不同；另外，由于压缩机受机组压力、环境温度以及空气预热器(PTC 元件)受通风量大小等多方面因素的影响；空调机组压缩机、空气预热器工作电流值是在一定范围内变化的。

综合控制柜上的触摸显示屏在出厂时，已对压缩机、空气预热器工作电流进行了缺省设置。为保证综合控制柜及时、准确、有效地对压缩机、空气预热器出现的各种故障进行判断、保护，避免产生误报警，综合控制柜实际工作电流值，在触摸显示屏上重新进行设定。触摸显示屏参数设定界面如图 6-14 所示。

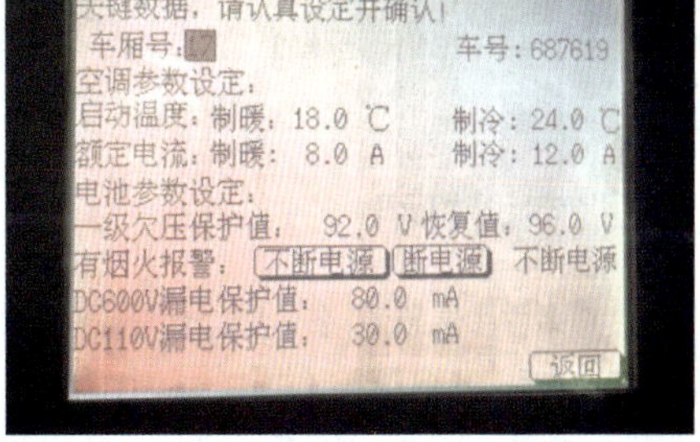

图 6-14　触摸显示屏参数设定界面

需要注意的是，在触摸显示屏上进行的“制暖/制冷电流设定值”均为单台压缩机、空气预热器的电流值。

一般来说，在实际运用中可以这样进行设定压缩机（空气预热器）电流值（以压缩机电流设定为例）：

（1）将空调状况转换开关 SA2 置于“试验冷”，合上空气开关 Q41，使得空调机组置于试路半冷工况，此时Ⅰ号压缩机组中压缩机 1-1 和Ⅱ号压缩机组中压缩机 2-1 工作，待压缩机电流稳定后（3 min 左右），记录压缩机 1-1 和压缩机 2-1 的三相电流值。

（2）断开空气开关 Q41，合上空气开关 Q42，此时Ⅰ号压缩机组中压缩机 1-2 和Ⅱ号压缩机组中压缩机 2-2 工作，待压缩机电流稳定后（3 min 左右），记录压缩机 1-2 和压缩机 2-2 的三相电流值。

（3）兼顾各压缩机的三相电流值，可大概取各压缩机三相电流的平均值作为压缩机电流设定值。

（4）考虑到春秋季期间，北方地区环境温度一般低于南方地区的环境温度，客车从北方地区驶往南方地区运行时，空调压缩机的工作电流会逐渐变大。硬座车、硬卧车、软卧车、餐车的空调机组压缩机电流设定值可在上述第（3）点的情况下往上浮动 1 A 左右进行设定，行李车的空调机组压缩机电流设定值可在上述第（3）点的情况下往上浮动 0.6～0.8 A 进行设定。

6. 压缩机（空气预热器）故障误报警分析、处理

从综合控制柜运用的反馈情况来看，有时发生压缩机、空气预热器三相电流不平衡或负载某相缺相等误报警现象，通过现场检查、分析和维护发现，一般存在以下方面原因：

（1）压缩机、空气预热器的电流设定值设置不当。虽然同一型号的空调机组的压缩机、空气预热器额定标称电流值是一样的，但实际工作电流存在差异，因此必须根据每一具体车辆现场设定参数。

（2）车辆运行一段时间后，由于空调风道口灰尘较多，过滤网堵塞，造成空调风量减小使得负载电流发生变化，尤其是空气预热器电流变化受风量影响较大，应及时清洗过滤网或重新设定电流值。

（3）电流传感器 JK4、JK5（各为三个单相电流传感器）输出电压不一致或损坏，造成 PLC 模拟量输入偏差较大。应及时检查电流传感器 JK4、JK5 的输出；是否一致（量程为 DC 0～10 V）。检查电流传感器 JK4、JK5 时，可将负载的同一相电流同时通过 JK4、JK5，然后检查其输出的一致性。

（4）可将直流电压信号（DC 0～10 V）分别输入到 PLC 的模拟量输入端 V7～V12，通过触摸显示屏检查空调机组电流显示是否一致。

（5）负载确实存在三相电流不平衡故障，这一故障往往出现在空气预热器上。空气预热器的三相加热元件受风不均匀，或者三相加热元件在热态时阻值相差较大造成三相电流偏差较大。

四、空调机组

空调机组是铁路客车专用空调设备。空调机组的结构形式为车顶单元式，安装在车顶端部，与空调机组配套的电气控制柜安装在车内配电室。空调机组与电气控制柜通过电气连接器（插头、插座）连接，由发电车或机车集中供电。空调机组出风口与车内主风道通过软风道连接，空调机组处理后的空气经车内主风道由送风口送入客室内，达到调节车内空气温

度的目的。

空调机组选用全封闭制冷压缩机，制冷剂主要为R22和R407C，以毛细管为节流元件，采用全封闭结构。每台机组各有2个独立的制冷循环系统，可根据车内负荷大小控制运转台数，实现温度调节。空调机组配用独立的电气控制柜，可实现手动控制、自动控制。

(一)结构及用途

空调机组的主要部件包括全封闭制冷压缩机2台、冷凝器2台、毛细管2组、蒸发器1台、气液分离器2台、干燥过滤器2个、电加热器1台、离心风机1台、轴流风机1台(KLD40系列为2台)等。

客车空调机组各零部件组装在一个不锈钢板制成的箱体内，加盖板后形成一个整体。箱体分为室内侧和室外侧两部分。压缩机、离心风机、电加热器、蒸发器等安装在室内侧，轴流风机和冷凝器等安装在室外侧。制冷系统的部件及配管全部用银钎焊连接，构成全封闭的制冷循环系统。空调机组的冷风出口在机组的前端部，回风口在机组的底部中间处，新风口在机组后端部和底部后侧。回风口处装有新风调节门和新风过滤网，可在车内回风口处进行新风量的调整和拆装新风过滤网。蒸发器前也设有滤尘网，同样也可在车内回风口处拆装滤网。

单元式空调机组的底边有圆弧底和平底两种形式，出风方向有前出风和下出风两种形式，分别如图6-15和图6-16所示。

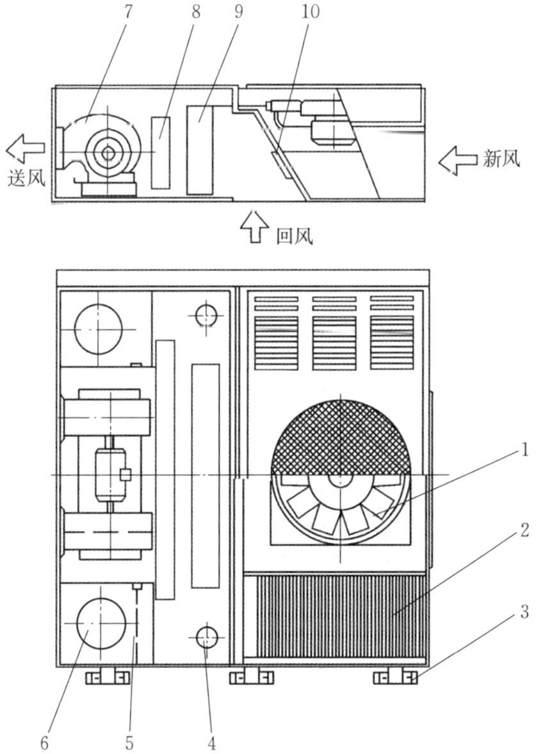

1—冷凝风机；2—冷凝器；3—安装座；4—气液分离器；5—压力控制器；6—压缩机；
7—通风机；8—蒸发器；9—电加热器；10—新风过滤网。

图6-15　平底前出风式空调机组结构示意

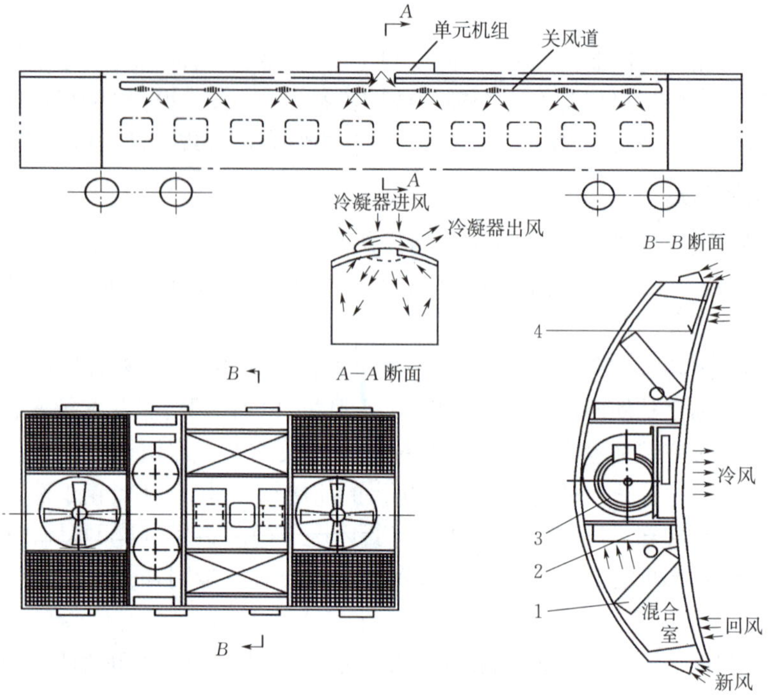

1—蒸发器；2—电加热器；3—通风机；4—温度控制器。

图 6-16　圆弧底下出风式空调机组结构示意

主要部件及其作用如下：

(1)制冷压缩机。制冷压缩机为全封闭式压缩机，是将电机、压缩机以及润滑系统组装在同一个密封的机壳内。制冷压缩机通过橡胶减振器安装在空调机组箱体内。

(2)通风机(离心风机)。通风机为双轴伸、直联多叶片式离心风机。可以强化氟利昂在蒸发器中的蒸发过程，并将经蒸发器冷却降温的空气或经电加热器加热升温的空气送入车内。

(3)冷凝风机(轴流风机)。冷凝风机为直联轴流式风机，风机的叶轮安装在立式电机上，并采用防水结构，室外侧通风机用于强化氟利昂在冷凝器中的凝结放热过程。

(4)室内换热器(蒸发器)。室内换热器即蒸发器，为铜管套铝肋片的直接蒸发式空气冷却器，一个蒸发器分开用于两个制冷循环回路。当车内循环空气和车外新鲜空气混合后流过蒸发器时进行热交换。这时，空气的热量被蒸发器内的氟利昂吸收，温度降低。而低温低压的气液混合的氟利昂在蒸发器内蒸发。

(5)室外换热器(冷凝器)。室外换热器为风冷冷凝器，其结构形式与蒸发器相同。高温高压的 R22 气体，通过冷凝器时，在外界空气的强制冷却下，变成常温(约 50 ℃)高压的氟利昂液体。

(6)毛细管。为一组内径极小的细长铜管，当高压液体氟利昂流经过这组高阻力管时，起到节流降压的作用。

(7)气液分离器。将来自蒸发器的氟利昂气体与未蒸发的液体分离出来，只将气体的氟利昂送给压缩机。

(8)干燥过滤器。将滤网固定在容器内，并封入干燥剂，过滤氟利昂中的残余杂质，吸收氟利昂中的残留水分。

(9)空气预热器。其主要是为了给送入车内的新鲜空气预热。电热元件采用优质电热丝绕成螺旋形，保持在不锈钢管的中心，其周围紧固地填满导热性能好的绝缘粉末。电热丝通电后其电能可以全部转变为热能，并迅速地通过管子表面散热。

(10)高压、低压压力开关。当制冷系统的压力异常高或异常低时，相应的高压开关或低压开关动作，停止压缩机的运转，保护制冷系统。其复位方式为自动复位，动作值见表 6-3。

表 6-3 压力开关动作值 单位：MPa

压力开关类型	电路断开	电路接通
低压	0.19±0.1	0.32±0.05
高压	2.9±0.1	2.4±0.15

(11)低温保护器。在室内换热器吸入空气温度很低的情况下运转压缩机时，制冷剂不能全部汽化，液状制冷剂进入压缩机后，有可能导致压缩机损伤。所以，当室内换热器的吸入空气温度低于 18 ℃时，低温保护器就会动作，停止压缩机的工作，动作值见表 6-4。

表 6-4 低温保护器动作值 单位：mm

低温保护器挡位	电路断开	电路接通
第一挡	19.4	20.5
第二挡	20.6	21.4

(12)过热电流继电器。当压缩机电机过负荷或缺相运转时，压缩机的工作电流将超过规定值，这时，过热电流继电器的接点断开，使电磁接触器开路，起到保护压缩机的作用。

(二)工作原理

1. 制冷系统的结构

KLD 型单元机组制冷系统结构如图 6-17 所示。

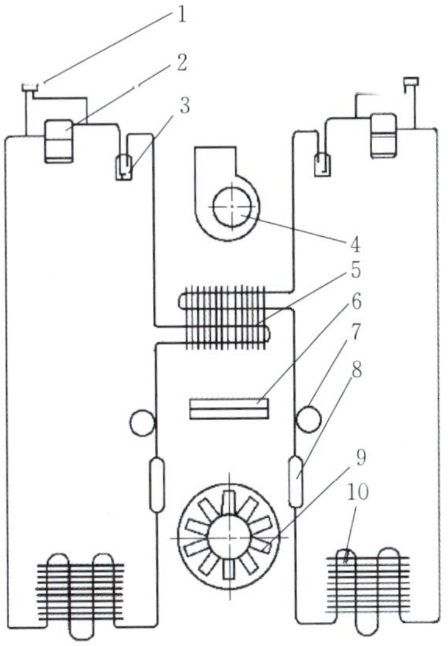

1—压力控制器；2—压缩机；3—气液分离器；4—通风机；5—蒸发器；6—电加热器；7—毛细管；8—干燥过滤器；9—冷凝风机(KLD29 型为 1 台，KLD40 型为 2 台)；10—冷凝器。

图 6-17 KLD 型单元机组制冷系统结构示意

制冷剂由压缩机压缩成高温高压的R22或R407C蒸气，进入风冷冷凝器。冷凝器中制冷剂的冷凝是借助于轴流风机，从机组上方吸进外界环境空气，带走冷凝器中的热量从机组两侧排出。冷凝成常温高压的液体，进入毛细管节流降压，变成低温低压的气液混合氟利昂。然后进入蒸发器，吸收流过蒸发器的空气的热量，蒸发成低温低压的蒸汽，再经过气液分离器，被压缩机吸入，完成一个制冷循环。压缩机不断工作，达到连续制冷的效果。车内的空气通过蒸发器时，空气中的水分冷凝成水滴，被引到车外而起除湿作用。

2. 车内空气温度调节过程

车内的循环空气及由新风道引入的新鲜空气，由机组的通风机吸入，在蒸发器(空气预热器)前混合，通过蒸发器得以冷却(或通过空气预热器加热)，并由机组端部出风口送入车顶通风道各格栅，向车内吹出冷风(或暖风)，使车室内的温度下降(或上升)，并由温度调节器自动调节车内空气温度。

第三节　故障排查处理

一、轴温报警器故障处理

1. 作业方法

(1)接通配电盘电源。

(2)开启轴报器电源开关(应无烧保险)。

(3)检查1～9位轴报器显示情况，检查外侧显示情况。

(4)检查车辆顺号及通信情况。

(5)根据显示情况和故障现象确定故障位置，处理其故障。

(6)检查其他各部。

2. 质量标准

(1)根据故障现象，正确分析、判断故障原因和范围。

(2)测寻故障点准确、迅速。

(3)排除故障方法、步骤正确，操作熟练。

(4)通电调试方法正确，装置达到设计要求。

(5)故障全部处理完毕，不出现新的故障。

(6)经处理后轴报器恢复正常工作。

3. 故障处理

(1)列车运行途中某一车厢轴报器不能联网、通信不良。

①首先检查全列车厢轴报仪序号是否有重复现象，而导致没有某一车厢信息。

②再检查各轴报仪的通信方式是否一致，同一列车的各主分机必须采用一致的通信方式，要么是专线通信，要么是播音线通信。

③在采用播音线通信的方式下，应保证15芯插头的第14号线必须可靠接地，否则通信不良。

④在通信输出电路正常的情况下，若还不能通信，则为机器程序芯片或通信模块损坏，

应入库后更换机器。

(2)某轴位温度显示"——",其他轴位温度显示正常。检查该轴位传感器及其连线有无断路。

(3)某轴位温度显示"++",其他轴位温度显示正常。检查该轴位传感器及其连线有无短路。

4. 注意事项

(1)按规定穿戴好防护用品。

(2)正确使用工具、量具。

(3)作业时注意安全,不要碰伤。

(4)工作完成后清理工具、场地。

二、AC 380 V 统型空调电气控制柜故障

1. 作业方法

(1)发现故障现象。

(2)根据原理图和故障现象分析原因,判断故障所在环节。

(3)排除故障。

2. 质量标准

(1)经处理后的控制柜能恢复正常工作。

(2)不扩大故障范围或造成新故障。

(3)处理程序符合要求,处理过程中无电器打火、冒烟现象。

(4)各元器件安装要符合要求。

3. 故障分析及处理

(1)电源选择开关置Ⅰ路或Ⅱ路后,交流接触器 KM1 或 KM2 不吸合。

①原因分析

a. 控制回路熔断器 FU1 或 FU2 熔断。

b. 控制回路中接线有松动,接触不良或脱落。

c. KMl 或 KM2 线圈断,触头不吸合。

d. 电源选择开关 SA1 损坏。

②处理方法

在确认电源有电并不缺相后,首先检查 FU1 或 FU2 是否熔断及电源转换箱内配线接触是否良好,如 FU1、FU2 良好,接线无脱落、松动现象,可用试电笔或万用表(以Ⅰ路为例)从 Vl、V3、110、111、112 等点进行逐点测量,在哪一点测量无电,即为此点与前点间线路或元件有故障,进一步确认检查即可。

(2)电源柜交流接触器 KM1、KM2 吸合后,输出端 U、V、W 无电或某个负载无电。

①原因分析

a. 接触器主触头有灰尘,或卡位接触不良。

b. 接线端子松动或接触不良。

c. 某负载空气开关作用不良。

②处理方法

采用顺线路逐点测量的排除方法，确认故障部位后再进行处理。

4. 注意事项

(1)故障处理时，务必切断电源，同时挂上作业警示牌，不带电处理故障。

(2)正确使用各测量仪表、工具(如万用表、试电笔、电流表等)，确保设备和人身安全。

典型案例

(一)蓄电池炸裂事故

1. 事故概况

某次客车运行至车站停车时，车辆乘务员反映机后2位车辆1位侧蓄电池变形，检查发现蓄电池箱底板及箱门变形侵限，经协调工务段安排人员使用切割机对侵限电池箱底板及箱门进行了切除。车辆乘务员对电池箱其他部位进行捆绑后开车，超站停157 min，构成铁路交通一般D21类事故。

2. 原因分析

经分析，事故原因为充电器电压检测板故障，充电器输出给蓄电池的充电电压130 V，导致蓄电池处于过压充电状态，产生大量氢气。同时由于蓄电池箱内的熔断器发生打火，造成氢气燃烧爆炸，最终导致蓄电池箱底板裂开、箱门变形。

(二)空调机组启动事故

1. 事故概况

某次客车到车站后，因机后某车车厢空调机组故障，旅客拒绝上车。后经列车长、车辆乘务员、车站积极协调，将旅客调换至宿营车后开车，列车超站停47 min，构成行车设备事故。

2. 原因分析

经调查，造成该起空调事故的直接原因是车辆段空调检修人员在冲洗该车空调蒸发器时，未对空调机组航空插头等关键部位采取有效防护措施，造成插头内极柱间绝缘不良，产生短路，进而造成该车空调机组空气开关跳闸，导致空调及通风机无法使用。同时，由于车库内通电试验时间不足，未能在库内及时发现故障隐患，导致上述问题的发生。

(三)空调机组顶盖脱落事故

1. 事故概况

某次客车运行至车站区间，机后某车空调机组顶盖脱落，打坏接触网设备。后到客整所处理，造成折返始发晚点2 h。构成铁路交通一般C类事故。

2. 原因分析

经调查，该列车在客整所进行春季整修时，作业人员对空调机组进行开盖整修后，拆下的顶盖放置在车顶上没有安装。

复习思考题

1. DC 600 V 机车供电系统有哪些优点?
2. 空调机组主要由哪些结构部件组成?
3. KZS/M-Ⅰ型集中轴温报警器网络由什么组成?
4. 压缩机高、低压压力保护的作用是什么?
5. 制冷系统是如何工作的?

第七章　客车安全监控设备

客车安全监控设备包含车辆运行安全监控系统（5T 系统）、烟火报警器及在线绝缘监测装置等设备，设备以红外、力学、声学、图像、车载等运行安全监控设备为基础，采用先进的计算机网络和信息处理与集成技术，实现对客车车辆运行安全的实时监控和故障闭环管理。该设备已经成为铁路车辆运行安全监控与管理的重要技术手段，从而有效保障客车车辆运行安全。

第一节　地面动态检查系统

在当今铁路运输日益繁忙背景下，确保客车运行的安全与稳定显得尤为重要。为了实现对客车状态的实时检测与故障预警，客车地面动态检查系统应运而生。该系统集成了TVDS、TPDS、TADS、THDS 等技术，对运行的客车进行全面、动态的监测与评估。通过采集和分析客车在行驶过程中的各项数据，系统能够及时发现潜在的安全隐患，为客车检修提供准确的故障信息和维修建议，从而有效提升客车的运行安全性和可靠性。

一、客车故障轨旁图像检测系统

客车故障轨旁图像检测系统（train of passenger vehicle failures detection system，TVDS）是利用高速摄像、计算机快速处理技术，对运行客车转向架、钩缓装置、车下悬吊装置等客车车体底部及侧下部安全关键部位进行图像动态采集的系统，如图 7-1 所示。TVDS 通过布置于钢轨之间的高速相机列阵和车号地面识别设备（AEI），能准确捕捉通过列车的一系列相关信息，包括过车信息、车辆位置信息、车辆轴距信息、车号信息、图像信息。这些信息经数字化处理后显示于监视器上，可以实现对整车车底和侧下部的检测。

图 7-1　TVDS 实物

（一）TVDS 轨旁摄像头的定义

摄像头安装位置按照背对来车方向从左至右依次为左侧、底左、底中、底右、右侧。

(二)作业要求

利用 TVDS 拍摄的图像,对客车底技术状态实施的检查作业,称为 TVDS 动态检查作业。作业范围包括普速客车客车底、特快货物班列客车底、回送图定客车底、无动力回送普速客车底、因故折返客车客车底。

二、车辆运行品质轨旁动态监测系统

车辆运行品质轨旁动态监测系统(train performance detection system,TPDS)是 5T 系统的重要组成部分,具备发现车辆运行品质不良、车轮踏面损伤和超偏载等安全隐患,进行跟踪和故障预报警功能的地对车安全监测系统。

(一)系统构成及功能

1. TPDS 构成

TPDS 由各车辆段复示站、列检复示站、探测站及通信网络组成。

2. TPDS 基本功能

(1)探测站

探测站完成数据采集、处理、分析,自动识别运行品质不良车辆、车辆超偏载、车轮踏面损伤;实时向铁路局集团公司 5T 服务器传送监测数据;远程监控和管理设备运行状况;设备状态自检功能。

(2)库列检复示站

库列检复示站实时显示探测站监测信息,自动报警故障车辆;录入和上报故障车辆的现场检查处理情况;提供数据查询、分析功能,自动生成各种统计分析报表。

(3)车辆段复示站

车辆段复示站实时监控车辆段管内 TPDS 探测设备运行状态;能够查询 TPDS 探测的车辆信息、车号信息及车辆故障信息。

(二)报警标准

TPDS 报警信息根据车轮踏面损伤程度由重到轻顺序分为 1 级、2 级、3 级。其中,1 级报警为严重报警,非空气弹簧客车报警冲击当量等于或大于 23,空气弹簧客车报警冲击当量等于或大于 22;2 级报警为较严重报警,非空气弹簧客车报警冲击当量为 21~22,空气弹簧客车报警冲击当量 20~21;3 级报警为一般报警,非空气弹簧客车报警冲击当量为 18~20,空气弹簧客车报警冲击当量 18~19。报警系统使用颜色区分,1 级为红色,2 级为橙色,3 级为黄色。

三、车辆滚动轴承故障轨旁声学诊断系统

车辆滚动轴承故障轨旁声学诊断系统(train acoustic detection system,TADS)采用先进的轨旁声学指向跟踪技术、声音频谱分析技术和计算机智能识别技术,对动车组、客车、货车、机车车辆等的滚动轴承外、内圈滚道和滚动体裂纹、剥离、磨损及腐蚀等故障进行早期诊断及分级报警,将车辆轴承故障的防范关口比车辆轴温智能探测系统运用更提前了一个阶段,适用于各型动车组、客车、货车、机车车辆滚动轴承故障的在线动态监测。

1. TADS 构成

TADS 主要由地面探测站、节点服务器、铁路局集团公司服务器、国铁集团服务器、复示

终端组成。应用在动车组、客车、货车、机车领域的 TADS 构成和原理大致相同，只是因为生产厂家、各类型车辆的参数和联网运用的程度不同，导致具体参数的少量差异。

(1)轨旁设备

轨旁设备由车轮传感器、声学信号采集模块(声学阵列)以及车号电子标签识别模块组成(图 7-2 和图 7-3)。车轮传感器用于车辆计轴计速，声学信号采集模块用于跟踪采集轴承振动产生的辐射声学信号。电子标签属于车组身份证明，用于采集车型车号，再与客车管理信息系统的交路信息相匹配，获取交路信息。

图 7-2 轨旁设备组成实物(远景)

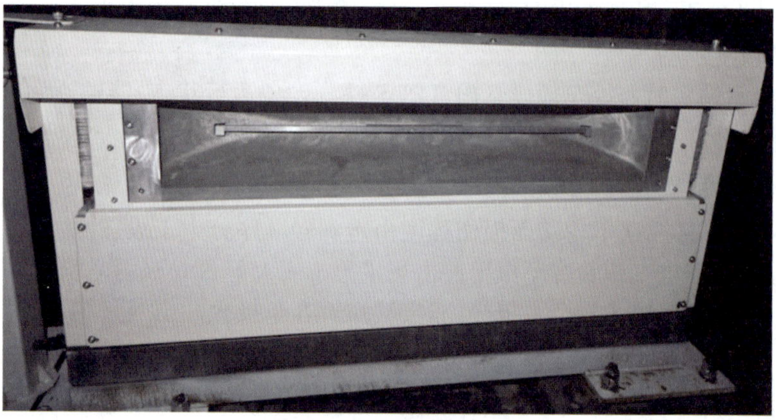

(a) 声学信号采集模块

(b) 识别模块

(c) 车轮速度测量模块

图 7-3 轨旁设备组成实物(细节)

(2)机房设备

机房设备包括数据采集处理主机、声学传感器阵列信号过滤器(MARF)、保护门控制器(SCU)、不间断电源(UPS),以及电源分配器(PDU)和网络交换机。

而监控中心设备包括数据存储及处理传输服务器、网络设备、复示终端、监控显示屏、打印传真一体机、防雷设备、不间断电源等。

整个软件系统网络由信息采集层和数据应用层组成,设立TADS运用监控终端、铁路局集团公司复示终端、国铁集团复示终端、铁路局集团公司车辆部查询终端和国铁集团查询终端,通过WEB方式实现对滚动轴承运行状态的多级监测。

(3)软件功能

软件可查询管内所有TADS探测设备数据;根据车号查询相关TADS报警信息;实时显示车辆运行信息;趋势分析对重点轴承自动跟踪;轴承故障进行声光报警;换轴工作信息录入更新轴承状态;输入预报车辆轴承处理过程;网站管理探测站信息管理。

2. TADS检测原理

TADS采用轨旁声学探测及计算机诊断技术,对运行动车滚动轴承的振动声音信号进行采集分析,可以判断轴承内圈、外圈、滚子等主要部位的裂纹、剥离、磨损、侵蚀等故障,从而实现了滚动轴承早期故障的在线诊断,如图7-4所示。

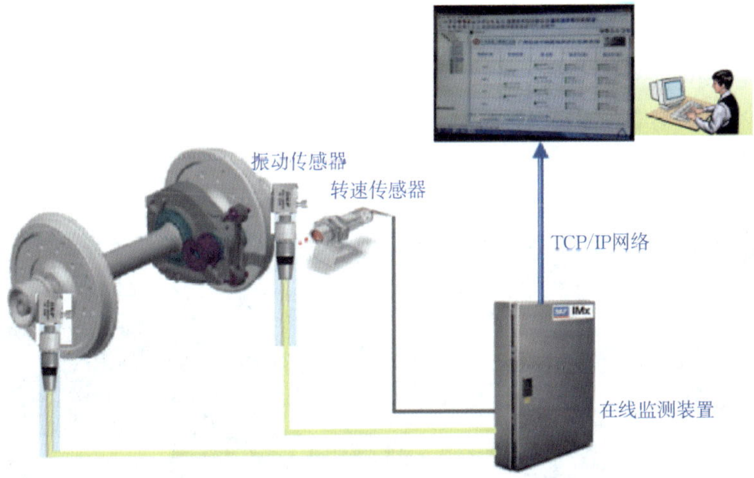

图7-4　TADS检测原理示意

利用安装在轨旁的高精度声学传感器阵列采集滚动轴承振动声音信号,采用故障频率提取方法将时域信号进行频谱分析,建立精确的数学模型和完善的专家诊断系统,判别出各种不同的轴承故障类型和故障缺陷程度,从而实现对滚动轴承早期故障进行预警、防范,保证行车安全。

当列车的车轮进入探测区域时,所有麦克风同时工作,利用麦克风阵列波束形成技术实现轴承声音的跟踪、分离和增强,形成特定指向性的声音采集“波束”通道。将单个轴箱的声音从嘈杂的背景噪声中提取出来,进行信号处理,并将时域信号处理为频域信号,再与专家数学模型进行比对,从而判定故障类型。

四、车辆轴温智能探测系统

车辆轴温智能探测系统(train hotbox detection system,THDS)利用轨旁红外线高速探头和智能跟踪装置,实时检测运行车辆的轴承温度,进行跟踪报警,是发现车辆热轴、防止热切轴、保证铁路运输安全的重要设施,也是提高运输效率的重要保障。

THDS 由铁路局集团公司车辆运行安全监测站、铁路局集团公司行车调度复示终端、车辆段复示站、列检复示站、探测站及通信网络组成,综合运用自动化控制技术、红外线辐射探测技术、光机电一体化技术、网络通信技术和计算机智能化技术,具备在列车运行状态下计轴计辆、智能跟踪、测量轴承温度和热轴故障自动预警的功能。

探测站设备包括室内设备和室外设备两部分,以及连接电缆。室外设备包括车轮传感器、红外轴温扫描器、卡轨器、室外分线箱、除雪装置、环温箱(环境温度传感器)等,室内设备包括电源防雷箱、通道防雷箱、不间断电源、探测机柜等。

1. 轨旁设备结构组成

轨旁设备是探测站的重要组成部分,如图 7-5 所示。主要的传感器都安装在轨旁的轴箱扫描器和卡轨器中。轨旁设备的技术性能直接影响轴温测量的准确度和系统的稳定度。轨旁设备由以下部分组成:

(1)红外轴温箱扫描器(内装探头)。

(2)卡轨器。

(3)过轨管组件。

(4)车轮传感器(简称磁头)。

(5)环境温度传感器。

(6)分线箱。

图 7-5 轨旁设备实物

2. 轨旁设备的优点

(1)轨旁设备结构紧凑。安装时不用拨轨枕、不用深挖道砟,便于轨旁设备的快速安装。

(2)卡轨器里道砟较高,排除了道砟挤压影响,提高安装的一致性和探测角度的准确性。

(3)轨旁设备各结构部件设计精巧,探头具有快速安装、快速更换的特点,适应列车提速对轨旁作业的新要求,方便提速干线设备的维护。

(4)具有很好的兼容性。电缆布线设计时,充分考虑兼容性,可以兼容各厂家的探头、磁头、板件等。

(5)轴温探头安装卡具,具有快装快拆的功能。

第二节　车载监测设备

一、客车运行安全监控系统

客车运行安全监控系统(train of passenger vehicle central detection system,TCDS)是综合利用智能化、网络化、信息化和无线通信技术,采用车载行车安全监测装置,对运行中旅客列车的重点设备进行动态检测、集中报警、实时传输,使各级车辆管理部门及时掌握客车运行安全情况的车辆安全监控系统。重点防范运行中客车热轴、突发火灾、制动故障和车辆失稳等行车事故,利用监测数据指导检修,消除车辆设备存在的安全隐患。

TCDS 由 WLAN 联网设备、客整所、车辆段服务器和监控终端等地面设备、车载装置和应用软件组成,是保障客车运行安全的重要手段。

(一)TCDS 构成

TCDS 由国铁集团查询中心、铁路局集团公司信息机房、各车辆(机辆)段安全生产指挥中心、车辆运用车间、监控终端、地面设备、车载装置、应用软件、传输网络等组成。

铁路局集团公司监测站设于调度所车辆调度室(红外线调度台),由车辆部负责业务管理。通过铁路计算机网络与车辆段相连接,监控系统运行状态,掌握 TCDS 一级报警和故障处理情况。

车辆段监控室应设于车辆段安全生产指挥中心。铁路局集团公司各车辆段 TCDS 由车辆段Ⅰ类服务器、客整所Ⅱ类服务器和客列检Ⅲ类服务器、WLAN 联网设备和车载设备等构成。车辆段监控室负责配属客车 TCDS 实时监控,掌握所有报警和故障信息处理结果,并及时反馈、汇总、上报相关数据并由车辆段相关部门进行分析、处理。

WLAN 联网设备设于客整所,对 TCDS 监测过程数据进行自动下载。车载设备接收车载安全监控设备对配属车辆关键部位的检测数据,进行集中记录、实时无线传输与到站数据下载。

铁路局集团公司 TCDS 所使用的铁路计算机网络由铁路局集团公司信息所管理和维护,车辆段 TCDS 计算机网络及相关传输软件由车辆段微机管理部门负责。

(二)报警信息的分类和处理流程

1. 报警信息分类

TCDS 报警分一级报警(危及行车安全)、二级报警(影响设备正常使用)、三级报警(一般性故障)等三个等级。一级报警时,报警信息在各级监控终端页面显示,同时有报警声音提示;二、三级报警在车辆段级监控终端监控页面显示。报警内容包括发生时间、车次车组、车顺号、车号、报警信息等。

2. 报警信息处理流程

(1)一级报警

当列车运行途中发生一级报警时,车辆(机辆)段监控室值班员应立即查看报警信息,迅速进行分析,并通知车辆乘务员。车辆乘务员接到通知后应迅速赶到报警车辆,进行检查、确认,按规定进行处理。同时值班员将报警信息通知运用车间,并向铁路局集团公司车辆调度室报告。车辆乘务员确认、处理完毕后,应将处理情况向车辆(机辆)段监控室值班员汇报。车辆(机辆)段监控室值班员应将报警信息及处理结果填记在 TCDS 值班日志簿,并及时向铁路局集团公司车辆调度室报告。

(2)二级报警

当列车运行途中发生二级报警时,车辆(机辆)段监控室值班员应首先进行分析判断,并通知运用车间,由运用车间通知车辆乘务员途中或利用站停及折返站期间进行处理,不能处理的故障,填写车统－181 待列车入库后处理,处理结果由运用车间向车辆段监控室反馈。

(3)三级报警

当列车运行途中发生三级报警时,由车辆(机辆)段监控室值班员通知运用车间,待列车终到入库后由运用车间处理。

(三)运用要求

(1)凡装有 TCDS 车载设备的空调列车,车载设备出库必须保证 100%作用良好,必须保证 100%开机使用。

(2)各型客车已加装的监控项目均须按要求接入 TCDS、开机使用并纳入监控。目前,25G、25K 型 AC 380 V 列车监控项目有轴温报警器、发电车火灾报警;25G 型 DC 600 V 列车监控项目有轴温报警器、25G 型客车制动监测系统、防滑器;25T 型列车监控项目有供电系统、空调系统、车下电源、车门、烟火报警器、轴温报警器、防滑器、绝缘检测、KAX1 型防滑器、制动系统、转向架等。

(3)客整所检修人员每天对入库列车 TCDS 车载设备按相关标准进行检查维护,质量须符合出库质量标准,并与值班室进行联控,由 5T 系统值班员通过监控网页查看车次、车号、轴温在线情况等,确保 TCDS 正常上线。同时核对 TCDS 车次、车组、交路起始时间、交路结束时间、在线车辆车号及车厢号等,须与客车管理信息系统(KMIS)保持一致。当装有 TCDS 车载设备的列车编组发生变化时,须及时对 TCDS 进行维护,修改车次、车组、交路起始日期等信息。

(4)列车终到入库后,在库检作业前,须查看地面专家系统过程数据下载情况、前一交路中的报警情况及处理意见,库检作业时对其进行重点检查,作业完毕后根据实际情况在地面专家系统中进行回填。

(5)各级服务器、监控终端必须保证 24 h 开机,实时监控软件一级报警提示音不得屏蔽、静音。

(6)监控终端仅限 TCDS 监控及相关工作使用,TCDS 服务器除设备检修、数据分析外,不得接入其他移动存储设备。

(7)实时数据保存期为 3 个月,过程数据保存期为 6 个月。

二、烟火报警系统

火灾报警控制器可与13个部位的感烟(或感温)探测器配套使用,组成完整的烟火报警系统。火灾报警控制器采用大屏幕菜单式显示方式,可显示本车厢及其他各车厢的火灾报警及故障报警信息;可根据需要对各种参数进行设定,如校正当前时间、修改探测器编号及探测器类型、修改本车厢号、清除报警信息等;可对各车厢火灾报警记录、本车厢号及在线车厢号进行信息查询,如图7-6所示。

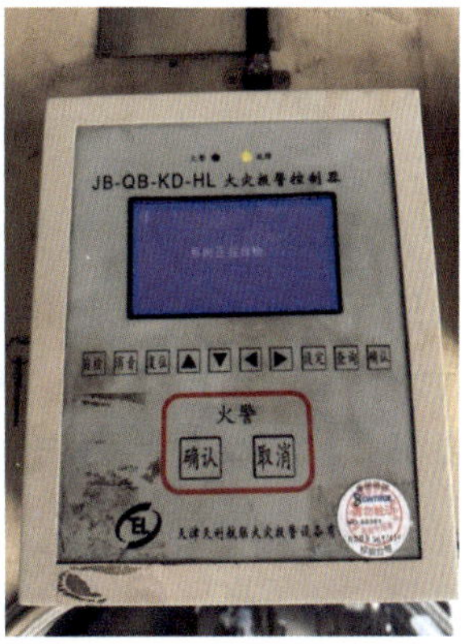

图7-6　火灾报警控制器实物

(一)基本功能

1. 火灾报警

(1)设置在防火区域的探测器感知到火灾后,将火灾信号传送至火灾报警控制器,控制器自动判断是否为本次火灾的首次报警,如果是首次报警,则首先对火警信号进行确认处理,显示该部位预警状态,火警灯亮。经确认后,若仍有火警信号存在,则显示该部位火警状态,报火警音,显示首次火灾报警时间,火警灯亮。此后再报火警即为本次火灾非首次报警,则不再进行确认,直接显示火警状态,报火警音。若经确认后,火警信号消失,则预警状态自动取消,火警灯灭。

(2)火警音可用“消音键”手动消音,但不影响下次火灾报警。显示屏上有消音标志。

(3)火灾报警时,屏幕显示车厢号,显示火灾报警部位(即探测器编号)及火灾报警时间。

(4)某车厢有火灾报警发生时,可通过RS-485通信将信息发送到其他车厢。这样,各车厢火灾报警控制器均可显示此时各车厢的火警信息。

(5)存储器可以记录本车厢14次火灾报警历史记录。

2. 故障报警

(1)当探测器与控制器之间有接触不良或发生开路、短路故障时,控制器报故障音,屏幕显示车厢号,显示故障报警部位(探测器编号)及故障报警时间。

(2)某车厢有故障报警发生时,可通过RS-485通信将信息发送到其他车厢。这样,各车厢火灾报警控制器均可显示此时各车厢的故障信息。

(3)故障音可用“消音键”手动消音,但不影响下次故障报警。显示屏上有消音标志。

3. 火警优先

若某部位当前有故障报警,同时另一部位又有火警信号到来时,则故障部位显示保持,同时显示火警部位,火警音取代故障音,即火警优先。

4. 自检功能

按“自检键”控制器报火警音、故障音,同时火警灯、故障灯亮,在系统内部自动检查A/D转换工作状态,然后显示系统正常。

5. 设定功能

可根据需要对各种参数进行设定,如校正当前时间、修改探测器编号及探测器类型、修改本车厢号、清除报警信息等。

6. 查询功能

可查询各车厢火灾报警记录、本车厢号及在线车厢号等信息。

7. 通信功能

各车厢的火灾报警器之间可通过 RS-485 通信将本车厢的火警信息、故障信息传送给其他车厢。各车厢的火灾报警器通过网关与监控系统相连，经 RS-485 通信，将本车的火警信息、故障信息传送给列车总控制机。当本车厢与其他车厢发生通信故障时，在显示屏幕的右下角显示一个通信故障标志。

(二)故障处理(表 7-1)

表 7-1　烟火报警系统故障处理

序号	故障现象	处理方法
1	液晶屏无显示	检查电源进线是否正确、电源开关是否良好，再检查保险管是否良好
2	两车厢间收不到通信信号	首先检查通信线是否接好，再按“复位”键使系统重新启动。若仍不能进行通信，需更换 RS-485 芯片或更换 CPU 芯片
3	设定或查询过程中，系统自动恢复到正常监视状态	此为正常现象，为不影响正常报警显示而设计的超时返回。若想继续操作，可再按“设定”键或“查询”键

三、在线绝缘监测装置

JYA-Ⅰ型交流在线绝缘检测装置用于在线检测 AC 380 V 用电负载及线路的绝缘状况。当 AC 380 V 用电负载及线路对地的绝缘漏电电流，超过设定值(150±7.5)mA 时进行报警，并发出报警声，报警指示灯常亮，同时给出继电器输出控制信号，用于切断故障电源。

(一)技术参数

(1)供电电源：AC 220×(1±10%)V，5 W。

(2)漏电流报警动作值：150 mA。

(3)动作误差：±7.5 mA。

(4)触点容量：5 A、AC 240 V，5 A、DC 28 V；继电器常开、常闭触点各一个(同一公共端)。

(二)使用方法

参考接线如图 7-7 所示。105、106 分别为两路供电电源的相线，N 为电源零线并且为继电器触点的公共端，NC 为继电器输出常闭触点，NO 为继电器输出常开触点，SIN1、SIN2 为配合本装置使用的比流器输出端，K、L、GND 和 ABS 不接线。

接通Ⅰ路或Ⅱ路供电电源，装置电源指示灯亮，如图 7-8 所示。

当 AC 380 V 用电负载绝缘漏电电流大于 150 mA 时进行报警，红色报警灯亮且响起蜂鸣声，同时给出继电器输出控制信号并且自锁，切断供电回路。

按动右下侧的消音按钮，即可消除蜂鸣声，但红色报警灯仍亮，直到重新送电。

比流器(图 7-9)不接外接电阻。

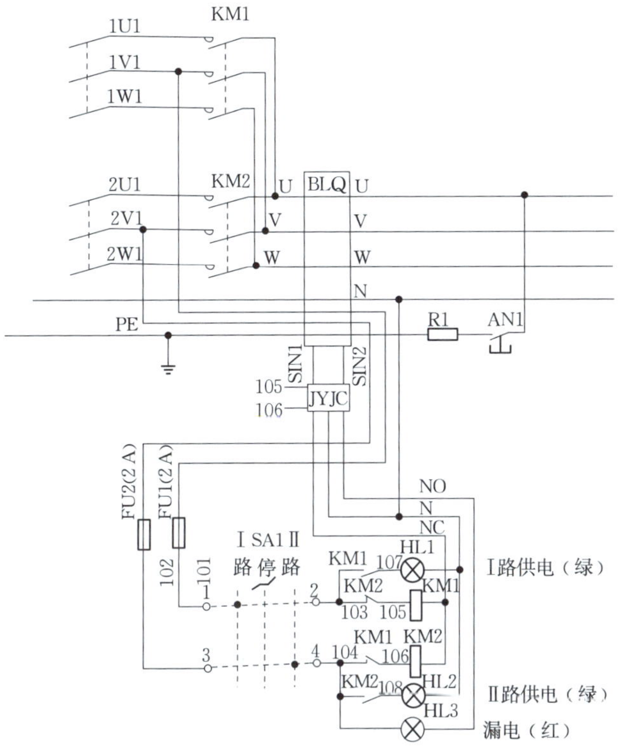

图 7-7　JYA-Ⅰ型接线示意

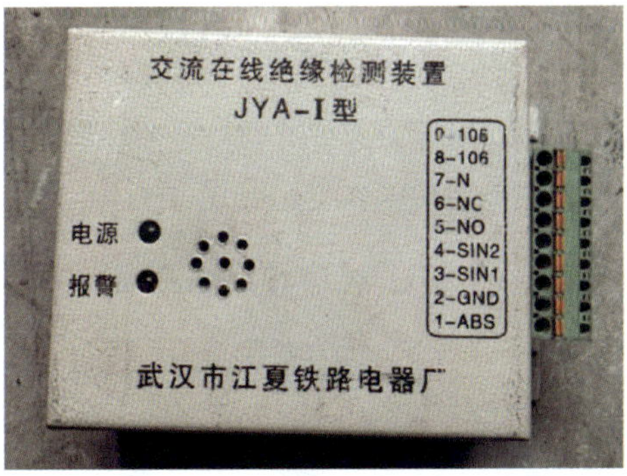

图 7-8　JYA-Ⅰ型实物

图 7-9　比流器实物

试验用电阻 R1 的功率和阻值要根据穿过比流器(BLQ)的线匝数计算。选用电阻的功率一定要留有余量,防止电阻烧坏,发生事故。例如,选 R1 为 2 W、30 kΩ,线匝数为 21 圈。计算试验线路接通后的电流为 $21\times(220\div30)=154$ mA。电阻消耗功率为 $220^2\div30=1.61$ W$>$1 W,所以电阻 R1 应选用 2 W、30 kΩ,电阻不会烧坏。

在车下试验本装置时,应将电源转换箱的 XS1 进线端子处的 N 与 PE 临时短接。

(三)测　　试

为检验绝缘检测装置,保证其能够正常工作,保障设备安全,应至少 1 个月测试一次此装置。测试方法为按动电源转换柜内的红色试验按钮 AN1,延时 1～3 s。装置上的红色报警灯亮且响起蜂鸣声，表示检测装置能够正常工作。不应长时间按动测试按钮，防止电阻过热。松开按钮，对检测装置重新上电，即可准备下一次测试。

（四）故障处理（表 7-2）

表 7-2　在线绝缘监测装置故障处理

<table>
<tr><th colspan="2">故障现象</th><th>故障原因</th><th>处理方法</th></tr>
<tr><td colspan="2">电源灯不亮</td><td>105 或 106 对地无电压；指示灯坏</td><td>检查外部线路；换新装置</td></tr>
<tr><td rowspan="3">漏电装置不动作</td><td>漏电指示灯亮，蜂鸣器不响</td><td>蜂鸣器坏</td><td>换新装置</td></tr>
<tr><td>漏电指示灯内部继电器不动作</td><td>NC 对 N 之间交流电压总为 0</td><td>内部继电器坏，换新装置</td></tr>
<tr><td>漏电指示灯不亮</td><td>（1）比流器接线线路未构成回路或电阻坏。
（2）漏电装置问题</td><td>（1）检查线路。比流器输出交流电压（SIN1，SIN2）应大于 0.08 V。
（2）通电后测量接线端子上的 GND 和 ABS 两点之间直流电压应为 2.6 V 左右，否则换新装置</td></tr>
</table>

第三节　客列尾装置

客列尾装置（KLW）作为客车尾部安全防护装置安装于客车上，用于监测列车刹车系统的风压变化情况，并在紧急情况下可以由司机操作进行紧急排风制动。安装 KLW 后可以取消设置在列车上运转车长，在客车编列不包含行包车厢时不再需要加挂专门的守车。

一、外观结构

KLW 主机采用机箱式结构，上盖、下盖和机壳采用铝合金材料，外壳颜色为灰色。主机外露螺钉全部采用不锈钢螺钉，内部主支架采用高强度工程塑料。

连结软管、电源电缆、维护和编程接口、天馈线插座、电源开关和提手位于主机上端面，数码管位于主机正面，排风口和设备铭牌位于主机侧面，挂接插槽位于主机背面，胶足位于主机底部，如图 7-10 所示。“×局×段”标志和 6 位 KLW ID 位于主机正面。

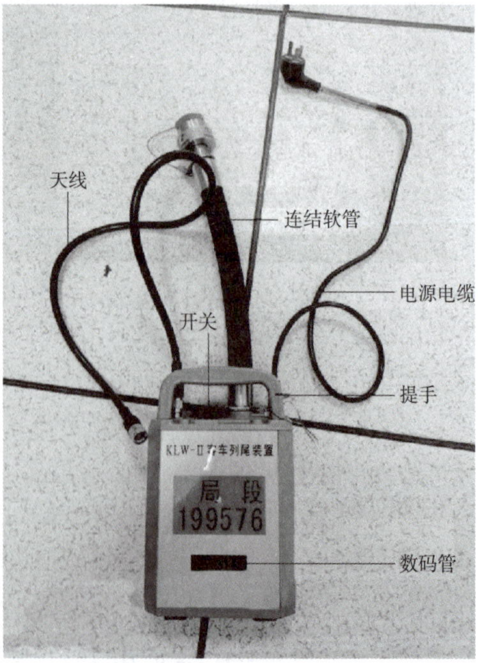

图 7-10　KLW 主机实物

二、KLW 构成和主要功能

1. KLW 构成

KLW 由控制单元、记录单元、辅助排风制动单元、列尾指示灯、风压检测单元、电源单元、信道机、天线、连结软管、电源电缆和挂接单元等构成，如图 7-11 所示。

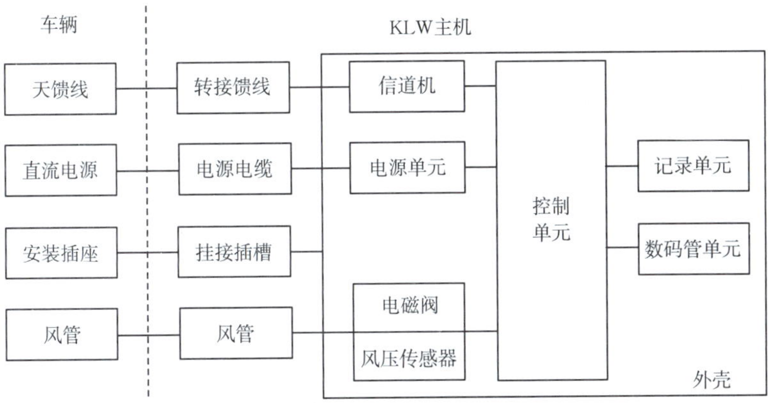

图 7-11　KLW 设备构成示意

2. KLW 的主要功能

(1)具有列车尾部风压检测和数据上传功能。

(2)具有辅助排风制动功能。

(3)具有风压自动提示和供电电压欠压自动提示功能。

(4)具有已连接和已销号提示功能。

(5)具有状态信息和风压数据存储功能。

三、主机的安装位置

主机安装在列车尾部车厢“列尾装置安装箱”内，如图 7-12 所示。拧开制动软管接口防尘套将制动软管接口插入车厢后部的土风管接头，拧紧制动软管接口螺母，打开截断塞门开关。将电源接头牢靠插入“列尾装置安装箱”电源插座内。通电后应该看到主机标志灯亮起，数码管显示 ID××××××。

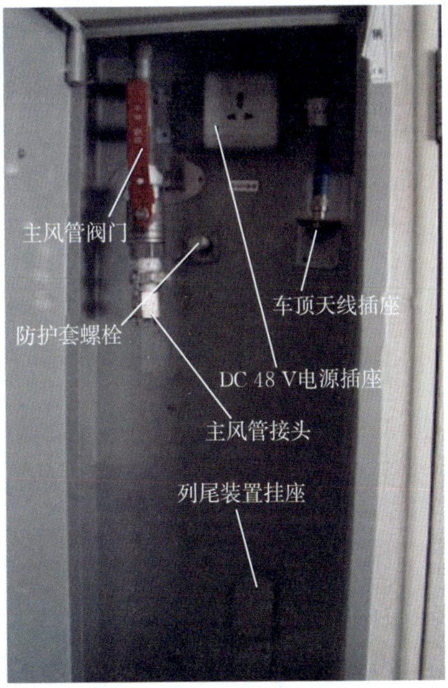

图 7-12　KLW 安装箱实物

典型案例

(一)TCDS 报警信息处置不当事故

1. 事故概况

某次客车在列车出库时,发现机后 3 位车辆不缓解,经检查 2 位轮擦伤超限,换挂车辆后开车,始发晚点 55 min。构成铁路交通一般 D10 事故,定某单位主要责任,某车辆有限公司重要责任。

2. 原因分析

漏检漏修,未按要求对该车底上个交路超过 3 次 TCDS 制动报警的车辆更换 104 阀,错失消除安全隐患时机,最终因 104 阀作用不良导致车辆制动不缓解运行擦伤轮对,是造成事的主要原因;检修的 104 分配阀运用不足 4 个月出现故障,上试验台多项指标不合格,检修工艺不高,是造成本次事故的重要原因。

(二)列车热轴事故

1. 事故概况

某次客车运行至某区段,车辆乘务员通过列车运行安全监控系统发现机后某位车 3 位轴轴温报警,轴温 59 ℃,外温 13 ℃,温升 46 K;3 位轴轴温上升到最高值 68 ℃,该车其他轴位轴温为 17～20 ℃。之后 3 位轴温缓慢下降,轴温报警消除。列车运行至车站车辆乘务员下车点温,3 位轴轴温 38.2 ℃,外温 13.9 ℃,温升 24.3 K。该车运行途经下行 THDS 探测站连续预报左 3 轴轴温微热。为保证列车返程运行安全,列车终到入库将该车临时换挂。构成行车设备故障。

2. 原因分析

对故障车故障轮对进行外观检查,除 3 位轴箱防尘挡圈处有甩油现象外,其他各部无异常,各部尺寸符合规定。分解故障轴箱前盖,密封胶条状态良好,轴箱内有水珠,油脂内部混有金属杂质。分解轴箱轴承,发现外排轴承内圈表面圆周连续剥离,内外排轴承外圈滚道承载部位大面积剥离,轴承滚子表面变色,保持架夹杂金属颗粒。分解轴端接地装置,发现连接体密封垫表面较脏、有泥灰,进一步检查发现密封垫与接地体不配套,错装为另一种结构密封垫。根据以上轴承分解检查及检验结果,轴承热轴事故原因为:由于轴箱盖端部接地体密封垫错装,导致接地装置密封不良,外部水进入轴箱,轴承润滑脂变质,轴承润滑不良、腐蚀,造成轴承内外圈承载区域剥离。

(三)排水导管断裂事故

1. 事故概况

某次客车运行到车站间,TVDS 发现机后车辆运行方向左侧排水导管断裂,喊停列车,车辆乘务员处理后开车,超停 15 min,构成行车设备故障。

2. 原因分析

该排水筒法兰安装座与车底板为焊接结构,由于焊缝不均匀且安装强度相对较弱,法兰安装座受力不均,车底板与法兰安装座连接处局部变形,再加上该处长期积水,造成车体底板内部腐蚀脱层,底板强度不足,导致开焊断裂。

复习思考题

1. 客车 TADS 报警车辆入库怎么进行处置？
2. JYA-Ⅰ型交流在线绝缘检测装置漏电时，装置不动作的原因是什么？
3. 烟火报警器由哪些部分组成？
4. TVDS 运用于什么场合？
5. TPDS 对客车什么部位进行监控，并如何反馈故障信息？

第八章　客车运用维修

扎实掌握专业技能是客车检车员发现故障、排查故障，确保客车运行安全的有力保证。客车检车员应掌握本岗位的客车日常技术检查作业方法、作业要求、作业质量，不断丰富排查故障技巧，努力提高专业实作技能，满足岗位需求。本章以日常技术检查为主线，主要介绍客车库检单车技术检查、25G 型 AC 380 V(统型控制柜)空调客车车电单车技术检查、25G 型 DC 600 V(综合控制柜)空调客车车辆乘务员单车技术检查，同时介绍 WLS-1 型微机控制列车试风装置、客车制动机单车试验器、客车 A1 修的作业标准、客车专项修检修项目及检修要求。

通过学习、牢记单车技术检查流程，掌握单车和列车制动试验器操作方法，熟知 A1 修和专项修的技术要求、作业流程，提高客车检车员对单车和列车发现故障、处理故障的能力。

第一节　单车技术检查

一、客车库检单车技术检查

(一)作业方法

插设防护号志→按作业程序进行客车技术检查作业→发现故障描述清楚→确认故障现象→作业完成→撤除防护号志。

(二)作业要求

(1)适用地沟作业的盘形制动客车作业。

(2)单人作业，转向架内外以轮缘顶点为界，端部以端梁为界。

(三)作业质量

先外侧检查一周，作业流程步伐示意如图 8-1 所示。再实施地沟内侧(两侧)检查，作业流程步伐示意如图 8-2 所示。

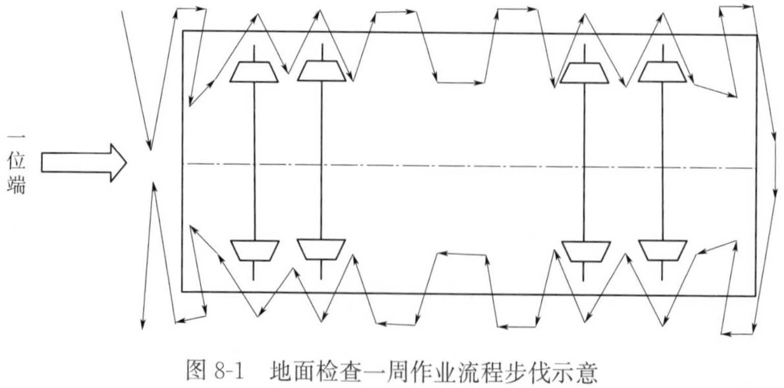

图 8-1　地面检查一周作业流程步伐示意

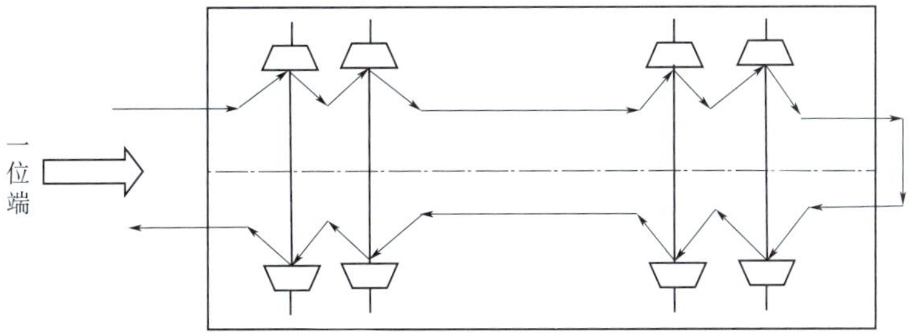

图 8-2 地沟内侧(两侧)检查作业流程步伐示意

1. 外侧检查

插设防护号志→一位端二位侧客车端部→二位车底架端部→一位车钩进行三态试验检查→二位车门扶手脚踏升降部→一位转向架二位侧外部→二位侧车体部分(部分空气制动机装置)→二位转向架四位侧→二位端四位侧客车端部(车体、车钩头部分等配件)→二位车钩进行三态试验检查→一位侧地面检查(同二位侧,含人力制动机检查)。

2. 地沟检查

一位端一位侧地沟(端梁下部钩缓装置等配件)→一位转向架内部→一位侧车下→二位转向架内部→二位端一位侧地沟(端梁下部的制动管路、钩缓装置等配件)→二位侧地沟检查(同一位侧)→撤除防护号志。

客车运用限度规定见表 8-1。

表 8-1 客车运用限度规定

部位	序号	名称		限度 原形	限度 运用	备注
车钩缓冲装置	1	钩舌与钩腕内侧面距离	闭锁位置时不大于		135	
			全开位置时不大于		250	
	2	钩舌销与钩耳孔或钩舌销孔间隙		1	7	超过时换套、镶套或更换钩舌销
	3	钩提杆与提杆座凹槽间隙		2	3	超过时焊修磨平
	4	钩体磨耗			6	
	5	钩尾框磨耗	框身厚度		6	
			其他		6	
	6	车钩中心高度(空气弹簧充气状态)	最高		890	密接式车钩:850~910 mm
			最低		830	
	7	密接式车钩两车钩连接间隙			≤5	
	8	两连接车钩中心高度之差			75	
	9	密接式车钩缓冲器的内半筒相对外壳后端面的伸出量不得超过			35	从外表面观察到有弹性胶泥溢出滴落时,应立即更换
车体	10	车体倾斜			50	
转向架	11	摇枕与构架横梁前后间隙之和			0~10	202 型转向架
	12	同一转向架左右旁承游间之和(非全旁承支重客车)			2~6	
	13	轴箱顶部与构架间隙不小于			30	转臂定位除外

续上表

部位	序号	名称			限度 原形	限度 运用	备注
轮对	14	轴身打痕、碰伤、磨伤及弹伤深度	最高运行速度 120 km/h			<2.5	限度内将锐角消除继续使用，到限时更换车轴
			最高运行速度 140 km/h			<2	
			最高运行速度 160 km/h			<1	
	15	轮辋厚度			65	≥25	
	16	轮缘厚度			32	≥23	轮缘产生辗堆时须消除
	17	轮缘缺损（内侧）	长			30	轻微掉皮可用砂轮打磨，但不得影响顶部线形。打磨平坦，凹痕深度不超过 1 mm
			宽			10	
	18	轮缘垂直磨耗高度				≤15	不得有锋芒
	19	踏面圆周磨耗深度				≤8	
	20	踏面损伤	踏面擦伤及局部凹入深度	本属出库		≤0.5	
				外属出库		≤1	
				运行途中		≤1.5	
			踏面剥离长度	1 处		≤30	(1)沿圆周方向测量。测量时，两端宽度不足 10 mm 的剥离尖端部分不计算在内。 (2)长条状剥离，其最宽处不足 20 mm 者，不计。 (3)两剥离外边缘相距小于 75 mm 时，每处长不得超过 20 mm，连续剥离长度不超过 350 mm。 (4)剥离前期未脱落部分，客列检不计算在内。 (5)外属出库及途中不含空响区域，本属出库含空响区域
				2 处		≤20	
			踏面缺损	相对车轮轮缘外侧至缺损部位距离		≥1 505	指缺损后的轮辋宽加轮对内侧距离，再加相对车轮轮缘厚度之总和；沿圆周方向测量
				缺损部位长度		≤150	
	21	轮对外侧辗宽				≤5	超过时旋修或换轮
	22	同一转向架任意车轮直径差				≤20	≤120 km/h
						≤10	120(不含)～160 km/h
		同一车辆任意车轮直径差				≤40	
	23	轴箱定位橡胶堆转角				45°	
	24	制动盘磨耗	整体厚度		110	96	SW-QD 160 型制动盘磨耗量<5 mm
	25	制动盘摩擦盘面热裂纹	距内和外边缘 ≥10 mm			<95	
			距内或外边缘 <10 mm			<65	
	26	TPDS 报警当量				<23	非空气弹簧客车
						<22	空气弹簧客车

续上表

部位	序号	名　称		限　度		备　注
				原　形	运　用	
制动装置	27	闸片厚度			5	测量最薄部分厚度
	28	闸片裂纹	摩擦面距边缘≥30 mm		30	
			其余部位		不得有	
	29	闸片与制动盘两侧间隙之和			3～5	
	30	闸瓦厚度		45	10	测量最薄部分厚度(不含钢背厚度)
	31	同一制动梁两端闸瓦厚度之差			20	
	32	制动缸活塞行程	自动间隙调整器	190	190±15	
			ST1-600 型闸调器	190	190±10	
	33	闸瓦托各部磨耗			4	非铸钢品过限时更换
	34	制动夹钳装置各圆销磨耗			2	
	35	制动夹钳装置各圆销与衬套配合间隙		0.5～1	3	
	36	各圆销与孔组装间隙不超过			3	标记速度 160 km/h 客车
	37	各圆销及制动梁端轴与孔的组装间隙		1	4	
	38	各圆销、衬套磨耗			2	标记速度 160 km/h 客车
	39	制动梁磨耗	端轴		3	
			其他		3	
	40	圆开尾销磨耗			1/4	磨耗超过原直径 1/4 时更换
	41	扁开尾销磨耗			1.5	剩余厚度少于 1.5 mm 时更换
	42	压力表指针压力差/kPa			±20	与标准压力表校对(1.6 级)
	43	各垂下品与轨面距离不小于			50	电器装置 100 mm，闸瓦插销 25 mm

注：1. 限度表内所规定的数字均为允许限度。
2. 限度表内的限度，系按名义尺寸计算，不包括公差。
3. 未注尺寸单位为 mm。
4. 备注栏内未加说明者，可修理至限度要求以内，但配件磨耗超过限度加修时，应焊修至原形尺寸。
5. 测量车轮踏面剥离长度时，沿车轮圆周方向测量其最长处的尺寸即为踏面剥离长度。测量时规定如下：两边宽度不足 10 mm 的剥离尖端部分不计算在内；长条状剥离其最宽处不足 20 mm 的亦不计算；剥离一处时长度不得超过 30 mm，剥离两处时，每处长度不得超过 20 mm；剥离前期未脱落部分可不计算在内。

(四)作业口诀

1. 外部检查

(1)车钩缓冲装置及车体端部：离车两米看风挡→转身定检倾斜望→三态外观提杆看→软管标记及质量→蹲下端部看钩颈→仰看摆块与风挡→脚蹬扶手排水筒。

(2)转向架外侧面：箱侧轮面蹲下看→转身移步轴箱簧→敲打轴簧三面看→探身车轮后到前→轴簧内侧回头看→箱侧轮面俯身看→吊座托梁高度阀→枕簧内侧减振器→吊轴托板空气簧→牵引拉杆枕吊销→构架摇枕仔细看→敲打枕簧顺上检→旁承横向减振器→吊销过

后看横挡→俯身再看车轮面→弹簧托梁安全吊→同前顺序到轮面→箱簧踏面前一样。

(3)空气制动装置:转身主管及各梁→缓解指示仔细看→支管塞门集尘器→分配阀及各风缸→缓解阀及各管系。

(4)二位侧及人力制动机:二位转向同前样→同前顺序到轮面→扶手脚蹬车端看→严攀扶手看半边→钩耳舌销吊堵链→车端标记和风挡→反位步骤都一样→缓解指示不能忘→人力制动机仔细看。

2. 地沟检查

(1)一位端一位侧地沟内部检查:链条闸轴顺下检→进车管系及各梁→仰看钩框带螺栓→钩身从板看翻板→左侧轮背制动盘→闸片托吊锁紧挡→管系杠杆单元缸→后边步骤同前样→摇枕心盘差压阀→空重车阀到托梁→空簧内侧连扭杆→钻过托梁回头望→移步向前看防滑→盘形制动前一样。

(2)二位转向架内部:原路返回出地沟→空气弹簧各风缸→二位转向架内部→二位端一位侧地沟检查→二位侧地沟检查(同一位侧)→撤除防护号志。

(五)注意事项

(1)防护号志须插牢且展开。

(2)作业中穿戴好防护用品。

(3)作业中严禁违章使用工具。

二、25G型AC 380 V(统型控制柜)空调客车车电单车技术检查

(一)作业方法

插设防护号志→按作业过程进行客车技术检查作业→发现故障口述→确认供断电(应急)→作业完成→撤除防护号志。

(二)作业步骤

1. 25G型AC 380 V空调车下部单车检查(静态)

按规定插设防护号志(上车供电转换开关打到停止位)→测量Ⅰ、Ⅱ路干线绝缘→1位连接器座、空调排水管、广播插座→车下分线盒→1位轴报器线盒及探头→3位轴报器线盒及探头→接地线→车下蓄电池及箱→5位轴报器线盒及探头→7位轴报器线盒及探头→导筒电伴热、车下分线盒(不开盖)→3位连接器座、广播连接线→4位连接器座、广播插座→车下分线盒、导筒电伴热→8位轴报器线盒及探头→6位轴报器线盒及探头→接地线→4位轴报器线盒及探头→2位轴报器线盒及探头→车下分线盒→2位连接器座、广播连接线。

2. 25G型空调车上部单车检查(仅供应急电源)

(1)检查配电间各控制柜表面→各配电柜内部→电源箱→空调控制柜→应急电源。

(2)检查乘务间配电柜→乘务间照明柜轴报器及开关→测量DC 48 V正线对地、负线对地绝缘→电加热器→通过台灯具及开关→一位连接器后盖→一位侧灯插座(须做导通试验)。

(3)检查一位端走廊及配电间灯具→回风口→电热开水器体→废排风机。

(4)检查客室内空调机组→各照明灯具→一位侧电加热器。

(5)检查二位端走廊废排风机→洗脸间灯具→厕所内灯具及二位侧电加热器。

(6)检查二位通过台灯具及开关→连接器后盖→二位侧灯插座(须做导通试验)。

(7)返回一位端检查客室→乘务间→配电间→切断应急电源。

(8)撤除防护号志。

(三)质量标准

1. 配电柜

各电器元件齐全,安装牢固,导线线号、线槽完整,配线排列整齐,接线紧固无松动,绝缘层完好;内、外部及电器上无积尘,指示牌清晰、完整;各开关作用良好,各保护整定值符合要求;各接触器、继电器作用良好,无烧损、变色;各熔断器、继电器、控制器等容量及整定值符合要求;各仪表齐全,显示正常、清晰,定检标记符合规定;各指示装置(灯)完整,作用良好;接插件接插良好、不松动。

2. AC 380 V 连接器座、48 V 播音连接器座及插头

配件齐全,各部作用良好,密封胶圈无老化。列车及单车绝缘值符合以下规定:

(1)AC 380 V 供电列车:在进行运用列车绝缘测试时,需使用 500 V 兆欧表测量,在相对湿度≤60%时,相间绝缘电阻≥2 MΩ,相地间绝缘电阻≥1 MΩ;在相对湿度≥85%时,相间绝缘电阻≥0.38 MΩ,相地间绝缘电阻≥0.22 MΩ。

(2)DC 600 V 及 DC 600 V/AC 380 V 兼容供电列车:在进行运用列车绝缘测试时,需使用 1 000 V 兆欧表测量,在相对湿度≤60%时,线间绝缘电阻≥2 MΩ,线地间绝缘电阻≥1 MΩ;在相对湿度≥85%时,线间绝缘电阻≥0.6 MΩ,线地间绝缘电阻≥0.3 MΩ。

(3)AC 380 V 供电列车:在进行运用单车绝缘测试时,需使用 500 V 兆欧表测量,在相对湿度≤60%时,相间绝缘电阻≥4 MΩ,相地间绝缘电阻≥2 MΩ;在相对湿度≥85%时,相间绝缘电阻≥1 MΩ,相地间绝缘电阻≥0.5 MΩ。

(4)DC 600 V 及 DC 600 V/AC 380 V 兼容供电列车:在进行运用单车绝缘测试时,需使用 1 000 V 兆欧表测量,在相对湿度≤60%时,线间绝缘电阻≥4 MΩ,线地间绝缘电阻≥2 MΩ;在相对湿度≥85%时,线间绝缘电阻≥1 MΩ,线地间绝缘电阻≥0.5 MΩ。

3. 其他装置

蓄电池容量、电压符合要求,蓄电池不漏液,配件齐全,作用良好,接续线牢固,导电良好,铅酸蓄电池不硫化,电池不松动;电热器件、烟火报警器、电热开水器、应急电源装置、电加热器等配件齐全,安装牢固,作用良好,水位显示装置显示准确无误。

(四)作业口诀

1. 下部车电单车检查(静态)

(1)下部外观检查:防护设置要牢记→转换开关先关闭→干线绝缘测准确→车端线座看仔细→紧固状态确认好→抬头检查排水管→播音边插别忘记→侧灯挂钩轻敲击→探身查看分线盒→轴报装置看仔细→各类管卡全配齐→接地装置安装紧→外温探头莫漏检→中部过线须查齐→来到三位看轴报→还有地线与线盒→顺势检查集控座→移步再查电力座→播音配线查仔细→水管挂件须敲击→四位端部同前样→各类配件都查齐→护管螺丝(栓)仔细望→确认速度传感器→防滑配件检查全→勿漏轴报接地线。

(2)蓄电池检查:电池吊架及箱体→风口丝杠别忘记→定检标牌及搭扣→打开箱盖查正负→卫生硫化接续线→电池安装要紧固→内外保险(熔断器)别忘看→下部检查收好官。

2. 上部车电单车检查(仅供应急电源)

(1)踏步上车继续看→上车先送应急电→箱体安装细确认→打开保险看容量→吸合释放需测试→电压电流表归零→接线测片要确认→漏电互感接触器→保险(熔断器)空开看容量→空调柜体仔细看→门锁折页支撑杆→原理、位置电路图→控制面板 PE 线→检查接线及元件→直流绝缘很重要→车种车号及时间→防滑主机外观看。

(2)尾灯状态须测试→空调滤网须清洁→客室加热安装牢→照明灯具左右看→内顶配件要检查→厕显光开性能佳→洗间灯具莫遗漏→通台灯罩防脱落→警示标记须清晰→反向过程同前样→工完料净场地清→撤除防护莫忘记。

(五)注意事项

(1)按规定要求穿戴好防护用品。

(2)禁止在通电状态下进行绝缘测试。

(3)发现车电装置故障,应立即断开该装置电源。

(4)正确使用测量仪表。

(5)作业过程中注意安全防护,防止人身伤害。

三、25G 型 DC 600 V(综合控制柜)空调客车车辆乘务员单车技术检查

(一)作业方法

插设防护号志→按作业过程进行客车技术检查作业→发现故障口述→确认供断电→作业完毕撤除防护号志。

(二)作业要求

(1)适用地沟作业的盘形制动客车作业。

(2)单人作业,转向架内外以轮缘顶点为界,端部以端梁为界。

(3)先外侧检查一周,再实施地沟内侧(两侧)检查,测量单车绝缘,然后上车进行车电检查。

(三)作业流程

1. 车下静态检查

(1)外侧检查:插设防护号志→一位端二位侧客车端部(含各电气连接座、空调机组排水管,下同)→一位车底架端部→一位车钩进行三态试验检查→二位车门扶手脚踏架部→一位转向架二位侧外部(含集便装置、轴报车下部分、防滑器速度传感器、接地线等,下同)→二位侧车体部分(含部分空气制动机装置、充电箱、逆变箱、蓄电池箱,只做外观检查;下同)→二位转向架四位侧→四位车门扶手脚踏架部→二位端四位侧客车端部(车体、车钩头部分等配件)→二位车钩进行三态试验检查→一位侧地面检查(同二位侧,含人力制动机检查)。

(2)地沟检查:一位端一位侧(端梁下部钩缓装置等配件)→一位转向架内部→一位侧车下→二位转向架内部→二位端一位侧地沟(端梁下部的制动管路、钩缓装置等配件)→二位侧地沟检查(同一位侧)。

2. 绝缘测试

一位端测试Ⅰ、Ⅱ路 DC 600 V 正、负对地及正负线间绝缘,绝缘值符合《铁路客车运用

维修规程》(以下简称《运规》)规定。

3. 车上动态检查

申请供电→供电后上车→电气综合控制柜→空调等电气装置试验→乘务室照明控制柜→一位端通过台、走廊、厕所→客室一位侧→二位端洗面间、走廊、通过台、厕所→客室二位侧→一位端电热开水器→申请断电→撤除外接电源线→撤除防护号志。

(1)电气综合控制柜:静态检查(DC 600 V 主接线及主空开已带电,不检查)完毕后开启电源,观看触摸屏显示及各指示灯正常,供电正常;开启所有电气负载,观察应无异常、不跳闸,在线绝缘检测装置不报警、不动作。检查触摸屏的各项设定值是否正确(不需重新设定);检查轴温报警器(参数设置)、电子防滑器(静态诊断试验),插座验电试验,使用试灯进行 DC 110 V/15 W 漏电测试。

(2)检查空调机组各工况手动试验:弱通风、强通风,半冷、全冷或半暖、全暖;观察各接触器、继电器等电气元件工作状况,且联锁控制应正常;观察压缩机的工作电流,判断通风机、冷凝风机、空调机组运转状况。

(3)一位端通过台:尾灯插座导通试验、电力连接器后检修盖及通过台灯具。

(4)一位端走廊:灯具、回风口及过滤网(试验通风机正反转)。

(5)一位厕所:灯具、电加热器、有无人锁及显示装置。

(6)乘务室:配电箱、插座、顶灯、电加热器、送风口。

(7)客室:顶灯、一位侧电加热器、送风口。

(8)洗面间:灯具、电加热器、废排风机。

(9)二位端走廊:灯具、回风口及过滤网。

(10)二位端通过台:尾灯插座导通试验、电力连接器后检修盖及通过台灯具。

(11)二位厕所:灯具、电加热器、有无人锁及显示装置。

(12)客室:二位侧电加热器、电热开水器。

(13)关闭所有电气负载,停电、撤外接电源线,撤除防护号志。

(四)作业口诀

1. 外侧检查

离车两米看风挡→定检倾斜车端望(车电)→提杆车钩试三态→软管标记及质量→蹲下端部看钩颈→仰看摆块与风挡→提杆完了看脚蹬→蹲看踏面到轮辋→转身移步轴箱簧→轮辋踏面蹲下看→轴报线盒顺带看→安全吊到高度阀→吊轴托板空气簧→牵引拉杆枕吊销→构架摇枕不能忘→旁承油压减振器→枕簧过后看横挡→弹簧托梁到轮面→箱簧踏面前一样→分线逆变外观看→支管塞门集尘器→分配阀及各风缸→缓解阀及各管系→电池箱及接地线→二位转向同前样→扶手脚蹬注水口→严攀车端看半边→钩耳舌销吊链堵→车端标记和风挡→反位步骤充电机→人力制动(机)仔细看。

2. 地沟检查

一位端一位侧地沟内部检查→链条闸轴顺下检→进车管系及各梁→钩身从板钩尾框→左侧轮背制动盘→闸片托吊锁紧挡→管系杠杆单元缸→防松铁丝要牢记→摇枕心盘差压阀→空重车阀到托梁→枕簧内侧连扭杆→钻过托梁回头望→转身车轴排风阀→盘形制动前一样→空气弹簧副风缸→二位转向架内部→二位端一位侧地沟检查→原路返回出地沟。

3. 绝缘测试

测试绝缘请供电，使用 1 000 V 兆欧表对单车进行绝缘检查，绝缘数值符合《运规》要求。检点锤放回原地、带 DC 110 V/15 W 试灯、侧灯插座，申请供电后上车检查。

4. 车上静态检查

静态检查不带电→外观检查看测片→综合控制静态检→控制柜体及外部→柜内各元器件检查→柜内配线接地线→确认良好再通电。

5. 车上动态检查

通电试验防触电→动作顺序按逻辑→防滑器要仔细看→轴温报警参数全→照明柜内及配线→乘务室照明灯具→综合控制动态试→充电机电压电流→逆变试验看电压→触摸屏及传感器→电源转换看功能→空调控制功能检→伴热功能要试验→应急照明要试验→110 V 绝缘要试验→漏电保护功能验→网关节点顺带看→厕显灯具回风口→通过台及边灯试→客室电加热器→洗面间照明及废排→温度计显示屏仔细看→客室两侧一样看→控制箱体接地线→电热开水器外观静态看→断电恢复要仔细→先断主电再弱电→作业完毕必断电→工完料净撤防护。

(五)注意事项

(1)作业前穿戴好防护用品。

(2)按规定插设或撤除防护号志。

(3)作业中不得违章使用工具，作业完毕后不得遗漏工具。

(4)不得违反《铁路客车电气装置检修规则》安全操作规定。

第二节　车辆关键部件性能试验

一、WLS-1 型微机控制列车试风装置

(一)基本组成

WLS-1 型微机控制列车试风装置由列车前部的供风控制装置和列车尾部的压力监测装置两大部分组成，如图 8-3 所示。

(二)主要功能

WLS-1 型微机控制列车试风装置能够进行列车制动全部试验、持续一定时间的保压试验和总风管漏泄试验；全程实时采集、记录列车制动试验作业过程中列车尾部风压变化情况，并根据试验数据自动综合判断试风是否合格；据此对车辆进行维修或调整，同时作为列车制动性能试验过程作业质量判别的依据。

(三)操作步骤

(1)打开监测仪电源，选定本次试风的股道号。

(2)试风时先把风压监测仪接上列车尾部风管。

(3)按标准的试风过程要求进行试风。

(4)全部试风试验完毕后，先关闭装置电源，再与风管分离。

（a）外部 （b）内部

图 8-3 WLS-1 型微机控制列车试风装置实物

二、客车制动机单车试验器

客车制动机单车试验器主要由连接风管、远心集尘器、排风塞门、给风阀、双针压力表、回转阀和构架等组成。根据单车回转阀手把位置的不同使车辆制动管以不同的速度增减压，使车辆制动机产生不同的制动缓解作用，可试验车辆制动机的性能。

单车试验器用于检查车辆制动管系的漏泄情况，检测车辆制动机、制动装置的各项性能。单车试验器回转阀共有六个位置。第一位快充气，用以向制动管迅速充气。第二位慢充气，用来检查制动机缓解的灵敏度（感度）。第三位保压，用来进行保压试验。第四位慢排气，用来检查制动机制动的灵敏度。第五位快排气，用来检查制动机常用制动的安定性。第六位紧急排气，用来检查制动机紧急制动作用的确实性。

单车试验器作业程序如下：

（一）工具及材料

防护号志 1 面，电空单车试验器一台，300 mm 活动扳手 1 把，0.68 kg 手锤 1 把，小撬棍 1 根，450 mm、350 mm 管子钳各 1 把，300 mm 活动扳手 1 把，生料带若干，肥皂水及刷子 1 套，检点锤、手电筒各 1 把，钢丝钳 1 把，铅封及红色棉线 1 副。

（二）试验准备

（1）客车制动机的单车试验，应使用客车制动单车试验器进行。装有电空制动机的，应使用客车电空制动单车试验器。

（2）单车试验器应按相应的机能检查要求，每半月进行一次机能状态检查，每月进行一次分解检查。在单车试验前，应确认单车试验器机能试验未过期且性能良好。

（3）单车试验器的试验风压调整到 600 kPa（以下简称“定压”）。

（4）试验 F8 型电空制动机时，应将分配阀“转换盖板”置于阶段缓解位，即盖板上的箭头向下。当 F8 型分配阀不作为电空制动使用时，“转换盖板”应放在一次缓解位，即盖板上的箭头向上。

(5)用压缩空气将制动管路、风缸内的积水及污垢吹净。

(6)在副风缸、制动缸管路上各装一块量程为0～1 000 kPa的1.6级的压力表,试验完毕,将压力表拆下。

(7)单车试验时,车辆上装设的其他风动装置不能影响分配阀、电空阀的正常作用。

(8)装有空重车阀时,仅进行空车位试验。

(三)试验步骤和要求

1. 制动管漏泄试验

开放被试车辆两端折角塞门,被试车辆另一端制动软管连接器加装防尘堵。关闭制动支管截断塞门。将单车试验器回转阀手把(以下简称回转阀手把)置一位,待制动管压力充至定压后回转阀手把移至三位保压1 min,制动管漏泄应不得超过10 kPa。

2. 全车漏泄试验

开放制动支管上的截断塞门,手把置一位充气,待副风缸压力稳定后(大于580 kPa),手把移至三位保压1 min,制动管漏泄不得超过10 kPa。

3. 制动和缓解感度试验

手把置一位充气,待副风缸达到定压后,将手把移至四位,当制动管减压40 kPa时,立即将手把移至三位,制动机必须在制动管减压40 kPa前发生制动作用。保压1 min不得产生自然缓解作用。随后将手把移至二位充气,制动机应在45 s内缓解完毕。制动盘与闸片间隙符合3～5 mm的规定。

4. 制动安定试验

手把置一位充气,待副风缸达到定压后,将手把移至五位,当制动管减压170 kPa时,将手把移至三位保压,这时制动机不得发生紧急制动作用。保压1 min,制动缸及制动支管管系漏泄不得超过10 kPa,按规定测量制动缸活塞行程。

5. 紧急制动试验

手把置一位充气,待副风缸达到定压后,将手把移至六位减压,制动管减压100 kPa前(F8型制动机减压80～120 kPa内)制动机应发生紧急制动作用。制动缸最高压力(420±10)kPa,制动机发生紧急制动后10～15 s,方可将手把移至一位充气缓解。

6. 总风管漏泄试验

将被试车辆一端的总风软管与单车试验器相连,另一端安装总风软管堵,打开车辆两端的总风软管折角塞门。各阀置双管供风位,总风管压力达到550～620 kPa,保压1 min,漏泄不大于20 kPa(静态)。

第三节　客车辅(A1)修

客车辅(A1)修是对轮对和制动装置进行的专项检修,包括对轮对尺寸进行检测,核对TPDS轮对冲击当量,按限度规定对车轮踏面进行修形;对104分配阀等配件实施换件修;对非密封式制动缸、自动间隙调整器、远心集尘器、锥形塞门等配件进行分解检修;对制动机、电子防滑器等进行单车试验。经辅(A1)修后车辆应符合的客车辅(A1)修质量标准见表8-2,客车辅(A1)修限度要求见表8-3。

表 8-2　客车辅(A1)修质量标准

项目	部　位	质量要求
轮对轴箱装置	轮对	(1)检查踏面、轮辋、轴身等各部状态,测量轮径、轮缘垂直磨耗高度、轮缘厚度、踏面擦伤、剥离、局凹尺寸及圆周磨耗深度等,各部尺寸不符合限度表中辅(A1)修限度要求时进行轮对踏面修形。 (2)查阅辅(A1)修前 1 个月 TPDS 探测数据,冲击当量不符合限度表中辅(A1)修限度要求时进行轮对修形
	轴箱	(1)轴箱清除外部尘垢,各部无裂纹、甩油,螺栓无松动。有甩油或状态异常者开盖检查,前轴承保持架、内圈及其他零件的可见部分不得有裂损、松动和异状,无缺油、混砂、混水、油脂变质和金属粉末。开盖时橡胶密封圈全数更换。组装后密封良好,螺栓无松动。 (2)对轴端接地装置进行检修:接地体、车体接地线及保护电阻线连接牢固,有断线时更换,电阻线任意一端断股 3 根及以上整根更新。轴箱盖目测无裂纹。螺栓无锈蚀、松动,配件齐全
制动装置	分配阀	(1)104 分配阀更换为合格品,F8 分配阀进行状态检修;安装牢固、标记清晰、不过期。 (2)对分配阀中间体进行外观检查,裂纹者更换;对各空气室及气路进行吹尘,中间体内的滤尘器须分解检查、清扫
	压力表	检查压力表状态,检定标记须在有效期内。压力表等级须为 1.6 级,量程为 0～1 000 kPa。压力表检修须符合国家质量技术监督局规定的检修规程,经校对合格的压力表须贴检定标签并加铅封
	空气管系	(1)制动软管、总风软管无鼓泡,安装角度正确、无松动。 (2)锥形折角塞门和截断塞门须分解检查,清扫给油,各部状态及作用须良好;球形折角塞门和截断塞门作用良好者可不分解,不良者更换为合格品。分解清扫远心集尘器、过滤器及其滤网,阀体、止尘伞状态须良好,胶垫、螺栓及螺母更换新品。对气路控制箱进行除尘,分解清扫过滤器及其滤网。 (3)检查管卡、吊架无松动。检查各塞门、单向阀、制动缓解指示器、金属软管等作用不良者更换。检查高度调整阀、空重车阀、差压阀安装牢固,配件无缺损。电空制动装置进行外观检查,各部配件须齐全。 (4)各风缸排除积水,排水塞门须作用良好。 (5)以 600 kPa 风压吹扫除尘,组装后对空气管路系统进行漏泄检查,各部无漏泄
	基础制动装置	(1)检查基础制动装置及各安全托(吊)无松动、裂损、开焊,各圆销、开口销磨耗及销套配合间隙符合要求,销套不窜出。 (2)人力制动机清除尘垢,分解蜗轮盒,并油润保养
	制动缸	(1)非密封式制动缸须分解检查,清洗给油;活塞压板、皮碗无裂纹、破损、变形、变质,弹簧无折损。 (2)密封式制动缸作用良好者可不分解,防尘套须作用良好,不良者更换。 (3)单元制动缸配件齐全,安装牢固
	自动间隙调整器和 ST1-600 型闸调器	(1)自动间隙调整器应分解检查、检修,确保作用良好,并清扫给油,调整螺丝须留有 1/2 扣以上的调整量。 (2)ST1-600 型闸调器应清除外露部分尘垢,并进行外观检查;螺杆、护管、闸调器体、控制杆等无弯曲、变形,连接部位配件齐全,紧固件无松动,圆销、开口销磨耗不过限,螺杆工作长度不得少于 100 mm
	电子防滑器	(1)测量速度传感器与齿轮顶径向间隙须符合规定:TFX1 型为(1.0±0.2)mm;MGS2 型为(0.9±0.5)mm;SWKP AS20C 型为(1.5±0.5)mm;HTFH-ST 型为(2.0±0.5)mm。 (2)检查压力开关、排风阀、速度传感器等各部配件齐全、安装牢固,各处接线紧固。车下线管、接线盒须完整,断裂或严重腐蚀时更换新品。主机内部及接线排处清洁,接插件插接牢固
	试验要求	(1)按“客车制动机单车试验方法”进行制动机试验。 (2)按“电子防滑器静态试验方法”进行防滑器试验。 (3)制动机试验时,校对制动压力表、总风压力表与单车试验器压力表压力差小于±10 kPa。 (4)制动机试验时,单元制动缸制动、缓解作用良好,活塞杆复位无卡滞现象。制动时闸片、闸瓦分别压紧制动盘、车轮;缓解时,闸片对制动盘、闸瓦对车轮无压力。间隙调整器作用良好

续上表

<table>
<tr><th>项目</th><th>部　位</th><th>质量要求</th></tr>
<tr><td>油润保养</td><td>各磨耗部</td><td>对各磨耗部，进行油润保养</td></tr>
<tr><td>涂打标记</td><td>在规定位置打检修标记</td><td>(1)非密封式制动缸活塞杆须按下图涂打标记。$A=30$ mm，$B=175$ mm。
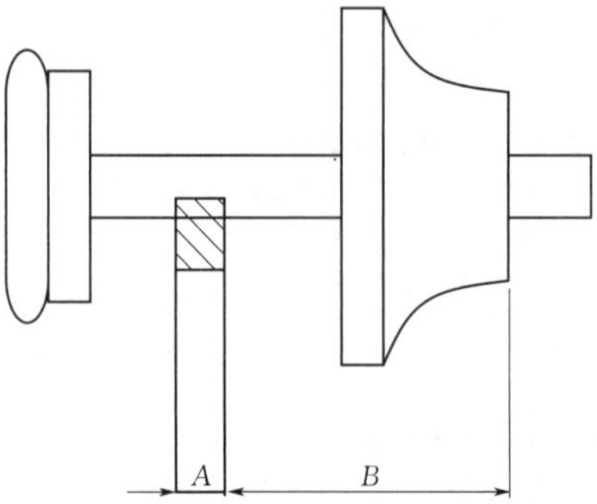

(2)检修完毕后，在二、三位端墙定检标记A1栏内涂打检修标记，标记示意图如下：
<table>
<tr><th>修　程</th><th>时　间</th><th>检修单位</th></tr>
<tr><td>A1</td><td>15－03－19</td><td>长</td></tr>
<tr><td>A2</td><td></td><td></td></tr>
<tr><td>A3</td><td></td><td></td></tr>
<tr><td>A4</td><td></td><td></td></tr>
<tr><td>A5</td><td></td><td></td></tr>
<tr><td>75 mm</td><td>212 mm</td><td>75 mm</td></tr>
</table>
注：A1～A5、年、月、日、单位是40号大宋字，字周边留30 mm。行间距为50 mm；外框线宽3 mm，内框线2 mm。</td></tr>
</table>

表8-3　客车辅(A1)修限度要求

顺号	项目名称	修形后	辅(A1)修	备　注
1	轴身打痕、碰伤、磨伤及弹伤深度	≤2 mm	≤2 mm	限度内将锐角消除继续使用，到限时更换车轮轴
2	轮辋厚度	>25 mm	>26 mm	—
3	轮缘厚度	>23 mm	>23 mm	—
4	轮缘缺损长度(内侧)	0	0	轻微掉皮可用砂轮打磨，但不影响顶部线型。打磨平坦，凹痕深度不超过1 mm
5	轮缘缺损宽度(内侧)	0	0	
6	轮缘垂直磨耗	0	0	辅(A1)修时，有锋芒、垂直磨耗现象旋修
7	踏面圆周磨耗深度	0	≤3	—
8	踏面擦伤深度	0	0	—
9	踏面局部凹入深度	0	≤0.5 mm	—
10	车轮踏面剥离长度	0	一处≤15 mm，两处≤10 mm	辅(A1)修时不允许有空响区域
11	车轮踏面缺损	0	0	指缺损之后轮辋宽加轮对内侧距离，再加相对车轮轮缘厚度之总和。从缺损部内侧边缘起测量不得小于1 505 mm

续上表

顺号	项目名称	修形后	辅(A1)修	备　注
12	轮对外侧辗宽	0	≤3 mm	超过时旋修或换轮
13	同一车轮相互垂直的直径差	≤0.5 mm	—	—
14	同一轮对相对车轮的直径差	≤1 mm	≤2 mm	—
15	同一转向架任意车轮直径差	≤20 mm	≤20 mm	≤120 km/h
		≤10 mm	≤10 mm	120(不含)～160 km/h
16	同一车辆任意车轮直径差	≤40 mm	≤40 mm	—
17	TPDS 报警当量	—	<18 且 17 及以上报警不超过 3 次[辅(A1)修前 1 个月数据]	非空气弹簧客车
		—	<17[辅(A1)修前 1 个月数据]	空气弹簧客车
18	压力表指针压力差	—	±10 kPa	与标准压力表校对

第四节　客车专项检修

对日常检修无法全部检修到位，且经检修后在一定时间内不易发生故障的部位、部件，按照故障周期规律，实行定期专项检修。经专项检修的部位或部件须保证一个专项检修周期不发生责任事故。库检专项检修项目包括轮对鉴定、转向架深度检查、首尾车钩分解检查、密接车钩分钩检查、制动系统排水除尘、拉铆式车窗检查、登顶检查共 7 项。库电专项修项目包括电热开水器、塞拉门、集便器、电气化厨房设备、DC 600 V 车下电源、蓄电池、DC 600 V 供电请求和车端电气连接装置、电气控制柜、列车网络、柴油发电机组及附属装置、J 型发电机共 11 项。本节重点对轮对鉴定、首尾车钩分解检查、转向架深度检查、制动系统排水除尘、电热开水器(电磁式)、蓄电池(DC 48 V、DC 110 V)、DC 600 V 车下电源、电气控制柜(25G 型 DC 600 V)、塞拉门(康尼)、列车网络(25G 型 DC 600 V 电气综合控制柜、TCDS 检测、25G 型扩展制动监测装置)、电气化厨房设备、集便器等检修项目进行介绍。

一、轮对鉴定

(1)周期：月度。

(2)实施方式：逐列。

(3)使用工具：对讲机、检点锤、摄像电筒、第四种检查器、轮径尺等。

(4)技术要求

①测量轮轴(含制动盘)各部尺寸及损伤符合运用限度要求。

②检查轮轴各部无裂纹，轮缘顶部不得形成锋芒，制动盘的两个摩擦面应均匀磨耗，锤击车轮踏面无异音。对反馈运行中有异音、异振的轮对，检查车轮有无失圆。

③检查制动盘与盘毂连接部、半盘连接部无裂损、松动，制动盘摩擦面不允许有厚度方向的贯通裂纹，制动盘散热筋（片）不得有贯通裂纹，固定螺栓无松动。

④对鉴定发现不符合运用限度和异常的轮对安排旋修、更换，对不符合 A1 修限度的轮对纳入跟踪。

（5）作业流程

作业前准备→插设防护号志→轮对检查（查询车统—181 轮对跟踪故障及 TPDS 在 1 个月内轮对报警数据的情况，记录在车统—15 上，对相关的轮对故障重点的检查确认）→地面检查→地沟检查→用第四种检查器对车轮踏面、轮缘、轮辋的测量（测量轮对三处不同位置的数据取平均值）→鉴定结果处理→检查、测量完毕全列客车轮对后，对鉴定结果进行分析处理→撤除防护号志。

二、首尾车钩分解检查

（1）周期：月度。

（2）实施方式：逐列。

（3）使用工具：小撬棍、手锤、管子钳、老虎钳、检点锤、钢丝刷、手电筒、毛刷、塞尺、钩高尺、钩锁口/钩腔内导向挡尺寸检查样板、钩锁铁导向角在钩腔内搭接处距钩口边缘距离检查样板、销套配合间隙量规（7 mm）、车钩提杆座配合间隙量规（3 mm）、运用车钩配合尺寸检查量规、摄像电筒等。

（4）技术要求：分解检查，清扫给油，钩舌、钩舌销、钩锁铁、钩舌推铁、钩腔牵引台和冲击台外观检查无裂损。给油组装后测量钩高、前开挡、全开及闭锁位尺寸，检查钩锁铁导向角搭接量，试验车钩三态，须作用良好。车钩中心线标记准确、清晰。

（5）作业流程

作业前准备→插设防护号志→拆车钩下锁销防跳装置及钩提杆防开装置→分解钩头→清扫、除垢→检查钩头及配件→组装车钩钩头→测量钩高、全开及闭锁位尺寸→落成检查→更换制动（总风）软管密封胶垫→填写记录→作业完成→撤除防护号志。

三、转向架深度检查

（1）周期：月度。

（2）实施方式：逐列。

（3）使用工具：防护号志、高压清洗机、钢丝刷、检车锤、手电筒、卷尺、游标卡尺、油漆笔、摄像电筒等。

（4）技术要求

①清除转向架污垢、锈垢，满足检查、测量和油润工作需要。

②检查构架、摇枕、弹簧托梁、轴箱定位装置及各部安装座、吊座无裂纹、变形，检查摇枕吊、摇枕吊轴、牵引拉杆、横向拉杆、抗侧滚扭杆及吊杆、横向控制杆、基础制动装置及各安全托（吊）无松动、裂损、开焊。

③检查各圆销、开口销磨耗及销套配合间隙符合要求，销套不窜出。

④轴箱定位装置、牵引拉杆、横向拉杆、横向控制杆和横向缓冲器（横向止挡）等处的橡胶部件无破损、脱胶、窜出，裂纹不超限。

⑤检查抗侧滚扭杆吊杆关节轴承是否窜出、关节轴承转动灵活。

⑥防松标记须清晰，标记不清时须重新涂打。有移位、松动现象时，按照规定扭矩进行紧固或更换螺母和螺栓。

⑦测量横向缓冲器(横向止挡)与构架纵向梁挡板间隙(AM96 型转向架为牵引销与横向止挡间隙)、制动装置各垂下品与轨面距离符合运用限度要求。

⑧磨耗部位给油。

⑨对经测量接近到限的故障或需要进一步确认的故障纳入重点故障跟踪计划。

(5)作业流程

作业前准备→插设防护号志→清除转向架污垢、锈垢→转向架深度目视检查→敲击检查→工具测量→故障处理及跟踪→给油润滑→完工整理→填写记录→作业完成→撤除防护号志。

四、制动系统排水除尘

(1)周期:月度。

(2)实施方式:逐列。

(3)使用工具:工具材料盒、白棉布、黄油、肥皂水(检漏液)、开口扳手(12 mm)、活动扳手(300 mm)、钢丝刷、毛刷、三角钥匙、剪刀、手电筒、记号笔、摄像电筒。

(4)技术要求

①分别打开首尾各 3 辆车各风缸排水塞门，彻底排水。如第 3 辆有积水，继续对邻车风缸进行排水，至无积水车辆为止。

②分解首尾车远心集尘器，远心集尘器内有水或灰尘较多时，应继续分解邻车远心集尘器。

③为确保制动系统安全，冬季排水除尘的频次和要求根据情况进行调整，制订更加严格的措施及要求。

(5)作业流程

作业前准备→插设防护号志→对列车制动管及总风管进行充风→各风缸排水除尘，汽水分离器排水及外观检查→制动管远心集尘器除尘、分解→集尘器配件的检查→组装集尘器→漏泄检查试验→对列车减压实施常用制动→关闭车列端部折角塞门→排除列车制动机试验执行器风管余风→摘解风管并收起→回收工具、废料→填写记录→作业完成→撤除防护号志。

五、电热开水器(电磁式)

(1)周期:季度。

(2)实施方式:逐辆。

(3)使用工具:手电筒、万用表、兆欧表(500 V/1 000 V 级)、试电笔、电工常用工具、摄像电筒等。

(4)技术要求

①检查炉体及管系、阀门无漏泄、松动、变形;液位显示清晰。检查各接线端子无热损、老化、松脱，线号标志齐全;各接地线牢固可靠，线径、线色符合规定;各开关、熔断器容量符合规定。

②清除电热开水器加热管、加热腔的水垢。

③测量加热管绝缘符合要求。

④通电试验状态指示灯指示正确，高低水位保护、防干烧保护、自动补水等功能作用良好。

(5)作业流程

作业前准备→插设防护号志→静态检查→电热开水器控制箱检修→进水过滤网器清洗→加热腔分解→打开加热腔进行检修→电磁涡流板块检修→防干烧检修→绝缘测试→组装后通电试验→漏电检测→控制箱通电试验→煮水功能试验→各保护功能试验→撤除防护号志。

根据实际运用经验，电阻式电热开水器较电磁式电热开水器的水垢严重，且在清理时，易破坏加热管的保护外层，造成加热管漏电烧损。因此在进行专项检修时，避免对加热管使用敲击、摔、砸等方式清除上面附着的水垢。

六、蓄电池(DC 48 V、DC 110 V)

(1)周期：每两个月。

(2)实施方式：逐辆。

(3)使用工具：扳手、电池注液小车、棉纱、砂布、万用表、带负载电压表、手套、检点锤、钢丝刷、摄像电筒等。

(4)技术要求

①检查电池箱底部无腐蚀破损，外观检查吊架无裂纹，螺栓、箱门手把、搭扣、插销、防脱挡等配件齐全、安装牢固，定检标牌齐全、清晰、正确。对各活动部给油润滑。

②对电池外壳进行清洁检查，无裂损、漏液，消除极耳氧化物。检查各接线柱及接线端子，无松动、反极、氧化、电蚀，安装牢固。电解液液面高度符合要求。电池箱保险齐全，容量正确。

③测量电池空载及负载电压(整车空载电压不低于额定值，负载电压DC 48 V蓄电池组不低于42 V、DC 110 V蓄电池组不低于92 V)，低于时应查明原因，并采取补充电或更换措施。

(5)作业流程

作业前准备→插设防护号志→蓄电池箱悬吊检查及保养→蓄电池组检查保养→电解液液面检查→对注液蓄电池进行补水保养→检查蓄电池箱通风口通风良好→核对隔离开关、熔断器的型号与容量→测量电池空载、负载电压(整车空载电压不低于额定值)→更换蓄电池及补充电作业(对品质不良、损坏的蓄电池进行更换、蓄电池电压过低时及时补充电)→保养完成后、在蓄电池箱门内侧粘贴专项检修人员标签→关闭蓄电池箱门，确认锁闭良好→清查工具、材料，收回至检修小车内，进行场地清理→按规定撤除外接电源充电线，撤除安全防护号志，向值班室汇报确认作业完毕→在客车运用管理系统内对应栏目填写专项修记录。

七、DC 600 V 车下电源

(1)周期：季度。

(2)实施方式：逐辆。

(3)使用工具:活动扳手、毛刷、套筒扳手、钢丝刷、四角钥匙、裙板钥匙、内六角钥匙、电工工具、万用表、钳形表、绝缘表(500 V、1 000 V)、禁止供电牌、防护号志、油漆、毛巾、摄像电筒。

(4)技术要求

①检查裙板及电源箱门各部配件齐全,安装牢固;车下电源箱箱体、吊架及螺栓无松动、破损、开焊、裂纹;电源箱定检标记清晰,密封胶条无破损,引线套管连接良好,外观无破损;接地保护线齐全、安装牢固。

②检查箱内接线紧固,无烧损、松动;各断路器、接触器触头无卡死、粘连;电容组件无漏液、烧损;隔离变压器无烧损、变形、短路痕迹;各熔断器容量正确,无烧损。

③清扫散热器;对电源箱内外部、各板卡表面进行清理、除尘;对车体裙板及车下电源箱体各活动部给油。

④输入 DC 110 V 电源,确认散热风机工作正常。

⑤通电检查,电气综合控制柜显示各项功能正常,无故障代码。

(5)作业流程

作业前准备→插设防护号志→静态检查(裙板、箱体→检查散热器、外部风扇→打开箱门,检查箱体内部→锁闭箱门)→动态试验(摘下“有人作业 禁止供电”牌,进行动态试验→闭合车下电源控制空开 Q35、Q36,进行控制电路试验→闭合电气综合控制柜车下电源主空开 Q3,进行空载试验→轻载试验→额定负载试验→开启 DC 110 V 用电全部负载,进行充电机试验→单逆变器客车与邻车做互备试验→双逆变器客车逆变器Ⅰ与逆变器Ⅱ做热备试验)→处理故障→申请断电→填写记录→作业完成→撤除防护号志。

八、电气控制柜(25G 型 DC 600 V)

(1)周期:月度。

(2)实施方式:逐辆。

(3)使用工具:电工工具、绝缘表、钳形万用表、毛刷、电笔、防护号志、手电筒、热成像仪、摄像电筒。

(4)技术要求

①静态检查

a. 柜内各配件、代号、标记及图纸齐全;面板上指示灯、触摸屏、转换开关等指示正确、安装牢固;箱内接线紧固,无烧损、松动,接线端子无过热变色,感温胶贴齐全无变色;各断路器、接触器触头无卡死、粘连;热继电器、延时继电器、漏电报警器、在线绝缘检测装置等电气元件安装牢固、保护参数设置正确;各熔断器容量正确,无烧损。

b. 清理柜内及配线、元件灰尘,清洁滤尘网;对柜门合页给油。

②供电选择功能、漏电保护功能、触摸屏显示电源参数检查

a. 试验自动、手动供电及供电转换功能。

b. 进行漏电功能测试。

c. 触摸屏各电气参数显示准确。

③空调试验

空调装置在自动位和试验位运行状态正常、启动顺序正确,各电机电流正常。

④应急供电试验

a. 通电检查充电模块、整流模块、直流转换模块输出电流电压正常。

b. 接通应急供电的轴报器、电子防滑器、应急灯、集便器、烟火报警器、播音设备(播音车)等设备,通过电源选择开关,切断主电源,所有应急设备须全部能正常供电。

(5)作业流程

作业前准备→插设防护号志→静态检查→供电选择功能→漏电保护功能→触摸屏显示电源参数检查→空调试验自动位试验→空调试验手动位试验→应急供电试验→带漏电保护的断路器功能试验→照明柜供电作业→轴报器及液位仪动态检查→电子防滑器主机检查→申请断电→填写记录→作业完成→撤除防护号志。

九、塞拉门(康尼)

(1)周期:季度。

(2)实施方式:逐辆。

(3)使用工具:对讲机、检点锤、手电筒、扳手、一字螺丝刀、毛刷、万用表、绝缘手套、加油壶、钢丝钳、兆欧表、摄像电筒。

(4)技术要求

①检查门板无严重变形,手动推拉灵活;门扇胶条无撕裂、破损;玻璃安装牢固;气路系统无漏泄、堵塞。

②电源箱、控制箱内各元器件安装牢固,配线无老化、热损,引线护套良好,各接线端子紧固,线号清晰正确。接地线齐全可靠。指示灯、蜂鸣器显示正确,门控制单元没有故障信号(闪烁信号)。冬季采暖期间检查电伴热装置绝缘良好,工作正常。

③对电源箱、控制箱各部清扫除尘;打开空气过滤减压阀下部排水阀排水;对立罩板内、门下滑道及腔内烟头等杂物进行清理。

④各磨耗部、活动部位给油润滑。

⑤测试时,对内外操作装置功能、紧急解锁装置功能、防挤压功能、翻转脚蹬功能、隔离锁功能进行检查测试;检查测试门装置各控制开关(98%、100%、防挤压、压力波、脚蹬位置开关等)安装牢固,位置正确,作用良好;测试 5 km/h 自动关门功能良好。

(5)作业流程

作业前准备→插设防护号志→检查门体各部件→检查控制柜→检查各磨耗部、活动部位,承载驱动机构,上下滑道,滚轮清扫除尘给油润滑→功能测试→试验合格后,在塞拉门控制箱内粘贴专项检修人员标签(清除旧标签)→填写记录→作业完成→撤除防护号志。

十、列车网络(25G 型 DC 600 V 电气综合控制柜、TCDS 检测、25G 型扩展制动监测装置)

(1)周期:月度。

(2)实施方式:逐列。

(3)使用工具:常用电工工具、小号(直径 3 mm)十字螺丝刀、兆欧表(500 V 级)、万用表、手电筒、TCDS 检测仪或笔记本电脑(安装 TCDS 验收软件)、摄像电筒。

(4)技术要求

①TCDS主机

a. 检查主机箱标识清晰，板卡齐全无松动，接线端子压接可靠，PE线连接可靠；各天线状态良好，无屏蔽和弯曲；主机内部参数设置正确，板卡指示灯显示为正常工作状态。

b. 对列车级主机的GPS、GPRS、WLAN功能进行检测（通过检测仪或TCDS监控软件），确认良好。

②行车安全监控系统

a. 车厢和列车级主机接线正确牢固，导线无破损老化。列车级主机显示内容正确，无故障信息。列车级主机与电气设备监控系统主机通信正确、可靠。

b. Ⅰ、Ⅱ路行车网络总线贯通，试验传输性能良好。检查确认车厢级主机箱防滑器、制动监测诊断子系统、车体/转向架监测诊断子系统各传感器及传输网络的工作状态正常。

③列车电气监控系统

a. 检查车厢级电气设备监控网络：网关、代理节点及连接件配件齐全，端子及接线正确、牢固。通电检查，各指示灯状态正常。电气综合控制柜触摸屏显示本车电气设备信息正常，车厢顺位号与实际编组一致。

b. 检查列车级电气设备监控网络：网关、无线数据传输装置、触摸屏、CF卡、电源模块、开关连接件配件齐全，端子及接线正确、牢固。天线作用良好，无屏蔽。通电检查，各指示灯状态正常。主控站或电气综合控制柜触摸屏显示各车电气设备信息正常，数据下载功能正常。检测Ⅰ、Ⅱ路行车网络总线贯通，100 Ω网络终端电阻安装可靠。

c. 检查本车网络中的各设备通信正常，显示正常代码；调阅检查邻车各电气设备运行状态，确认列车网络通信正常。确认本车厢综合柜内代理接点、安全记录仪电源及通信指示正常。

d. 模拟本车逆变器故障，进行邻车互备供电试验，互备功能正常，相序正确。

④轴报装置：车端通信连接器状态良好，通电后确认整列车联网状态良好。测试声光报警功能。

⑤烟火报警装置：烟火报警器与电气综合控制柜中的PLC通信正常，在电气综合控制柜触摸屏上无“故障”信息显示。依次查询火警信息、本车火警历史记录、在线车厢火警历史记录，进行联网、查询功能测试。结合客车春秋季整修，每年对探头进行一次现车测试。

(5)作业流程

作业前准备→插设防护号志→轴温报警装置检修→发电车烟火报警装置检修→25G型扩展制动监测装置检修→列车电气监控系统检修→DC 600 V干线在线绝缘监测装置→邻车互备供电功能试验→TCDS主机检修、并进行功能检测→完工检查→填写记录→作业完成→撤除防护号志。

十一、电气化厨房设备

(1)周期：季度。

(2)实施方式：逐辆。

(3)使用工具：万用表、500 V级兆欧表、毛刷、细砂纸、试电笔、毛刷、钳形万用表、电工常用工具、摄像电筒。

(4)技术要求

在客运部门按照厨房设备操作使用说明做好日常油垢清理工作的基础上,车辆部门对厨房设备实施专项检修,并负责对需拆卸方可清除的部分进行清理。

①电磁灶

a. 炉体安装牢固,面板无裂纹,密封良好(密封胶垫老化时更新,更新时应涂打密封胶)。控制箱电路图齐全,清洁、密封良好;电气元件安装牢固,配线排列整齐并绑扎良好,无破损、过热、老化;接线端子压接可靠,线号清晰,无热损变色。

b. 清洁滤尘网。

c. 通电试验,电磁灶无异音,锅灶匹配良好;挡位控制器转动、接触良好;散热风扇无异音。

②电炸锅

a. 炉体安装牢固。控制箱电路图齐全,清洁、密封良好;配线排列整齐并绑扎良好,无破损、过热、老化;接线端子压接可靠,线号清晰,无热损变色;插头插接良好,护套齐全;限温器设定值正确。

b. 加入清水至最高液位下,调整温控器至 90 ℃,通电试验。指示灯发光正常,调温器动作可靠,感温探头作用良好。

③电蒸饭箱

a. 门把手无空转、断裂;门框胶条无缺失、老化破损;各阀、管系无松动、漏泄。

b. 控制箱电路图齐全,清洁、密封良好;电气元件安装牢固,配线排列整齐并绑扎良好,无破损、过热、老化;接线端子压接可靠,线号清晰,无热损变色;各熔断器座无烧损松动,熔断器容量正确;接地线状态良好;定时器调整范围正确,显示正常,功能键动作正常,各开关(按钮)接线良好,开关防水护套无破损;DC 变换模块无变色、膨胀。

c. 清洁水箱(加热腔)、过滤器、水位探针。

d. 通电试验,全自动控制、手动控制作用良好,定时控制、超温保护、缺水保护、自动补水、保温等功能正常,发光指示灯工作指示正常。

④抽油烟机

a. 插头接触良好;防油护套、护线管状态良好;电机扇叶外观无变形;电机接线无破损、过热、老化。灯罩无裂损,灯座安装牢固;控制盒密封良好。

b. 通电试验,电机启动平稳、无异音、无偏磨,接触器工作无噪声,照明功能正常。

⑤电冰箱

a. 各门开闭灵活,胶条齐全;蒸发器盘管,托铁无松动;指示标牌、电路图齐全;控制柜内零部件安装牢固,配线线号清晰,绝缘层无烧损,引线口有护套,接地线可靠,线槽完整,各部接线紧固,各熔断器容量正确。

b. 清洁蒸发器、冷凝器,翅片大面积变形时进行梳理处理。

c. 通电试验,电机启动平稳,无异音、偏磨,机组制冷运转后各部无漏泄,蒸发器须均匀结霜,压缩机回气管须结露,工作电流正常,温控器作用良好。

(5)作业流程

作业前准备→插设防护号志→检查电气化餐车厨房综合控制柜各用电器空气开关及接线→在电气化餐车厨房综合控制柜门上挂“严禁送电”警示牌→电冰箱静态检查→电蒸饭箱

静态检修→静态检修电磁灶→静态检修电炸炉→抽油烟机静态检查→保养维护(要更换滤网、清洗过滤器、冷凝器、传感器、清除箱内污垢)→各设备动态试验(电冰箱动态试验→电蒸饭箱动态试验→电磁灶动态试验→电炸炉动态试验→抽油烟机动态试验)要检查各指示灯显示正常,性能良好→完工检查→填写记录→作业完成→撤除防护号志。

十二、集 便 器

(1)周期:季度。

(2)实施方式:逐辆。

(3)使用工具:毛刷、套筒扳手、钢丝刷、四角钥匙、裙板钥匙、内六角钥匙、电工工具、高压风管、油漆、毛巾、扭力扳手、500 V 级兆欧表、摄像电筒。

(4)技术要求

①检查检修

a. 清洗便盆及喷嘴,检查排泄阀、冲便阀无破损、泄漏。清洗气、水过滤器滤网,滤网破损时更换。清洁气缸表面,并涂凡士林。

b. 检查各空气管路、水管路安装牢固,管系无老化、变形、龟裂、泄漏;检查水增压器、过滤调压阀、主过滤器作用良好;调整过滤调压阀压力值符合规定;检查真空发生器、摆门止回阀作用良好;调整设定真空开关设定值符合规定。

c. 检查污物箱无漏泄,外包防护层无破损;各球阀开启、关闭正常,球阀、管系无漏泄;吊装螺栓配件齐全,紧固无松动。污物箱液位开关作用不良时清洗或检修。

d. 检查集便控制箱各指示灯显示正确,无喷射器超时、污物箱 80%液位和 100%液位报警;冬季采暖期间检查电伴热装置绝缘良好,工作正常,伴热指示灯显示正确。

②功能试验

a. 接通水源、风源和电源,调整空气压力符合规定。

b. 真空发生器工作正常,无喷射延时现象。检查系统真空度符合标准。

c. 系统功能测试:按压冲洗按钮,进行 1 次或 2 次冲洗循环,冲水须均匀,空气阀工作正常,排泄阀开启、关闭正常,冲洗循环状态良好。

d. 专项修检修完毕后应测试污物箱气密性和抽真空时间,要求保压 10 min 压力上升值不大于 5 kPa,抽真空时间不超过 70 s,以保证运用客车不超过 90 s。

(5)作业流程

作业前准备→插设防护号志→接通电源、风源和水源→集便器装置上部检查→下部检查→伴热检查→功能试验→涂打检修标记→完工检查→填写记录→作业完成→撤除防护号志。

复习思考题

1. WLS-1 型微机控制列车试风装置的操作步骤是什么?
2. 客车辅(A1)修的内容是什么?
3. 客车制动机单车试验中感度试验技术要求是什么?
4. 首尾车钩分解技术要求是什么?
5. 电气控制柜专项修技术要求是什么?

参 考 文 献

[1] 中国国家铁路集团有限公司机辆部.铁路车辆概论[M].北京:中国铁道出版社有限公司,2022.
[2] 铁路职工岗位培训教材编审委员会.客车检车员[M].北京:中国铁道出版社有限公司,2020.
[3] 中国国家铁路集团有限公司机辆部.铁路客车运用维修[M].北京:中国铁道出版社有限公司,2022.
[4] 中国铁路总公司.铁路客车运用维修规程[M].北京:中国铁道出版社,2015.